U0910372

不忍细读的大宋史

墨竹 著

台海出版社

图书在版编目（CIP）数据

不忍细读的大宋史 / 墨竹著 . -- 北京 : 台海出版社 , 2022.1（2023.10 重印）
ISBN 978-7-5168-3181-6

Ⅰ . ①不… Ⅱ . ①墨… Ⅲ . ①中国历史—宋代—通俗读物 Ⅳ . ① K244.09

中国版本图书馆 CIP 数据核字（2022）第 005277 号

不忍细读的大宋史

著　　者：墨　竹

出 版 人：蔡　旭　　　　　　责任编辑：吕　莺

出版发行：台海出版社
地　　址：北京市东城区景山东街 20 号　　邮政编码：100009
电　　话：010-64041652（发行、邮购）
传　　真：010-84045799（总编室）
网　　址：www.taimeng.org.cn/thcbs/default.htm
E - mail：thcbs@126.com

经　　销：全国各地新华书店
印　　刷：天津鑫旭阳印刷有限公司
本书如有破损、缺页、装订错误，请与本社联系调换

开　　本：710 毫米 ×1000 毫米　1/16
字　　数：278 千字　　　　　印　　张：20
版　　次：2022 年 1 月第 1 版　印　　次：2023 年 10 月第 2 次印刷
书　　号：ISBN 978-7-5168-3181-6

定　　价：49.80 元

前言

宋朝（960年~1279年）是一个非常特殊的历史朝代，它上承五代十国、下启元朝。它的建立，并不是推翻前一个朝代，而是从前一个朝代接替过来的。根据首都及疆域的变迁，宋朝可以分为北宋和南宋，合称两宋。北宋建都于开封，历时一百六十七年；南宋建都于杭州，历时一百四十九年。此外，在南宋灭亡之后，一部分南宋朝臣又先后拥立赵昰、赵昺两位小皇帝，并继续打着宋朝的旗号坚持了三年的抗元斗争。如此算来，宋朝的历史共长达三百一十九年。

后周显德七年（960年），大将赵匡胤通过“陈桥兵变”取代后周，黄袍加身，这才建立了宋朝。宋朝建立不到一年的时间，赵匡胤就基本上稳定了内部政局。而宋朝贯彻“守内虚外、强干弱枝”的国策，也正是发端于赵氏家族基业的缔造者——宋太祖赵匡胤。当时，由于北边有劲敌辽国和辽国控制下的北汉，南边有吴越、南唐、南汉、后蜀等割据政权。赵匡胤唯恐有朝一日，他人黄袍加身，会推翻自己的江山。也正是因为这种顾虑，赵氏历代君主历来重文轻武、以文制国的特点十分突出。此后，赵匡胤和其弟赵炅（赵光义）便加强了中央集权，使得经济、文化方面也空前繁荣。

到宋真宗、宋仁宗时期，宋朝正式步入盛世。北宋靖康二年（1127年），金兵大举南侵，北宋宣告灭亡，史称靖康之耻，宋高宗赵构在江南建立了南宋。南宋后期，抗蒙战争连年。到南宋德祐二年（1276 年），元朝军队攻占临安。南宋祥兴二年（1279 年），八岁的小皇帝赵昺被大臣陆秀夫背着跳海而死。崖山海战发生之后，宋朝彻底灭亡。

与中国历史上其他封建统治家族相比，赵氏家族有一个显著特点，就是子嗣不昌。若加上宋朝末期的两位幼帝，宋朝共有十八位皇帝，其中有六位皇帝死后，没有让亲生儿子继承皇位。若加上赵匡胤的兄终弟及，皇储更显缺少，这在中国帝王时代恐怕是独一无二的。在父死无子继的特殊情况下，赵氏政权的皇位传承却进行得十分顺利，并且没有出现大危机，可见，赵氏家族“昌文偃武”的国策还是有成效的。虽然在这表象的背后，也夹杂着极其复杂的内外因素，但至少从表面上看，在这个朝代，皇帝的“家”是稳定、安静的。

宋朝，真的是一段让人又爱又恨的历史。本书包含了陈桥兵变、杯酒释兵权、澶渊之盟、靖康之耻等重大历史事件，以及宋太祖、宋仁宗、岳飞、秦桧、文天祥等诸多重要历史人物，并对民间传说中的杨家将、包拯、狸猫换太子等进行了详细的阐述。靖康之耻是千古之辱，精忠报国的岳飞留下了千古英名，才华横溢的李清照写下了千古绝唱……

宋朝，作为中国历史上第四个在分裂的版图上建立的朝代，在进取与保守、图强与积弱的反复中踽踽而行，是中国历史上最长命的王朝之一，却从未实现真正意义上的大一统。但无论是在社会经济方面、科学技术方面、文学艺术和史学方面，还是军事实力上，宋朝都远远超越了之前的秦、汉、唐三个大一统王朝。

在社会经济方面，宋朝是中国封建社会空前繁荣的一个时期。

在科学技术方面，中国古代引以为傲的四大发明中，活字印刷术是这个时期发明的，火药和指南针则在宋朝取得重大的技术突破：火药被广泛应用于军事方面，指南针被应用于航海活动中。这三大发明，都对后来世界历史发展的进程产生了巨大的影响。在数学、天文学、医药学等许多领域，宋朝也居于世界领先的地位。

在文学艺术和史学方面，宋朝也是中国历史上一个辉煌灿烂的时期。

几千年的中国历史，大多数朝代的更迭都伴随着血腥、屠戮。唯有宋朝，是中国历史上一个少有的例外。宋太祖赵匡胤在取代后周时，并没有采取血腥的手段，更没有担心前朝子孙复辟而大加屠戮。相反的是，赵匡胤勒石为盟，要求后嗣新君遵守誓言，务必善待周室。因此，大宋三代，在强调大权独揽的同时，又兼顾对臣僚的体貌宽柔，真可谓开明。然而，也正因为宋朝过分看重“以儒立国”，整个时代尚武精神沦落，这便大大削弱了国家的军事实力，使得大宋王朝在面对外来强敌时，无还手之力，任由外虏欺凌，最终走上了一条不归路。

《不忍细读的大宋史》这本书，通过一个个曲折的历史小故事，一段段精彩的人物传奇，为读者描述了赵氏家族历代君王是如何处理家族以及社会各个阶层的矛盾，以实现长久统治的故事。这本书不仅全面刻画了宋朝十八位皇帝的性格和命运，也从中勾勒出了宋代三百多年的风云变幻，从而引领更多的读者朋友去回味、去思索宋朝这段历史。

目录

上篇　北宋

第三章 好大喜功，用银绢换来的和平岁月

第四章 锐意改革，维新派的强国之梦

下篇　南　宋

第七章 庸碌无道，南宋朝廷的内忧外患

第八章 志大才疏，有名无实的中兴之梦

第九章
帝国倾覆，宋室覆灭终成灰

上篇

北宋

第一章 乱世之中，太祖开创大宋基业

宋太祖赵匡胤，是大宋王朝的开国皇帝。建隆元年，他发动了陈桥兵变，黄袍加身，代周称帝，建立宋朝，并定都开封，史称北宋。他在位十七年，不仅加强中央集权，提倡文人政治，结束了藩镇割据局面，同时也开创了中国的文治盛世，可谓是推动历史发展的一位杰出人物。

都点检黄袍加身

后唐天成二年（927 年）三月的一天，是一个不平凡的日子。一个小男孩出生在洛阳一个叫夹马营（今河南省洛阳市瀍河回族区东关）的地方。他出身在一个战功赫赫的军人家庭，或许正是因为沾了家庭的光，注定他日后会有一番大作为，他就是宋太祖赵匡胤。他的高祖赵珽是唐朝官吏，祖父赵敬曾任后唐刺史，父亲赵弘殷是后唐、后晋和后汉军官，母亲是杜氏。他在家中排行老二，长兄赵匡济不幸早夭，有三弟赵匡义（即赵炅、赵光义）、四弟赵廷美（赵光美）。五弟赵光赞也不幸早夭。他还有一对同母姐妹，姐姐不幸早夭，只留下一个妹妹。

赵匡胤长大后，不仅容貌威武，而且气度豁达。每到闲暇时间，他就学习骑马射箭，而且总是超出其他人之上。

后汉初年，赵匡胤决定到处游历，一来可以增长自己的见识，二来还可以环游世界。有一次，他因为没有找到露宿的地方，便在襄阳一座破寺庙里住下来。寺庙里住着一个老和尚，看到赵匡胤之后，说："我把我所有的东西全部资助给你，你往北去会有奇遇。"赵匡胤听完老和尚的话，有点半信半疑，但当时的确也没有其他更好的选择，于是他打算听这位老人的劝，往北行进。

赵匡胤的选择是正确的。后汉乾祐元年（948 年），一次偶然的机会，赵匡胤投到了后汉枢密使郭威帐下，并奉命征讨五代时期的后晋大臣李守贞，并屡立战功，深得郭威的器重。后周广顺元年（951 年），郭威称帝，建立后周，幸运的赵匡胤补任东西班行首，拜滑州副指挥使。当柴荣被封为开封府尹时，赵匡胤又转任开封府马直军使。

说起柴荣，他是何许人也？原来他从小就在姑父郭威家长大，因他为人谨慎、笃厚，后来被郭威收为养子。后周显德元年（954 年），郭威驾崩，柴荣便继位为帝，是为后周世宗。这时候的赵匡胤先是执掌了禁军，后来又被任命为殿前都虞侯，领严州刺史。

后周显德三年（956 年）春天，赵匡胤跟随柴荣征伐淮南。没过多久，赵匡胤就在六合东面打败了南唐齐王李景达，并斩杀一万多人。回来后，赵匡胤又被任命为殿前都指挥使；过了不久，他又被委任为定国军节度使。一晃一年过去了，到后周显德四年（957 年），恰好逢春天，赵匡胤再次跟随柴荣出征寿春，不仅攻克连珠寨，还乘势攻下了寿州。还军后，柴荣拜赵匡胤为义成军节度使、检校太保，仍旧担任殿前都指挥使。

后周显德五年（958 年），赵匡胤改任忠武军节度使。后周显德六年（959 年），柴荣北伐，赵匡胤担任水陆都部署，后来，又被任命为检校太傅、殿前都点检。同年，后周世宗柴荣驾崩，年仅七岁的独生子柴宗训即位，也就是后周恭帝。由于柴宗训年纪太小，由宰相范质、王溥二人共同辅政，一时间政局不稳，京城里人心浮动、谣言四起。那些忠于后周的官吏马上意识到，赵匡胤要有造反之心了。于是，他们在私下里商量，一定不能让赵匡胤再继续掌管禁军，甚至还有人主张先发制人，及早将赵匡胤干掉，以除后患。

其实，在柴荣在世时，一直把赵匡胤视为其手下的得力大将，并多次让其跟随南征北战，赵匡胤立下过不少战功，所以柴荣十分信任他，并派他做禁军统帅。禁军对当时的后周来说，是一支最精锐的部队，它的官名又叫殿前都点检。柴荣一死，毫无置疑，军权落在赵匡胤一人手里。五代时期，武将夺取皇位的事情不少。所以后周的人们有这种猜测也不足为奇。然而，后周恭帝或许是因为年纪太小的缘故，不敢轻举妄动，只是改任赵匡胤为归德军节度使、检校太尉。

后周显德七年（960 年）正月初一，后周朝中上下正在朝贺新年之际，突然接到辽和北汉联兵入侵的战报。大臣们听到这个消息后，顿时慌作一团，不知如何是好，哪里顾得上消息的准确性。后周恭帝柴宗训在征得宰相范质、王溥二人的同意后，立即命令赵匡胤率领禁军前往迎敌。赵匡胤接到出兵的命令后，立刻回营调兵遣将，为“迎敌”做充足准备。正月初二，赵匡胤准备好一切行装，便率领大军从汴京出发，这次跟随他的除了其弟赵匡义（后改名赵光义，赵炅），还有其亲信谋士赵普。

当天傍晚，赵匡胤的大军就到了离京城 20 里的陈桥驿（今河南封丘东南陈桥镇），兵变计划就这样付诸实践，赵匡胤命令将士们就地扎营休息，第二日再启程。或许是因为白天赶路太多，士兵们倒头就睡了，只有少部分将领们聚集在一起，好像在悄悄商量着什么重要大计。有人提议说：“现在皇上年纪那么小，还不能亲政。我们拼死拼活去为他打仗，将来有谁知道我们的功劳呢？倒不如现在就拥护赵点检做皇帝，然后再出发北征。”其他几位将领听了，也都表示赞成。很快，他们从中推荐了一个官员，想要把他们的想法先传达给赵光义和赵普二人，顺便打探下他们的意见。

那个官员趁着月色找到赵光义、赵普，还没有等他把话说完，其他将领们就已经闯了进来，他们每个人手中都拿着明晃晃的刀，嚷嚷着说：“我们已经商量过了，非请点检即位不可。”赵光义和赵普听了，心中窃喜，但表面上却表现得十分震惊，一面叮嘱将士们万事要小心，切莫乱了军心，造成混乱的局面；一面又赶快派赵匡胤的亲信郭延斌秘密返回京城，连夜通知留守在京城的大将石守信和王审琦等人，务必要关好京城内外的大门。

到了第二日清晨，也就是正月初三，赵光义和赵普见时机已经成熟，开始准备行动了。而赵匡胤呢？因为前一天晚上喝了点酒，睡得很熟。当他一觉醒来，只听得外面一片嘈杂的声音，不知道发生了什么。他揉着蒙眬的眼睛正准备起床时，有一个将士突然闯进他的房里，大声地说："请点检做皇帝!"赵匡胤急忙起身，还没来得及说话，又有几个将士飞奔进来，三步并作两步地扑到他身旁，把早已准备好的一件黄袍披在了赵匡胤身上，拥立他为皇帝。紧接着，将士们纷纷跪倒在地上，连连磕头，并高呼"万岁，万岁，万万岁"。赵匡胤说："立我为天子，能从我命则可，不然，我不能为若主矣。"赵匡胤拥立者们一齐表示"唯命是听"。最后，将士们又推又拉，硬是把赵匡胤扶上了马，并请他一起回京城。

在这样的情形下，赵匡胤开始发布命令："到了京城以后，要保护好周朝太后和幼主，不许侵犯朝廷大臣，不准抢掠国家仓库。执行命令的将来有重赏，否则就要严办。"赵匡胤本来就是禁军统帅，再加上有将领们的大力拥护，有谁不肯听其号令呢？于是，将士们立即整理好军队，往京城的方向行。一路上军容整齐，秋毫无犯。赵匡胤的兵马很快到了汴京，由于守备都城的禁军将领石守信、王审琦等人曾经都是赵匡胤"结社兄弟"，因此他们没有做任何的抵挡，而是立即打开城门，接应赵匡胤的军队。

随后，一位带头将士把后周宰相范质、王溥二人找来，让他们做好面见赵匡胤的准备。面见时，翰林学士陶谷拿出一份事先准备好的禅位诏书，当着众多将士们的面儿，正式宣布后周恭帝退位。赵匡胤正式登皇帝位，不费吹灰之力，轻而易举地夺取了后周政权，并改封后周恭帝柴宗训为郑王。由于赵匡胤在后周任归德军节度使的藩镇所在地是宋州（今河南商丘），于是，他以宋为国号，并定都东京（今河南开封），改元"建隆"，历史上称之为北宋。赵匡胤成为北宋的第一位皇帝，也就是宋朝的开国皇帝，而他的谋士赵普随之被封为宰相。从此，经过五十多年混战的五代时期宣告结束。

杯酒释兵权

宋太祖赵匡胤，凭借赫赫有名的“陈桥兵变”，几乎是兵不血刃地夺取了后周政权。然而，他并没有留下“篡周”的骂名，这或许是他的聪明过人之处。他自己心里当然清楚，他通过这样的方式夺取了后周政权。同样，其他人也可能会采用同样的手段，来逼迫他退位。那样的话，他就会失去大好的江山。如何避免这个问题，不让到手的江山重蹈覆辙，成为他日后必须要面对的一个问题。所以，赵匡胤在建立宋朝后的第一件事，就是加强对禁军的控制。

先来说当时一个叫李重进的人，他是后周王朝禁军统帅之一，后汉枢密使郭威第四姊福庆长公主之子。他是后周难得的将领之才，这个李重进，亲身经历了后周的灭亡以及北宋的建立。北宋建立之后，李重进凭借自己的才能，得到了宋太祖赵匡胤的器重。所以，在其建立北宋之后不久，就晋封李重进为淮南节度使。其实当初赵匡胤封李重进为淮南节度使还有一个关键原因，就是李重进从前生活在淮南一带，对于淮南的一些状况他比较了解。这样一来，也就减少了赵匡胤的治理负担。

李重进成为淮南节度使后，立即开始致力于淮南的经济建设。为了能够改善当地人们的生活，他的确是付出了不少，想出了一系列的良策，也因此取得了不小的成效。同时，李重进担任淮南节度使一职，也为江浙一带的统治和管辖提供了便利。这也为李重进叛乱提供了有利条件。当时，参与叛乱的还有后周昭义节度使李筠，他在当时也是一个厉害人物，是河东地区的“一把手”。

北宋建隆元年（960 年），经过一番折腾，赵匡胤终于平定了李筠、李重进两个节度使的叛乱。有一日，赵匡胤召见了他的谋士赵普，待他站稳之后，便意味深长地对他说：“自唐朝末年以来，在短短的数十年间，朝代更替，没完没了地打仗，导致生灵涂炭，民不聊生。这是什么道理呢？我想要天下息兵，让国家长治久安，让百姓生活安乐，你有什么好的办法吗？”

“您能有这样的考虑，实在是天地神人的福气啊！”赵普继续说，“自唐朝末年以来，战争不断，国家不得安宁，原因无其他，只不过是因为藩镇节度使的权力太大了，君弱臣强，自然就会产生叛乱。现在也没有别的办法，唯有稍夺其权，制其钱谷，收其精兵，那么，天下就能安定了。”还没等赵普把话说完，赵匡胤就已经明白他的用意了。随后，赵匡胤便精心设计了一场削夺兵权的盛宴。

北宋建隆二年（961 年），赵匡胤凭借既能够说服他人，又能够说服自己的理由，罢免了慕容延钊殿前都检点镇宁军节度使一职，让他出任为山南东道节度使。不仅如此，他还罢免了韩令坤侍卫亲军都指挥使一职，让他出任为成德节度使，并授命石守信接替韩令坤的侍卫马步军都指挥使的职位。因为殿前都点检曾是赵匡胤发动“陈桥兵变”时担任过的职务，所以他做了这样一个决定：日后不再设置殿前都点检这个职位。

再来说石守信这些人，他们曾经都是赵匡胤的好朋友，而且其中还有一些是“义社十兄弟”的成员，在赵匡胤兵变时立下过大功。正是凭借这一优势，他们都相应地得到了升迁，而且执掌重兵，心中难免会有几分得意。刚开始时，赵匡胤并不在意。但是赵普不这样认为，他觉得长此以往，实在是不妥，于是，他多次进言说：“我也不是担心他们会背叛您，但我觉得他们并不能有效地统领部下。如果他们的部下也贪图富贵，将来有一天联合起来拥戴他们，恐怕到时候，他们也会身不由己啊。”这一次，赵匡胤把赵普的话着实放在了心上，为了避免兵变事件的重演，赵匡胤终于狠下心来，开始采取措施来解除这些人的兵权，以消除后患。

第一章
乱世之下，太祖开创大宋基业

北宋建隆二年（961 年）七月的某一天，待晚朝结束后，赵匡胤便特意将石守信等禁军统领留下来喝酒。刚开始，君臣几人相谈甚欢。正当酒兴正浓的时候，赵匡胤突然放下手中的酒杯，并屏退了左右的侍从，然后深深叹了一口气，说："如果不是因为你们的出力，我是做不了皇帝的，因此，我从内心感念你们的功劳。可是你们哪里知道，做皇帝也有做皇帝的难处啊。有时候，我甚至觉得还不如做节度使快乐呢。不瞒你们说，这一年下来，我每天晚上都不敢安枕而卧啊。"

石守信等人听到赵匡胤这番话，感到十分吃惊。在他们看来，身为一国之君，怎么也会有烦心事？于是连忙问其原因。赵匡胤继续说："这不是显而易见的事吗？皇帝这个位置谁不想坐呢？"听到这样的话，石守信等人才意识到赵匡胤话中有话，好像在暗示着什么，于是连忙叩首道："陛下何出此言呢？现在天命已定，谁还敢对陛下三心二意，存有异心啊！"

赵匡胤说："事实绝非像你们说的那样，我知道你们是肯定没有异心的，但如果你们的手下想要获得荣华富贵呢？如果有一天你们的部下也把黄袍披在你们的身上，你们即使不想当皇帝，恐怕到时候也会身不由己了。"听到赵匡胤这番肺腑之言，石守信等人惶恐至极。他们深知皇帝已经有所防备，如果日后被抓住了把柄，很有可能招致杀身之祸，甚至还会连累家族的人。想到这里，他们一起跪在地上说："我们都是武将，都是粗人，没有想到这一点，还请皇上能够指条明路。"

赵匡胤这才缓缓地说道："人生在世，时光如白驹过隙，真正想要得到财富的人，无非就是趁着现在多多地聚敛钱财，以使后代子孙都能够免于贫困。我替你们着想，你们不如放弃兵权，到地方上去做一个闲官，多置办一些良田美宅，为子孙后代留下基业，快快乐乐地安度晚年，我们君臣之间也就没有了猜疑。如此上下相安，岂不是一件好事？"石守信等人这才明白了皇帝的用意，一个个拜俯于地，大声地说："陛下为我们想得太周到了。"待酒席一散，大家不再多言，各自回家去了。

赵匡胤的“鸿门宴”果然管用，第二天早朝时，石守信等人便一齐上书奏表，说他们年老多病，想要回家养病，希望能够辞去官职。赵匡胤心中大喜，大笔一挥，马上照准，解除了他们在禁军的职务，并赏赐给他们一大笔财物，以得人心。然而，赵匡胤还为自己留了“一手”，继续让他们任节度使一职，但又不让他们到地方赴任，而是允许他们一直待在京城。就这样，石守信等人过起了只拿俸禄、不做实事的惬意生活。与此同时，赵匡胤还下了一道命令，彻底废除了殿前都点检和侍卫亲军马步军都指挥使两个职位，并把禁军分为三部分，分别由殿前都指挥使司、侍卫马军都指挥使司和侍卫步军都指挥使司组成，简称“三衙”统领。

当然，为了能够安抚石守信这几位故友，赵匡胤也是费尽了心思。除了赏赐给他们大量的钱财外，还和他们用婚约来表示君臣之间毫无嫌隙。在谋士赵普的提点下，赵匡胤决定把妹妹，即燕国公主许配给高怀德，他是后周天平节度使、齐王高行周的儿子，是北宋的开国功臣。后来，赵匡胤又将女儿延庆公主和昭庆公主分别下嫁给石守信之子和王审琦之子。不仅如此，赵匡胤又替自己的三弟赵光美（赵廷美）做了媒，令其娶张令铎的女儿为妻。看得出来，赵匡胤为了收回兵权，的确是下了血本，费了一番周折。

没过多久，赵匡胤便将禁军的兵权彻底收回。一开始的时候，他打算让天雄军节度使符彦卿来统领禁军。因为符彦卿是后周世宗柴荣及皇弟赵光义（赵炅）的岳父，所以，赵匡胤对他还是十分信任和优待的。然而，当赵匡胤找赵普来商量此事时，却遭到了赵普的严厉反对。赵普认为，符彦卿的名位已经十分高了，不适合再掌握军权，否则后果不堪设想。可是这一次赵匡胤根本听不进去：在赵匡胤看来，自己对符彦卿已经做到问心无愧，他根本没有理由会背叛自己。赵普看赵匡胤铁了心，于是继续反问道：“那么，陛下您为什么就能辜负周世宗呢？”赵普的这句话再一次刺痛了赵匡胤，他开始沉默无语，而让符彦卿统领禁军的事情也就不了了之了。

又过了一段日子，也就是在北宋开宝二年（969年）十月，外地的一些节度使纷纷进京朝见赵匡胤。赵匡胤在御花园接见并宴请了他们。在喝酒的时候，赵匡胤说："你们都是国家的老臣了，戎马一生，已经非常辛苦了，现在还要让你们不辞劳苦地驻守外镇，朕真是过意不去啊！"在场的节度使中有一位叫王彦超的人，是一个十分聪明的人，很会揣摩赵匡胤的心意。他听完赵匡胤在酒席上的这番话，马上就明白了他的意思，大声喊道："臣本来就没什么功劳，长期以来承蒙皇上眷顾。现在已经老了，希望皇上能够可怜我这把老骨头，收回我的职务，让我回到田园安享晚年，臣也就知足了。"

说起这个王彦超，早年时，赵匡胤曾经投奔过王彦超，但是却被拒之门外。这一次，他看到王彦超恰恰在朝廷之下，于是当面问他当年拒绝他的原因。王彦超说："臣当时管辖的不过是区区的一个小镇，是容不下真龙天子的。如果皇上当时真的留在了臣的部队里面，怎么能取得今天的成就呢？由此可见，是天意不让臣收留皇上，是为了成全皇上今天的大业啊。"赵匡胤听了十分高兴，也就没有再跟他计较当年的那件事了。

听完王彦超的话，另外几位节度使顿时明白了赵匡胤的意图，也纷纷表示想要告老还乡。

到了第二天，这些外来的节度使便在朝堂上正式提出了辞官的请求。赵匡胤自然也全部答应了，并收回了他们的兵权。赵匡胤收回地方将领的兵权以后，立即建立了新的军事制度。例如，从地方军队挑选出精兵，编成禁军，由皇帝直接控制；各地行政长官也由朝廷委派。通过采取这些措施，新建立的北宋王朝开始稳定下来。

重文轻武的“祖宗家法”

“天子重英豪，文章教尔曹，万般皆下品，唯有读书高。”混战时期的五代十国，几乎是武人掌握的天下，而朝中那些文臣只不过是个陪衬而已，一般不会受到重用。在那个时期，整个社会都存在着一股重武轻文的风气。而自宋代建立以后，就开始实行新的治国方针：一种是以文治国，另一种便是重文轻武。因此，重文轻武的方针也逐渐变成为一种社会风气。也正是这一方针政策，奠定了宋朝文官政府的基础。

宋太祖赵匡胤出身行伍，他的大多数时间都是在戎马倥偬中度过的；他最初同五代时期的许多武人一样，崇尚武力而瞧不起那些文人儒生。然而，随着五代十国动乱局面的结束、专制主义中央集权的不断加强，赵匡胤越来越清醒地认识到，仅靠武将是远远不行的，不仅适应不了治理天下的需要，也不利于扩大统治基础，必须要从根本上来改变重武轻文的不良风气。

重文轻武，作为宋朝统治天下三百年之久的基本国策，是“祖宗家法”，无疑对当时的文化和经济起到了一定的推动作用，也在一定程度上保证了社会的稳定发展。那么，赵匡胤在实施的过程中，具体采取了哪些措施呢？

第一，削夺兵权，也就是削夺地方藩镇的兵权。由原来的武官出任地方最高长官改为由文官出任，最典型的例子就是赵匡胤曾经进行的两次“杯酒释兵权”。而文臣成为地方最高长官的例子，可以追溯到赵匡胤平定荆湖之后。原来荆湖的支郡皆由节度使管辖，但是后来就变成了直接由中央管辖，而掌管州务的武将也由文官来取代。如此一来，就大大削弱了地方节度使的权力，中央集权也得到了进一步的加强。当然，赵匡胤对文官也是有另一番安排的。首先，为了加强对文官的控制，他下令实行“三岁一易”的政策，即知府、知县等地方官吏在一个地方的任职时间不得超过三年；其次，别出心裁地设置通判制度，使其与知州等官吏共判事务，在一定程度上知州受到通判的限制，从另一个方面也起到了监督知州的作用。

第二，收夺地方财权，又称“制其钱谷”。自唐朝以来，地方节度使便掌控着大量的钱财，又被人们称之为“税赋留州”。北宋乾德二年（964 年），赵匡胤才废止了这个制度，新制度是这样的：地方除留出必要经费外，其余全部都要上交给中央政府。地方没有财权，就无法“屯兵自重”了，只有这样，“天下之权悉归朝廷”“四方万里之遥，奉尊京师”的新型中央与地方的关系就正式确立了。

第三，收其精兵。宋朝建立初期，为了防止历史的悲剧再度重演，赵匡胤采纳了谋士赵普的建议，不仅收回了节度使的兵权，还选拔各地的精兵到中央，由中央统一指挥，这就是宋朝的禁军制度。由于地方精兵都成了禁军，那么，地方剩下的那些战斗力较弱的军队就无法与中央抗衡了。当然，如果禁军控制不当的话，皇帝也会反受其害。因此，宋朝把禁军分为三个部分：第一部分由殿前都指挥使司（殿前司）率领；第二部分由侍卫亲军马军都指挥使司（侍卫马军司）率领；第三部分由侍卫亲军步军都指挥使司（侍卫步军司）率领。也就是说，禁军实际上是由三个衙门统领的，总称“三衙”。三衙管辖全国的禁军，侍卫马、步军司，还在名义上管辖各地的厢军。虽然三衙统率军队，但却没有调动方面的权力，调动权归属文官主持的枢密院。从表面上看来，两者之间是相互制约的，而实际上却是以文制武、重文轻武、权归中央。

第四，重视君臣。按照封建王朝的传统礼仪，宰相同皇帝商议国事，皇帝都要赐予他们座位，还要在口头上赐“平身”二字，这便是三公坐而论道的“坐论之礼”。这种待遇表面上是宰相地位崇高的一种体现，但对皇权而言也有一定的阻碍和制约，对此赵匡胤心知肚明。为了改变对自己心理和权力产生制衡的做法，赵匡胤意识到自己应该要立刻着手去做一件事情了。

有一日早朝，待文武大臣们都汇报完自己的工作，一个个退到殿外时，赵匡胤突然叫住了将要走出殿门的范质。范质听到皇帝叫自己，立即重新回到朝堂之上，坐在了自己的位置上。他刚坐下来，赵匡胤就递给他一份大臣的奏折，说：“你看这件事该如何解决才好呢?”范质连忙接过奏折仔细看了起来，而此时的赵匡胤也从龙椅上起身，向后宫走去。不一会儿，范质便看完了奏折，心中也有了自己的想法，在大殿耐心地等待皇帝，可是左等右等都不见皇帝出来。等了好一会儿，范质终于等不了了，就起身去找皇帝。就在这时候，赵匡胤正好走了出来。范质连忙坐下，可不曾想一下子坐了个空，回头一看，椅子不知道什么时候已经被人挪走了。范质一时间有点不知所措，只好战战兢兢地站着与皇帝说话。也就是那天以后，在朝堂之上，即使是朝中宰相也和其他大臣一样，都要站着与皇帝说话，而且这一制度一直被后来的各朝各代所沿用。

赵匡胤这一系列措施，也就是人们所说的“祖宗家法”，其本质是为了扩大中央集权制度的统治基础，保证自己江山的长治久安，其积极意义在于使宋朝的政治机构适应了中央集权的需要，分列为政事、军务和财政三大系统，相互平行，分别由皇帝直接统领。此外，赵匡胤还开始奉行“文以靖国”这一理念，并果断实行了“右文抑武”的基本国策，还通过设立“誓牌”，尊孔崇儒、完善科举、创设殿试、知人善任、厚禄养廉等一系列重大举措，来彻底扭转唐末以来武夫专权的黑暗局面，从而使宋代的文化空前繁盛，以至于后人称宋朝是“文人的乐园”。看得出来，赵匡胤的重文政策，是在充分吸取五代十国时期的教训。

赵匡胤深知，以往政权频繁变更的一个最重要的原因，就是地方权力过大，节度使拥兵一方，不受中央调遣，自然不会有真正意义上的天下统一和社会安定。要想真正解决好权力的分配问题，首先要做的就是解决中央与地方的关系问题。也正是因为有谋士赵普的精心辅佐，赵匡胤制定出了“削夺兵权，制其钱谷，收其精兵”这三大原则，有计划、有步骤地对地方权力进行收夺，这样彻底改变了五代以来所形成的地方权力过重、威胁中央的局面。

出兵荆湖，长驱直下

后周世宗柴荣在世时，曾经采纳大臣王朴的建议，把“先南后北，先易后难”作为统一天下的指导方针。在宋朝建立不久后，赵匡胤为了一统天下，稳定大宋的根基，与自己的谋士赵普在一个大雪纷飞的晚上，正式定下了“先南后北，先易后难”的军事战略。既然方针已经定下，那么剩下的事情就应该是实施了。

那时候的赵匡胤，经常便装出行经过功臣之家。因此，赵普每次退朝，都不敢随便穿戴，就怕皇帝来个突然袭击，让他防不胜防。有一天傍晚时分，大雪纷飞，赵普以为这样糟糕的天气，皇帝应该不会再出来。没想到，退朝后没多久，赵普前脚刚进门，正准备收拾收拾早点歇息。就在这时候，他听见了叩门声。于是，他急急忙忙出门，只见赵匡胤站在风雪中，赵普惶恐之下跪拜迎接皇帝。赵匡胤微笑着说：“我已经约好晋王了。”又过了一会儿，赵匡胤的皇弟赵光义也来到了赵普府中，赵普立即命人铺好厚垫子，在地上请他们坐在堂中，在炽红的炉火上烤肉吃。赵普的妻子也出来为赵匡胤敬酒，赵匡胤恭敬地称她为嫂子。吃饱喝足之后，才开始与赵普商议攻伐太原。赵普说：“太原地当西、北二面，太原如果攻下，则我国须单独抵挡这两面，不如等削平诸国以后再对其用兵，则太原这一弹丸黑子之地，哪里能够逃得掉呢?”赵匡胤笑着说：“我的意思正是这样，特地来试试你罢了!”坐在一旁的赵光义也微笑着点了点头。

很快，在赵普的帮助和谋划下，赵匡胤在平定李筠、李重进叛乱之后，一方面加强中央集权、改革军制，另一方面力抓发展生产、巩固统治。经过两年政治、经济、军事等方面的充分准备，赵匡胤终于正式做好了准备，计划首先彻底征服南方的八个割据势力，再讨伐北汉，攻取燕云十六州，将辽国契丹人赶回长城以北。

经过一番考察，赵匡胤发现，荆南、湖南两地处于长江中游要冲，南北相邻，东面又与南唐接壤，西靠后蜀，南接南汉，是一个战略要地。如果占领了荆南和湖南两地的话，就可以把江南的这些国家割裂开来，为各个击破创造有利条件。于是，赵匡胤决定寻找机会出兵荆南和湖南两地。当然，最根本原因是，因为削平江南和蜀地，一方面可在政治上实现了最低层次上的“大一统”，另一方面，江浙地区以及蜀地的经济力量，是支撑中原王朝用兵北方的巨大梁柱。当时，盘踞山西一隅的北汉乃弹丸小国，仰仗辽国鼻息苟延残喘而已，它身后的辽国才是中原王朝最凶恶的敌人。至于南方，共有南唐、吴越、南平、南汉、后蜀这五个“小国”，加上福建一隅的军阀陈洪进和湖南一带的军阀周行逢，怎样把这些小国解决掉，是赵匡胤首先要考虑的问题。

北宋建隆三年（962 年）十月，就在赵匡胤登基不久后，武平节度使的周行逢因病去世，其子周保权还只是一个十一岁的孩童。周保权继承父位之后，立即遭到其属下“衡州刺史”张文表的反叛，想要割据一方；周保权为了讨伐张文表，便向宋廷求援。这便给赵匡胤提供了一个绝妙的机会，于是他决定以“假途灭虢”的策略，出师湖南、假道荆渚，从而达到一箭双雕的目的。于是，宋朝就打着“救援”的旗号，要借道荆南（南平）。

北宋建隆四年（963 年）正月，赵匡胤命令山南东道节度使慕容延钊出任湖南道行营前军都部署，枢密副使李处耘为都监，率十州的兵将以帮助湖南讨伐张文表。宋军在通往湖南的道路上，横着荆南（今湖南江陵、公安一带）。荆南是夹在宋朝与南唐、后蜀之间的小国，赵匡胤有意顺道将其收复。于是，他派出使臣入南平，向南平王高继冲提出借道的要求。宋军借道的要求在南平国引起了一番争论，高继冲也为此犹豫不决。

二月初九，张文表的军队已被击败，所剩无几，而宋军仍然强行前驱，并派出一股“奇军”直驱江陵。而当时南平嗣主高继冲也知道自己大势已去，反抗也只是徒劳无功，被逼无奈之下，他只得举族“入朝”，并献出高家割据数十年的三州十七县。就这样，宋军兵不血刃地拿下了荆南。

又过了不久，宋军一路横进，攻克潭州（今湖南长沙），进围朗州（今湖南常德），周保权试图拒绝宋军入城，但根本无法抵挡住强大的宋军部队。最终，宋军生俘了曾经向宋朝求救的周保权，迅速占领湖南，获得十四州、一监六十六县和九万七千三百八十八户。至此，荆湖之地全入宋土，成为宋朝的一个大粮仓，从物质上保障了宋军下一步军事行动。

在平定荆南、湖南两地之后，宋朝不仅留任两地的官员，实施减免租税政策，还赦免了不少囚徒；除此之外，还允许军士解甲归田，从而稳定了两地的局势。看得出来，荆南、湖南的平定，为统一南方开创了非常有利的局面。

攻灭后蜀，平定江南

赵匡胤自继位以来，没有一刻让自己放松，一直在为巩固自己的江山不停地奔波、忙碌着。当宋军一举攻下荆南、湖南两地之后，他马上又开始部署攻打后蜀。随后，蜀国主孟昶得到了这个消息，决定利用川、陕地势险要这个优势，严兵把守，同时派遣使者到北汉，想要来个两国前后夹击，一起攻打宋朝，这样胜算的可能性会更大。说起这个孟昶，他是何人？原来他是孟知祥的第三子，继位时年仅十六岁。他同前蜀末主王衍大有不同，他不仅姿质端凝、少年老成，而且个性英果、刚毅，然而，天不遂人愿，幻想终归只是幻想。那时候，后蜀的大将赵彦韬已经叛变，悄悄投靠了宋军，把后蜀的作战计划都透露给了宋军。赵匡胤在得知后蜀的兵力部署之后，立即下令出兵。

北宋乾德二年（964 年）十一月，赵匡胤计划兵分两路来攻打后蜀：一路以忠武节度使王全斌为西川行营前军兵马都部署，侍卫步军都指挥使崔彦进为副都部署，率步骑三万从北面兵发凤州，沿嘉陵江南下；一路由侍卫马军都指挥使刘廷让为副都部署，率步骑两万从东面出兵贵州，溯长江西进。两路合击，进讨蜀地的割据者孟昶，并确定好了具体的攻打日期。当孟昶得知后，立即命令后蜀大臣王昭远为西南行营都统，赵崇韬为都监，韩保正为招讨使，李进为副招讨使，率兵数万北上把守利州、剑门（四川剑阁东北）等关隘，并对王昭远说：“今日之师，卿所召也，勉为朕立功！”这个王昭远，本来就是一个狂妄之徒，此时的他更加狂妄，以方略自任。始发成都，蜀主命宰相李昊等饯之城外，王昭远手执铁如意，指挥若定，自比诸葛亮。结果，在宋军的不断打击下，王昭远三战三败，狼狈逃窜到利州，焚毁桔柏津的桥梁，并把剩余的部将留在剑门看守，自己为了保命逃到了汉原坡。而此时的宋军可谓是势如破竹、锐不可当。随后，在十二月的时候，北路宋军便一举占领了利州。

北宋乾德三年（965 年）正月，宋军又乘胜攻破了剑门险要，大败蜀军，王昭远也没能逃过一劫，被宋军俘虏。紧接着，宋军又占领了剑州，由刘廷让率领的东路军相对也比较顺利，相继攻克了巴东咽吭夔州，连克万、开、忠、遂等州。随后，两路宋军会师，直逼成都。无奈之下，孟昶举城投降，后蜀随之灭亡。眼见着赵匡胤接连攻克荆湖、后蜀后，南唐、吴越的国主见大势不妙，立即向宋军表示臣服，只有南汉国主刘鋹拒绝向宋军投降。

北宋开宝二年（969 年）六月，赵匡胤又任命右补阙王明为荆、湖转运使，为继续出战筹措物资。北宋开宝三年（970 年）九月初一，赵匡胤任命潭州防御使潘美为贺州道行营兵马都部署，率领十州兵长驱南下，中间突破，直趋贺州（治临贺，广西贺县东南贺街）。潘美在攻伐之际，故意放出风声要沿贺水往东攻打兴王府（广州），其目的就是为了诱歼南汉军的主力。南汉国主刘鋹得到消息后，想都没想，就立即派大将伍彦柔率舟师沿郁江、贺水西上增援，未曾想遭到了北宋军的伏击，伍彦柔被杀，贺州也因此失守。同年十二月，宋军又兵至韶州（治曲江，广东韶关），南汉都统李承渥率兵十万于莲花峰（韶关东南）下，列象阵迎击宋军，宋军以强弓劲弩破其阵，没付出太大损失，就占领了韶州。

北宋开宝四年（971 年）正月，宋军攻克英（广东英德）、雄（治浈昌，广东南雄）两州；二月的时候，宋军又进至马径（广州北），以火攻破了南汉招讨使郭崇岳的六万兵马；紧接着，又相继攻陷兴王府。刘鋹抵挡不住宋军的猛烈进攻，终于投降了。就这样，南汉也灭亡了。

赵匡胤在最短的时间内平定了南汉，南唐后主李煜听闻宋军气势如此强大，心中不免有点胆怯；他深怕赵匡胤趁机再派兵来征伐自己，那样的话，南唐岂不是也难保了。于是，李煜立即派遣自己的兄弟李从善为特使，并带了贺表与贡品来到开封，祝贺赵匡胤灭掉了南汉。同时，李煜又表示愿意撤掉南唐的国号，俯首称臣，改为江南王。赵匡胤听说李从善的到来，心中窃喜，没有立即召见他，而是召见了枢密使楚昭辅进宫，并对他秘密吩咐了一番。

原来，赵匡胤在让潘美攻打岭南时，南唐一个名叫林仁肇的官员曾经向李煜提出建议，要趁机出兵夺回淮南原来南唐的领土。但是李煜因为害怕宋军过于强大，不敢犯险，就没有同意这项提议。可是这件事却不胫而走，竟然传到了赵匡胤的耳朵里。经过调查，赵匡胤知道林仁肇原来是南唐的第一勇将，而且善于治军，已经训练出了不下十万人的军队。于是，赵匡胤决定将这个人除之而后快，绝不能因为这个人而耽误了自己的统一大业。正好这次来使是李煜的兄弟李从善，于是赵匡胤决定用反间计来除掉林仁肇。

赵匡胤接见李从善以后，并把他暂时安排在四方馆住下，让他等待回复。就这样，一等就是好几日。有一日，李从善闲来无聊，就四处参观四方馆，突然在一所别院里看到一幅熟悉的画像，就跟管事的说："这幅画像简直像极了南唐的林仁肇，为什么会挂在这里？"而那个管事的只是笑笑，没有回答他。李从善也不好继续追问。又过了两天，李从善在与管事喝酒的时候，管事喝得酩酊大醉，说："那幅画像的确是林仁肇，去年他已经来朝见过皇上，想要找机会到中原任职，为了表示诚信才留下了这幅画像。"这下，李从善心头大惊。也正在这时候，皇宫里传来口谕，说赵匡胤已经同意取消南唐的国号，任命李煜为江南国主，李从善选择了在留京任职。李从善知道自己回不去了，便写信把情况告诉了李煜。当然，也没忘提及林仁肇叛变的事。李煜从此便对林仁肇有了戒心。后来，李煜又派人去京城确认了一下，最后信以为真，居然毒杀了林仁肇。除去了林仁肇这个绊脚石，赵匡胤终于可以放开手脚，大干一场了。

北宋开宝七年（974 年）九月，赵匡胤命令宣徽南院使曹彬为异州西南面行营马步军战棹都部署，偕都监潘美，统领十万大军出荆南，调吴越军出杭州北上策应，并派遣王明牵制湖口（属江西）南唐军，保障主力东进。十月十八，曹彬率军顺长江东下，水陆并进，攻破池州，一举占领采石；紧接着，又于十一月中旬，在采石架通长江浮桥，保障大军渡江，继续向东推进。

北宋开宝八年（975 年）正月初三，宋军攻破溧水（今南京一带），随后与南唐的十万军队在秦淮河展开了一场激烈的战斗。没过多久，宋军打败了南唐的军队。随后，又直逼江宁城，并在西路王明军和东路吴越军的积极配合下，全歼南唐神卫军都虞侯朱令赟率领的十万救援军，真可谓气势惊人。十一月二十七日，宋军攻破江宁，李煜被迫投降，南唐随之灭亡。

半部《论语》治天下

对于北宋初年的开国宰相赵普，人们是这样评价他的：他是一位杰出的政治家，但他绝不是一个学问家。或许也正是由于这个原因，他才会有“半部《论语》治天下”这样振聋发聩的名言传世。

赵普这个人，可以说是赵匡胤、赵光义兄弟生命中非常重要的人物。他的祖籍在幽州蓟县，曾祖父在唐末任三河县令，祖父赵全宝在唐末任澶州司马，父亲赵迥在五代时任相州（今河南安阳）司马。后唐时期，因幽州主将赵德钧连年征战，导致家国不宁，他的父亲赵迥不堪战乱，带领族人迁居常州（今河北省正定县）；后晋天福七年（942 年），他们一家又迁至洛阳。

赵普向来为人淳厚、沉默寡言，深得当地豪门大户魏员外的器重。后来，魏员外还将自己的宝贝女儿许配给了赵普。后周显德元年（955 年）七月，赵普被永兴军节度使刘词辟任为从事，并与楚昭辅、王仁赡二人成为同僚。在刘词辟的帐下，赵普的表现一直很不错。刘词辟打心眼里欣赏赵普，于是在他临终前将他推荐给后周朝廷。赵普与柴荣父子结缘。

到了第二年，也就是后周显德三年（956 年），为了争夺淮南江北地区，赵匡胤率领大军与南唐守军在滁州打了一场恶仗。由于得到了赵普的帮助，赵匡胤大获全胜，为他日后的帝业打下了必要的基础。当时的宰相范质奏请任命赵普为军事判官。后来，赵匡胤的父亲赵弘殷在滁州养病，赵普朝夕侍奉药饵，照顾得无微不至。于是，赵弘殷以宗族的情分来对待他。看得出来，赵普这个人不仅是一个好人，还是一个好官，这也算老天赐予赵匡胤的一份厚礼吧。

淮南平定后，赵普被调遣渭州，补任军事判官一职。而赵匡胤在领任同州节度使时，征召他为推官；赵匡胤移驻宋州后，又上书朝廷任他为掌书记。就这样，赵普成为赵匡胤的心腹，如影随形地追随他建功立业。

后周显德七年（960 年），赵匡胤通过“陈桥兵变”夺取了后周的政权，建立了大宋王朝，因赵普辅佐有功，任命他为谏议大夫，并充当枢密直学士。北宋乾德二年（964 年），赵匡胤部署中枢与地方政权既定，他觉得时机已经成熟，就尽罢留用后周的范质、王溥、魏仁甫三相，任命赵普为门下侍郎、平章事、集贤殿大学士。

在官拜宰相的时候，还有一段趣闻，当时有说中书省没有宰相签署敕令，很快这件事情让赵普知道了，于是他就以此事为由，上奏赵匡胤。赵匡胤告诉他说：“你只管呈进敕令，我可以为你签署。”赵普立即回答说：“这不是皇帝该做的事。”听完这句话，赵匡胤立即下令把签署权赐给赵普。赵普任职宰相后，赵匡胤视他为左右手，无论大事小情，都要向他咨询以后再做决断。赵匡胤之所以如此重用宰相赵普，就是希望赵普能够运用自己的智慧，来帮助他解决经济上的内忧与国防上的外患等问题。

宋朝初期，当宰相的人大多数都心胸狭窄、因循保守，只有赵普刚毅果断，没人能够与他相比。有一次，朝中一名大臣要求升官，赵匡胤一向讨厌这种主动要官当的人，找尽各种理由不肯升他的官。可是赵普坚决为他请求，赵匡胤发怒道：“朕就是不给他升官，你能怎么说？”赵普说：“刑罪是用来惩治罪恶的，赏赐是用来酬谢有功之人的，这是古往今来共同的道理。况且刑赏是天下的刑赏，不是皇帝个人的刑赏，怎能凭自己的喜怒而独断专行呢?”赵匡胤听完赵普这番话更加愤怒，起身就要离开。可是没想到的是，难缠的赵普紧跟在赵匡胤身后，跟了很长时间也不肯离去。最终，请求得到了赵匡胤的认可，使朝廷得到了一个真正的人才。

其实，年轻时的赵普虽然熟悉吏事，但因为早年读书不是很多，对历史典故也不是很知晓。跟朝中那些文臣比起来，他的学问的确差很多。他做了宰相以后，赵匡胤便经常劝他多读点书，赵普也深知自己的缺点。因此，每次一回到家中，吃过晚饭后他就关起房门，从书箱里取书，认真诵读起来；等到第二天处理政务时，他便会觉得一切都得心应手，他的家人也习以为常。可是很久过去了，也不知道他究竟读的是什么书。后来，家里人无意中发现，他的书箱里藏的不过是一部《论语》。于是，人们就开始流传这样一种说法，说赵普是靠“半部《论语》治天下”的。

赵普读书不多，但却精于治术，治国也是井井有条，对北宋的建立和振兴都有着不可磨灭的重大贡献。虽然“半部《论语》治天下”，有些夸大了以孔子思想为核心的儒家理论的作用，但儒家思想作为我国传统文化中最深邃、最富有生命力的思想体系，对于千百年来的中国政治、经济、文化，对东亚乃至全世界都产生过深远的影响却是不争的事实。而“半部论语”这个典故，也常被后人用来强调学习儒家经典的重要性。

兄友弟悌，生死成谜

虽然宋初局势的稳定和统一事业的逐渐完成，赵宋皇族被外姓旁人颠覆的危险越来越小。但是，宋太祖赵匡胤与皇弟赵光义之间原来那种为家族的命运和利益同心同德、共济患难的精神，却在慢慢地消失。一旦他们有了各自的算计，那么，原来掩盖在“兄友弟悌”伦理美德下的人性中的另一面，就显露出来。

建隆二年（961 年）六月，赵匡胤的母亲皇太后杜氏因病去世。说起杜氏，她出生在一个大户人家，为人有胆、有识。当年陈桥兵变时，她身边的人听到消息后，急急忙忙跑来向她报告，她镇定地说：“我儿素有大志，应当如此。”临终前夕，她突然问一直在身旁侍奉汤药的赵匡胤说：“你可知道你为什么能做天子吗？”赵匡胤听完太后这句话，觉得现在不是讨论这一问题的时候，所以“呜噎不能对”。但是太后偏要他回答，他只好应付道：“这都是先世和太后积德积功的结果。”太后严厉地说：“根本不是这么回事，你能做天子，那是因为周世宗死后继位的国君年幼的缘故；如果当时是一位成年人继位的话，你能当上天子吗？我想将来你传位时，就应当传位你弟弟光义，立年长者为国君，是社稷之福呀。”于是，由赵普当场记下太后遗嘱，并把它藏于金匮之中，这就是历史上所说的“金匮之盟”。

在太后去世的次月，也就是建隆二年（961 年）七月，赵匡胤就把时任泰宁军节度使、大内都部署的皇弟赵光义任命为开封府尹、同平章事。这在当时可以说是一个非同小可的任命，因为在五代时期，凡皇位的继承人都要封王任开封府尹，赵光义在此时虽未封王，但其任开封尹隐然已有继位人的地位了。这不但是遵循太后临终遗嘱的一个重要步骤，更为重要的是，赵匡胤这样做还有另外一个目的，就是希望通过此举向臣僚们表明，在未来的皇位交接中，不会再出现那种“主少国疑”的局面了。

其实，自建隆二年担任开封府尹起，赵光义主政京师已经长达十余年。在此期间，赵光义把一大批的文武人士网罗进自己的府内。据有关学者考证，其府内拥有宋琪、石熙载、柴禹锡、程德玄等幕僚六十多人。看得出来，在这十余年，赵光义一直在暗中培植自己的势力。

再来说宰相赵普，从乾德二年（964 年）起也独相十年，权位一直在赵光义之上。赵普本来是一个聪明、敏感的人，对赵光义的动向与用心，早已经有所察觉。因此，自从赵普被封为宰相之后，原先关系密切的两个人，便开始面和心不合，时不时地还会明争暗斗一番。更让人意外的是，赵匡胤晚年时，对赵普的独断专行也甚是不满，但是赵普勋望卓著，赵匡胤也不愿轻易得罪，只得处处谨慎。也就是在这时候，深受赵匡胤器重的翰林学士卢多逊与赵普发生了口舌之争。为此，卢多逊多次在赵匡胤面前说赵普的坏话。

开宝六年（969 年）八月，赵普终于忍受不了被人们在背后算计，于是决定辞去宰相一职。一个月以后，赵光义又被封为晋王，位居宰相之上。而赵光义虽说有“金匮之盟”，已隐然被视为皇位继承人，但这时赵匡胤的儿子赵德昭 24 岁，赵德芳 16 岁。他们兄弟二人也算有才有德，按理说他们也是有资格当皇帝的。再加之赵匡胤晚年时与赵光义也因为一些事发生过小摩擦，心中各自都有打算。而当时赵匡胤一度考虑迁都洛阳，最主要的一个原因就是，他想试图摆脱赵光义在开封府业已形成的盘根错节的势力范围，但也不好明着跟赵光义作对，只好暗自使点小伎俩。更何况在历史上，皇帝在临终的时候易储，也不是没有发生过，因此，对赵光义来说，能否顺利继承皇位还不一定。虽说当时的赵光义已经是势力暗增，但是赵匡胤也从未放松过警惕，他们二人都在为各自的权力明争暗斗着。

开宝九年（976 年）十月二十日，赵匡胤在病中猝然死去，享年五十岁。掐指算来，赵匡胤做了整整十六年的皇帝。

关于赵匡胤的死，史学家们众说不一，其中有人说赵匡胤是因病而死，也有人说他是被皇弟赵光义谋杀的。总之，宋太祖赵匡胤的死，留下了千古之谜。赵匡胤死后，谥号为“启运立极英武睿文神德圣功至明大孝皇帝”，庙号为“太祖”。

第二章 守内虚外，帝国跌宕下的传奇

宋太宗赵光义，即位后，不仅继承宋太祖各个击破割据政权的方针，逼迫吴越王献土归降，还亲自征灭北汉，试图收复燕云十六州。在两次对辽征战失败后，他采取消极防守的方针。他对内加强中央集权，扩大科举取士制度；注重兴修水利、开垦荒地。他在统治晚期剥削加重，激起王小波、李顺起义。也正因赵光义晚年的政治大计循规蹈矩，使得宋朝渐渐地形成了“积贫积弱”的局面。

烛光斧影，还是金匮之盟

后晋天福四年（939 年）十月初七，赵光义出生在开封府浚仪县崇德坊护圣营官舍。他是宋宣祖赵弘殷和杜太后所生的第三个儿子，是宋太祖赵匡胤的同母弟弟。据传说，刚开始的时候，赵光义的母亲杜太后做了一个奇怪的梦，她梦见神仙捧着太阳授予她，从而怀孕。直到赵光义出生的那天夜晚，红光升腾似火，街巷充满异香。当晚，周围的人们都认为这是一个吉兆，认为这个小男孩日后必定飞黄腾达，会有一番大作为。当然，赵光义与其兄赵匡胤出生时都有这种怪事，不难看出是古人君权神授的思想在作怪。

后来，宋太祖赵匡胤继位后，因赵匡义的名字中也有个“匡”字，为了避其忌讳，改名为赵光义。而等赵光义继位后，他又再次给自己改名，叫赵炅。说起赵光义这个人，从小就天资聪颖、卓尔不群。每次跟其他小孩子在一起游戏，他都能够用他的智慧来征服那些玩伴们；时间久了，小伙伴们都开始畏服于他，视他为大哥。在赵光义二十二岁那年，也就是北宋建隆元年（960 年），他毫不犹豫地参加了“陈桥兵变”，并拥立其兄赵匡胤为帝。

赵匡胤继位之后，自然要封赏真心辅佐过他的功臣。首先要赏封的便是曾经帮助过自己的亲弟弟赵光义，先是封他为殿前都虞侯，后来又让他做了睦州防御使。没过多久，赵光义又被封为泰宁军节度使。紧接着，在征讨李重进之后，赵光义又被封为大内都部署，加同平章事、行开封府尹，再加兼中书令。进占太原之后，赵光义又被改封为东都留守，别赐门戟，封晋王，位列宰相之上，追随赵匡胤统一四方的大业。

说起他的优点，那就是治政有为；要说起他的不足，或许不善武功是他最大的缺点了。于是，从建隆元年（960 年）到开宝九年（976 年），赵光义当了整整十六年的开封府尹。毫无疑问，他在开封府中广延豪俊，聚集了一大批幕僚、军校；这时候的他已经是文武皆备了。通过这些年广置党羽、内外交通，赵光义在开封府的势力大盛、威望日高，为他日后争夺皇位、治国安邦打下了牢固的基础。

也就是在北宋开宝九年（976 年）十月十九的深夜，赵匡胤突然召赵光义入宫饮酒。那天晚上，赵匡胤屏退左右侍卫，只有他们兄弟二人酌酒对饮，商议国家大事。在烛光斧影的摇晃中，屋外宫人看见赵光义时而避席，摆手后退，像是在躲避，又像是在谢绝什么，又见赵匡胤手持玉斧戳地，还大声喊道："好做，好做。"两人饮酒到深夜，赵光义才从宫中出来。

凌晨的时候，朝中大臣便听到了赵匡胤驾崩的消息。为此，大臣们心中猜忌不断，但谁也不敢直言。十月二十一日，晋王赵光义因"金匮之盟"［又被称为"金柜之盟"，指史料所载宋朝杜太后（赵匡胤、赵光义、赵光美的生母）病重，太祖赵匡胤在旁侍疾，临终时召赵普入宫记录遗言，交代未来的皇位继承问题，劝说太祖赵匡胤死后传位于其弟。这份遗书藏于金匮（匮，通"柜"）之中，因此名为"金匮之盟"］，在烛光斧影中继位，是为宋太宗，成为北宋第二位皇帝。这种兄终弟及的皇位继承方式，与传统的父子相传比起来，有点名不正、言不顺。为了安抚人心，赵光义继位后，立即改年号为"太平兴国"，表示要成就一番新的事业。

赵光义先是任命其弟赵廷美为开封府尹兼中书令，并封齐王，又任命他的侄子赵德昭（宋太祖赵匡胤次子）为节度使和郡王，四侄子赵德芳也被封为节度使。当时，赵匡胤和赵廷美的子女们都被称为皇子、皇女，赵匡胤的三个女儿还被封为国公主。赵光义对待赵匡胤那些旧部，比如薛居正、沈伦、卢多逊、曹彬和楚昭辅等人，都加官晋爵，他们的儿孙们也因此获得或高或低的官位。而那些赵匡胤在世时曾加以处罚或想要处罚的人，赵光义都予以赦免，不再追究其责任。

不过，赵光义在封赏他们的同时，也开始注重培养和提拔自己的亲信，其幕府成员如程羽、贾琰、陈从信、张平等人都陆续进入朝廷担任要职，慢慢替换宋太祖朝的那些大臣们。除此之外，赵光义还调整了一批元老宿将，如赵普、向拱、高怀德、冯继业和张美等人。赵光义将他们调到京师附近做官，其目的就是为了把他们放在眼皮底下，方便日后控制他们。

不过，赵光义改变了宋太祖时期最重要的措施，就是扩大科举的取士人数。他在位期间，第一次科举的人数就比太祖时期最多的数字猛增了两倍多。也正因为科举，使得那些有才华的人终于有机会入仕，再加上太宗时期取士多，一旦被录取，士子们便会青云直上。这些“天子门生”就会被授予各种职务。无疑，他们对宋太宗赵光义心存感激，当然也会心甘情愿地为新皇效力。然而即便是这样，当时朝野内外还是有一些人对赵光义的继位有诸多非议，毕竟人多嘴杂，赵光义实在做不到征服所有人。赵光义能够把权力牢牢地掌握在自己手中，并将整个朝廷逐渐变成服从自己的机构，这也算是他最大的成功。而“烛光斧影”究竟是怎么回事，则成为了人们永远猜不透、解不开的谜团。

守内虚外的统治策略

“金匮之盟”是否真有此事，暂且搁一边不说，在烛光斧影中以皇弟身份继承皇位的赵光义，内心总是不那么踏实。他清醒地认识到，想要巩固自己的帝位、贴服人心，就必须先要树立起自己的帝王威望。

赵光义急于完成统一大业，这样的话，既能证明自己是太祖当之无愧的继承者，也可以转移朝野的视线，不再对他说三道四。当时的情况是这样的，南方还剩下割据福建漳、泉一带的陈洪进和吴越国的钱俶，都是只待收拾的囊中之物；而北汉因有辽国的撑腰，仍然割据河东，赵光义要想统一中原，貌似还有一场硬仗要打。于是，他继位没多久，就开始着手消灭北汉的准备工作：一方面对辽做出友好、亲善的姿态，意图麻痹辽国，掩盖宋进攻北汉的真实意图；另一方面，他开始精选将士，加紧军事训练，又在靠近北汉各州加紧修造兵器，为消灭北汉打基础。

太平兴国三年（978 年）三月，吴越王钱俶突然心血来潮来到开封，说要朝见赵光义，有讨好之意。赵光义很礼貌地接见了他，在收下贡物后，以一个看似合理的理由把钱俶留在了东京（今河南开封）。钱俶心中知晓，他已经被当成了人质，也在心里斥责自己自作自受、自投罗网。无奈之下，钱俶只得把吴越的十三州、一军、八十六县献给宋朝，并主动要求削去吴越国号。同年四月，割据福建漳、泉一带的陈洪进也迫于形势，决然放弃对漳、泉二州十四县的割据，纳土降宋。至此，南方的割据势力已完全被削平，宋朝完全统一了南方各地。而后，赵光义又把主要的兵力转向了北方的北汉和辽国。

太平兴国四年（979 年）正月，赵光义任命潘美为北路都招讨使，兵分四路，围攻北汉的统治中心太原城，又命郭进为石岭关（进山西太原北）都部署，阻击辽国援兵。同年二月初，赵光义御驾亲征，所遣兵马在十万以上；三月，北汉主刘继元闻宋大兵压境，急遣使赴辽求援。辽帝命南府宰相耶律沙为都统，冀王耶律敌烈为监军，率兵援救北汉。辽国派去的援兵在石岭关附近被早已埋伏好的郭进军击溃，几乎全军覆没，监军耶律敌烈也被斩杀；北院大王耶律斜轸的后续部队赶到，才遏制住了宋军的攻势，得以退兵。

宋军大援获胜，乘势全线进攻。宋军攻下盂县、隆州、岚州等地区后，赵光义率军至太原，以数十万大军，集兵围城。四月二十三日，赵光义巡城抚慰诸将，并致书招降北汉主刘继元，被拒；五月初一，赵光义命诸将攻城，北汉宣徽使范超出降。从三月至五月，在宋军的围攻和劝降下，守城的北汉官兵军心不稳，纷纷出城降宋，刘继元的亲信也开始不断逃散。一些北汉元老大臣见大势已去，纷纷劝刘继元投降宋军。刘继元在走投无路之下，于五月初，口头向赵光义提出投降，北宋统一战争至此结束。

同年五月下旬，赵光义乘灭北汉之雄威，移师辽南京幽都府，企图一举收复燕云地区，赵德昭跟随赵光义攻打幽州。这时的宋军已连续对北汉作战数月，将士均疲惫不堪。赵光义不顾当时宋军的厌战情绪，下令调发京东、河北诸州军马集中到镇州，并不顾六月盛暑，亲自领兵北伐。六月十九日，宋军进入幽州地区，因辽国没有防备，初战获胜，连下易（今河北易县）、涿（今河北涿县）等州。六月二十三日，宋军抵达幽州城南。六月二十五日起，宋军对幽州发起围攻。幽州城防坚固，辽军屯兵坚守待援，宋军连攻十一天未能奏效。七月初六，辽国援军抵达幽州。赵光义率军于高粱河（今北京西直门外）与辽援军激战。在辽将耶律休哥、耶律斜轸的夹击下，宋军大败，赵光义不幸中箭。无奈之下，只好暂时退至涿州，乘驴车逃去。这一次，由赵光义亲自策划并亲自坐镇指挥的进军幽州之战，以宋军惨败告终。

赵光义回到京师后，因为北伐不利，很长时间没有给太原之战的功臣行赏。赵德昭跟赵光义论说此事，赵光义大发雷霆，怒吼："等你自己做了皇帝，再行赏也不迟！"退朝后，赵德昭便自刎而死。这时候，准皇储的位置似乎稳稳地落到了赵廷美身上。然而，赵光义怎么能允许这样的事情发生呢？于是，他背弃"金匮之盟"，以一个连自己都说服不了的借口把赵廷美贬为庶人，这还不甘心，又找机会将他杀害了，赵光义最后一块心病终于彻底根除。他可以放心地"攘外"了。而自南京围城之役以来，七年的战略物资集聚，也足以对付一场大战。

其实在赵光义继位后，就一直想一举收复燕云十六州，以期给自己的统治加上最完美、最精彩的一笔。赵光义借着消灭北汉的余威，继续率领大军征讨辽国。此战役虽有小胜，但在高梁河一战中，宋军部队却大败而归，赵光义本人也差点被辽军俘虏。高粱河之战是赵光义转向"守内虚外"政策的关键环节之一。此次战败，使宋初以来日益精强的宋军元气大伤，而军中发生拥戴赵德昭的事情，又让赵光义惧怕和担忧。为此，他放弃整治军纪、精加训练，开始全力注意内政，尤其是加强对皇族和军队的控制。自此，宋军对辽作战逐渐陷入被动。

北宋雍熙三年（986 年）正月，出于对内外形势的判断，赵光义决定再次发动大规模的伐辽战争，史称"雍熙北征"。先说对内，高粱河战败时，军中一时见赵光义不知去向，竟有人趁机提议要拥立赵匡胤之子赵德昭为天子。事后，赵光义知道了此事，深感自己的皇位不稳。于是，他转而注重内政，费尽一切手段，想要巩固自己的帝位。

再说对外，一直以来小心翼翼的赵光义居然误信边将的报告，认为"辽国主少，母后专政，宠幸用事"，辽国政局混乱不稳，正是天赐讨伐辽国的大好良机。当时，赵光义正因为高粱河惨败而觉得丢了脸面，这一次他定要一并讨回。于是，他痛快地答应了伐辽的提议。只不过，这一次赵光义心有余悸，没有御驾亲征，而是坐守京师，进行遥控指挥。他命令曹彬、田重进、潘美和杨业等人兵分三路北伐，准备合围燕京。但是在此战中，由于宋军指挥不当，各路人马缺少合作精神，将士们如同一盘散沙，各打各的仗。在这样的情形下，纷纷败绩。

雍熙北伐这一战之所以惨败，赵光义有着不可推卸的责任。这次战败，导致了整个朝廷的轰动，一时间，朝廷上下都弥漫着一股恐辽的负面情绪。之后，四川又发生了王小波、李顺起义，宋军与西边党项族政权的战争也多有败绩。这接二连三的烦心事，让赵光义焦头烂额，他不得不重新考虑他的内外政策，施政策略上也因此发生了很大的改变，渐渐地从积极应对外敌，逐渐演变成为消极抵抗和守内虚外。正是这种政策的制定与实施，给两宋时期带来了十分严重的后果。自此，宋朝军队的作战能力就越来越弱，赵光义终于把曾经的一腔热血变成了安于现状的心安理得。

以文治国，埋下隐患

唐末至宋初的朝代更迭，成于武将之手，也败于武将之手，致使每个家族的统治都不能长久。为此，赵光义认为，一定要记住前车之鉴。于是，他决定把“以文治国”当做赵氏家族自始至终的统治策略。然而也正因他的这个决定，赵氏政权过于偏“文”，以至于那些武将不能保家护国，赵氏政权始终无法强于周边的其他政权，宋朝陷于不算最弱，又强不起来的尴尬局面。

自五代以来，赵光义是第一位非武人坐天下的皇帝。其实他继位后也曾重武，但在多次伐辽惨败之后，失去了往日的锐气，然后才转而重文，并在文化、经济等方面建立了一整套法度规范。赵光义在位期间，扩大了取士的规模，每次科举考试录取的进士数额，都远远超过了唐及宋太祖时期。为此赵光义还促进科举制度的日趋严密、完整，有效地防止了一些考官利用试卷作弊的现象。

不仅如此，赵光义还十分重视发展文化事业。五代时期，昭文馆、史馆、集贤馆被称为“三馆”，但是由于当时不受重视，三馆几乎快被荒废了；直到宋太祖时期，三馆的“硬件”条件仍然很不好。这些赵光义都看在眼里，他不仅亲自为三馆选定新址，还亲自规划，并重新命名为“崇文院”。在广泛搜求图书的同时，赵光义还先后组织了一批文人编纂了几部大型类书。太平兴国二年（977 年）三月，继位没多久的赵光义命翰林学士李昉、扈蒙等人编纂《太平广记》与《太平御览》等书籍。这两部巨著与同时期的《文苑英华》在中国文化发展史上有着极其重要的价值。

为了巩固宋王朝的统治基础，赵光义还亲自挑选人才，通过召见临问以观其才，凡优秀者都会予以提拔和重用。他对身边的大臣们是这样说的：“朕每每看见布衣缙绅中有才志受推戴的，就替他的父母高兴。”他每天很早就到长春殿受朝，听完百官的政务汇报后，顾不得歇息，又接着来到崇政殿处理政事。可以说，赵光义执政还是非常勤谨的，有时候为了处理政务，连吃饭都忘记了，要不是身边的侍从提醒和催促，他可以做到一天不吃饭，直到处理完所有政务。

说到宗教方面，赵光义的态度一直是宽容、不排斥的。北宋开国之后，为了争取南方各阶层的支持，赵光义对佛教采取了很好的保护措施。赵光义认为，佛教“有裨政治”，因而有意提倡，还特意在五台山、峨眉山、天台山等处修建寺庙，并在首都开封设译经院释译佛经。其实，北宋从太祖开宝年间开始，就已经在益州雕印大藏经，直到太宗时期才雕刻完成，印行了我国第一部佛经总集。据数据统计，宋朝建国时，各地的僧徒不过六万人，而到太宗时期，居然增加到二十四万人，数字确实惊人。需要强调的一点是，其实赵光义本人的态度是重道教、轻佛教的。

说起赵光义的执政方针，可以用四个字来概括：宽松敦厚。在刑狱方面，为了有效地维护社会安定，赵光义也为此花了不少时间，亲自处理了一些案件，他下令在京中设立审刑院，各地上奏案件，先由审刑院交储大理寺，刑部断复，再交由审刑院祥议裁决。而审刑院不归宰相统领，直属于皇帝。太平兴国六年（981 年）四月，赵光义下诏：“诸州大案，长吏不亲自处理，往往胥吏旁缘为奸，拖延经年不能结案。自今长吏每五日处理一次案子，查证确实者即可断案。”赵光义不想让全国有拖延的案件，还提出了这样一项规定：办案有三种时限，大案四十天，中案三十天，小案十天，不需追捕而容易处理的最多不能超过三天；并且规定，对于那些需要进行讯问的囚犯，则应当聚集官署一同参与，不能交予胥吏随自己心情进行拷掠。

赵光义继位以来，接受了唐五代以来宦官专权的教训。他对宦官驾驭甚严，绝对不允许他们干涉朝政。他这样说：“朕读前代史书，宦官干预政事，乃国家大忌，所以本朝严禁宦官干预政事。宣徽使就是参政的开端，只能授以别的职衔。”有一次早朝期间，待其他官员上奏完毕，当朝一位宰相突然发出提议：“王继恩对朝廷有功，非宣徽使不足以赏筹。”赵光义听完这样宰相的谏言，居然大动肝火，狠狠斥责了这位宰相一番。不仅如此，他还让别议官名，最后创了个“宣政使”的名目，才肯授予宦官王继恩，之后这件事算罢休。然而自此以后，这件事在赵光义内心还是一直没能过去，可见他对宦官的小心程度如何了。

正所谓“过犹不及”，达不到，固然不好，但如果做过了头，同样也会带来危害。宋朝一贯的“重文抑武”政策就是如此，它虽然消除了赵氏政权被武人取代的危险，但是却又走向了另一个极端，大大削弱了宋朝军队的战斗力，在抵御外族入侵的问题上埋下了隐患。

赵光义过度抬高文人的地位，不断压制武将，结果只有一个：使得宋朝的军事力量萎靡不振，从而给外族入侵提供了可乘之机。

寇准，又一个“魏征”

赵光义在位期间，任用的几位宰相可以说是相当“靠谱”、相当正直。就说寇准这个人吧，生性刚直，被当时的人们称为“又一个魏征”。寇准的刚直，最著名的便是“挽衣留谏”一事。事情是这样的：有一次，赵光义正在跟大臣们商议政事，寇准突然说有事要向赵光义上奏。赵光义允诺了，但因为他在上奏的时候语言过于直接，惹得赵光义很不高兴，赵光义站起身来就要离开。可是，寇准说什么也不肯放赵光义走，他一把拉住皇帝的衣袖，让他再坐下继续等他说完，等到事情议决后才肯罢休。事后，赵光义回想起此事，还忍不住发出感叹：“这人是真宰相啊！”

寇准出身名门望族，他的祖上苏岔生曾经在西周武王时期做过司寇，因为屡建奇功，被赐予官职为姓氏。他的父亲寇湘是后晋时期开运年间的进士，后来出任魏王记室参军；再到后来，因为功勋卓著被封为国公，去世后又被追赠官职至太师尚书令。据说，寇准的先祖曾居住在太原的太谷昌平乡，后来移居冯诩，最后才搬迁到华州下邦。寇准自幼天资聪明、勤奋好学，而且学东西也很快。十四岁时，他就已经能够写出很多优秀的文章；到十五岁时，他已经把《春秋》彻底读了一遍。跟其他同龄的孩子比起来，他的确算十分优秀的了。

直到太平兴国五年（980 年），赵光义开科取士，十九岁的寇准正是在这次考试中，一举得中进士，有机会入朝为官的。按照古代的考试程序，最后一个环节是要由皇帝亲自来提问的，俗称“殿试”。通常在这个时候，凡是年纪小的就会被首先排除在外，不予录用。其实在参加考试之前，就已经有人刻意提醒过寇准，让他在殿试的时候虚报下自己的年龄，否则他会被淘汰出局的。但是，寇准却不听其劝，并以“准方进取，可欺君耶”拒绝了对方的一片好心，由此可见他性格刚直的一面。很快，这件事传到了赵光义的耳朵里，于是他破格录用了寇准，并授予他大理评事一职，派往归州巴东任知县，任满改任成安知县。之后，他又先后升任盐铁判官、尚书虞部郎中、枢密直学士等官职。

其实，寇准不仅敢对皇帝如此，对自己的同僚，也是有事说事，有刺就挑，毫不留情面。北宋淳化元年（990 年），发生了两起官员大肆受贿的案件，引起朝野上下的重视，但处理结果却差强人意。这些事情寇准都看在眼里、急在心里，也曾在暗地里调查过此事。经过调查发现，在这次案件中，其中情节比较严重的是一个叫王淮的官员，赃钱以千万计，只因他的哥哥王沔在朝中任参知政事一职，在后面为其说好话，从中为其协调，所以王淮仅仅是被杖责撤职；而在不久之后，他又恢复了原来的职务。但另外一个情节较轻的叫祖吉的官员就比较倒霉了，经过审讯之后，被立即执行死刑。寇准对于这件事心里一直愤愤不平，一直想要公平处理，但由于各种原因，他迟迟没能有机会插手此事。

直到第二年初春时节，寇准才有机会为此事翻盘。这一年，宋朝发生了一次大旱灾。赵光义立即召集群臣，想要询问时政的得失。大多数大臣都一致认为：“这是天意所致。”只有寇准一个人不同意这种说法，他这样说：“《洪范》里说，天和人的关系，相互应和就像影子和回声，大旱是因为刑罚有不公平的地方。”赵光义听了这话大发雷霆，没听寇准解释就转身回到了后宫。

过了一会儿，赵光义的怒气消了，再次召唤寇准前来询问刑罚不公的情况。寇准要求皇帝把二府的官员叫过来才肯说。无奈之下，赵光义下令再次召唤这些官员。待官员们都到齐后，寇准说："去年发生的受贿一案，祖吉和王淮二人都触犯了法律，祖吉受贿不多却被杀头，而王淮因为是参政王沔的弟弟，即使收受钱财千万，也只是受了杖责，过后仍然官复原职，这就是不公平了。"

赵光义听完寇准一番话，立即询问王沔这件事的前因后果。王沔听到寇准突然提及去年的事情，有点措手不及；当着诸多官员的面儿，他不好否认这一切，只好硬着头皮承认了自己的罪责。此事之后，赵光义对寇准更加器重和认可，当场任命寇准为左谏议大夫、枢密副使。后来，他又被改任同知院事，开始直接参预朝廷的军国大事。不过，因为寇准的性子过于刚直，也有让赵光义无法忍受他的时候。事情的起因是这样的：寇准在枢密院与同僚张逊发生了严重的意见分歧，张逊为此一直耿耿于怀，一直想找机会灭下寇准的威风。没想到的是，他自己居然也在此事上栽了跟头，真是有点得不偿失。

有一日，寇准与温仲舒（与寇准并称"温寇"）一起外出办事，走到半路的时候，突然跑出来一个人。这个人一看到寇准，立即跪倒在地，然后高呼"万岁"。也不知为何，这件事很快便传到了张逊的耳朵里。机会终于来了，于是他立即让右羽林大将军王宾把这件事透露给了赵光义。在赵光义召见寇准和张逊二人入宫之后，他们二人一碰面，给皇帝行完礼后，就立即开始互相指责、争论大半天；气急败坏之下，他们开始互相揭露对方的短处。赵光义作为一国之君，看到自己的臣子居然当着他的面吵得面红耳赤，一气之下，把他们二人都贬谪了。

寇准被调离京城任青州知府。可是这个时候，赵光义发现自己习惯了寇准在身边，突然调离他自己都有点束手无策，于是在第二年的时候，又命人重新召回了寇准，并任参知政事一职。

从青州回来的第一时间，寇准就立即去朝见赵光义。当时的赵光义正患严重的足疾，寇准看过他的伤情以后，叮嘱了一番后，就开始讨论政事了。其实这个时候，赵光义已经面临传位的难题了。赵光义询问寇准对此事的意见。寇准说：“国君是为天下百姓选的，千万不能与后宫商量，也不能和近臣谋划，而是应该选择众望所归的人为太子。”赵光义听完以后，默默地想了许久，然后屏退了左右的侍从，放低声音问：“襄王如何？”皇帝的话实在让寇准意外，在传位的问题上，他居然和皇帝想到了一块儿。他对赵光义说：“知子莫若父，陛下既然认为襄王可以，就请决定吧。”第二天，赵光义便立即宣布襄王赵恒为开封府尹，改封寿王，后被立为皇太子。到至道元年（995 年），寇准又被任命为给事中。

说起赵光义对寇准重视的程度，一件小事就足以体现了。有一天，有人为了讨好赵光义，主动奉献了一份少有的宝物。到底是什么样的一件宝物呢？即一种上下贯通的犀牛角，名曰“通天犀”。赵光义对此宝物喜欢得不得了，但他还是忍痛割爱，特意命人加工成了两条犀带，一条留作自用，另一条则赏赐给了寇准，这让朝中不少大臣羡慕不已。

然而，个性爽直的寇准也经历过起起落落，两次出任宰相一职。在他担任宰相期间，他有这样一个原则：对于选拔人才，他从来不讲门第，而是喜欢重用那些出身贫寒又有真才实学的人。而且他所管辖的御史台是专门批评朝政得失的机构，只要御史台有了空缺，他就让那些敢于批评的人来担任。这样一来，他就在朝中树立了一些敌人。那个曾被寇准斥之为“罪可斩首”的妥协派首领王钦若，就对寇准恨之入骨，并且视他为眼中钉、肉中刺。在这些人的各种排挤和报复下，寇准在北宋景德三年（1006 年）被罢免宰相一职，贬到陕州去做知州。而寇准再次出任宰相是在天禧三年（1019 年）的时候，当时形势发生了巨大变化，当时的参知政事丁谓知道自己无论在资历，还是声望上都没有做宰相的资格，于是主动邀请寇准回朝再当宰相，但心里还是不甘心，再到后来，丁谓等人污蔑寇准密谋造反。最终，寇准二次被罢免宰相，再一次被逐出了京城。

天圣元年（1023 年）九月，寇准病故于雷州竹榻之上，他的妻子宋氏奏乞归葬故里。但因为所拨费用有限，灵柩运至中途的时候钱就已用完。无奈之下，只得寄埋在洛阳巩县。据当时的人们说，寇准生病的时候，还以《病中诗》为题，做了这样一首诗：“多病将经年，逢迎故不能。书惟看药录，客只待医僧。壮志销如雪，幽怀冷似冰。郡斋风雨后，无睡对青灯。”

一门忠义杨家将

杨业，原名重贵，并州太原（今山西太原）人。他的父亲杨信曾是后汉检校太师、安州节度使。少年时的杨业，不仅倜傥任侠、善于骑射，还喜好打猎。每次与人打猎，他猎获的总比其他人多。他虽然读书不多，但忠烈武勇、有志有谋。他原本是北汉的一员猛将，深受北汉天子刘崇的重用，并赐名刘继业，跟北汉最后一个皇帝刘继元排名。因为他骁勇善战、屡建奇功，官职很快便升至建雄军（今山西代县）节度使。北汉灭亡以后，杨业跟随其主刘继元降了宋朝。赵光义早就听闻杨业是一位难得的将才，立即派使者召见杨业，还恢复了杨业的本姓名。很快，杨业便成为了北宋抵御辽军南侵的中流砥柱。也正因为他的英勇善战，人们给他起了一个响亮的称号，叫“杨无敌”，成为杨家将的第一代名将。

辽景宗乾亨元年（979 年）九月，辽军分路南犯，虽被宋军击退，但边境形势仍然十分紧张。赵光义认为杨业老于边事、洞晓敌情，遂任命杨业为代州（今山西代县）知州兼三交（今太原北）驻泊兵马部署。

同时，又任命潘美为三交都部署，率军以捍卫北边。杨业成为了潘美的属下，听从潘美的号令和调遣。

太平兴国五年（980 年）三月，辽国出动十万大军准备进犯雁门关。这时候，镇守在代州的杨业深知责任重大，立即召集部下前来商量对策。随后，杨业把大部分的将士留在关内，只说了一句话：“务必坚守关口。”紧接着，他自己又带领很少一部分骑兵从山间小道绕到雁门关北面进行埋伏。很快，辽国的大军已经在雁门关的路上。这一路，辽军几乎没看见宋军冲出来阻拦，以为这一次会打宋朝一个措手不及，于是放松了警惕，继续往前走。在他们行军到雁门关之际，突然从背后的山里传来一阵急促的厮杀声。辽军这才反应过来，知道他们遭到了埋伏。没等他们大喘气儿，宋军已经彻底切断了辽军的后路。一时间，辽军慌乱了起来，开始四处逃窜。混乱之中，杨业领兵乘胜追击，斩杀了辽国的驸马侍中萧咄李，还生擒了都指挥使李重诲。自此，他在辽军中声威大震。

杨业打了胜仗的消息很快传遍了开封，赵光义得知后十分高兴，提升他为云州观察使。果然，“人怕出名猪怕壮”，杨业的升职引得朝中那些旧将们妒忌，开始在背地里议论杨业，有的官员还经常在赵光义面前说杨业的坏话。但是，赵光义对杨业还是十分信任的，把那些官员说的坏话都告诉了杨业。从表面上看来，赵光义的这种做法是暂时缓解了杨业与其他将军的矛盾，但从长远来看，却给杨业种下了祸根。

北宋雍熙三年（986 年），赵光义又派遣三支大军攻打辽国。东路由大将曹彬带领主力部队，向幽州前进；中路由田重进率领，攻取河北西北部等地；西路由潘美率领，杨业做副将，攻取山西北部各地。潘美带领的西路军，出了雁门关，就开始向北进攻。作战期间，杨业率领自己的部下英勇作战，在很短的时间里，不仅连续攻破了寰州、朔州、应州、云州等四州，还收复了山西西北部的大片失地，可以说，西路军节节胜利。而曹彬带领的主力部队却不幸吃了败仗，狼狈退回易州。赵光义得知战情后，认为主力部队都失败了，也就不敢再继续作战了，连忙下令退兵。气焰正旺的辽军看到宋军步步为退，立即开始反扑，一路追打到了寰州。这时候，赵光义下令让潘美和杨业在撤退的同时，还要负责护送寰、朔、应、云四州老百姓安全入关。

由于辽军紧跟在宋军后方，形势十分紧张，想要安全转移百姓，实在有些困难。就在这时候，杨业提出了“派兵佯攻”的建议，以此来吸引辽军的主力，随后再派遣一大批精兵埋伏在要道上，来保障护送工作的安全进行。但监军王侁却不同意杨业的建议，执意要求杨业大张旗鼓地摆开行军队伍，还用讽刺的口吻说：“将军一向号称杨无敌，如今看到敌军，竟逗留不进，难道有其他想法吗?”听完王侁这番恶毒的诬蔑，杨业气愤极了，他横下心来说：“我并不怕死，只因时机不利，不想让士兵白白送死。你既然说出这种话来，我领兵前去就是了。”杨业率军出发之前，十分无奈地对主帅潘美说：“这次出兵，一定不利。我本想等待时机，为国杀敌立功，如今有人责难我畏敌不前，我愿意先死在敌人手里。你们在陈家谷准备好步兵弓箭，接应我们，否则，军队就回不来了。”说完，杨业立即带领自己的部下，直奔朔州前线。这一战，随同前往的还有他的儿子杨延玉和岳州刺史王贵等人。

潘美于是和王侁率领部下的兵马在谷口布阵。从寅时到巳时，王侁派人登上托逻台眺望，以为辽军队被打败撤走，都打算争功，立即率兵离开谷口。潘美不能控制，于是沿着交河向西南行军二十里；不久听说杨业战败，立即带兵后退。

果然，不出杨业所料，他们出兵没多远，就遭到了辽兵的伏击。杨业一边战，一边退，来到陈家谷口时，天色已经很晚了。当他拖着疲惫的身躯率领剩余的士兵来到陈家谷口时，却发现潘美等人早把伏兵撤回关中去了。这样一来，他们便失去了接应，别无选择、别无依靠，只得回兵，跟辽军拼死一战。杨业非常悲痛，继续率领部下士兵奋力作战，身上受了十多处伤，依然亲手杀了数百名辽军。

就这样，激烈的战斗持续了很长一段时间。勇猛的杨业身边只剩下一百多名士兵了。杨业实在不忍心眼睁睁看着这些士兵继续突围，就劝他们说："你们都是有父母妻子的人，跟我一起战死毫无意义，现在走了还能以后再报效朝廷。"而在这些士兵中，大多都是跟杨业同甘共苦过的，现在又面临生死攸关的时刻，他们当然更不愿意弃杨业而去，齐声呐喊着要跟杨业并肩作战、决不退缩。杨业见士兵们铁定心要跟着他，只好再次率领士兵与辽军作战。可是，毕竟辽军的人马太多，寡不敌众。没过多久，剩余的一百多名士兵也全部战死，杨业自己也身受重伤。最后，他终于支撑不住自己的身体，从战马上跌了下来，被辽军俘虏，其子杨延玉也不幸战死。然而，在被押往辽国的途中，杨业不堪受辱，又为了表明自己的忠心，绝食三天而死。

由此可知，陈家谷口逼杨业进军，后又将接应部队撤走的人是王侁而非潘美。据史料记，当时对王侁的撤兵，潘美是有阻止的，只是阻止得不够坚决，所以潘美不是没错，只是错在他因为误信了王侁之言，对错误的方法阻止不够坚决而已，并非如小说家笔下那般坏透了顶，不仅在陈家谷口算计杨业，还按兵不动，射杀杨七郎等。

杨业死后，宋太宗赵光义在事后处理参战人员时，将潘美贬官三级，而监军王侁则"除名，隶金州"，刘文裕"除名，隶登州"；旌表杨业"尽力死敌，立节迈伦，诚坚金石，气激风云，求之古人，何以如此！"

吕端大事不“糊涂”

吕端，幽州安次（今廊坊安次区）人，出生在一个官宦家庭，是沧州节度判官吕兖之孙、后晋兵部侍郎吕琦之子。吕端以其父的官位荫补千牛备身，后任国子主簿、太仆寺丞、秘书郎等职。官至门下侍郎、兵部尚书，加右仆射，后以太子太保罢职。吕端自幼好学上进，终成大器。他不仅仪表俊秀，处事宽厚忠恕、善交朋友，还十分讲义气，轻钱财，好布施。也正因为他的处事理政才华出众，才逐渐为赵光义所欣赏和重用。

其实，早在吕蒙正为相之时，赵光义就已经有重用吕端的想法。赵光义决定与另外几位大臣商议后再做决定。可是，当赵光义提及要任用吕端为相时，有一位大臣极力反对重用吕端，其理由就是：吕端这个人“糊涂”。赵光义根据自己多年来的体察，认为不是这样的。他立即解释说：“吕端小事糊涂，大事不糊涂。”其实在这个时候，赵光义已更加坚定了任用吕端为相的决心。当时，赵光义还作过一首“钓鱼诗”，其中有两句是这样写的：“欲饵金钩深未达，磻溪须部钓鱼人。”这句诗的意思就是，对于任用吕端当宰相的事，已无可争议，宰相这个职位非吕端莫属。

北宋至道元年（995 年），赵光义让吕蒙正改任参知政事，让吕端担任宰相。可当时吕端已经是六十岁的老人了，赵光义看到双鬓有些斑白的吕端，后悔自己对吕端重用太晚了。

吕端任宰相后，表现很不错，办事持重而稳当、公道而廉洁，上任没多久，就已经深得朝中朝外、朝上朝下各方面的好评。这让赵光义心中更加踏实，觉得自己没看错人。当时，和他有同样声望的还有名臣寇准，寇准虽然办事干练，也很有才华，唯一不足的就是性子有些刚烈，不是一般人能够制服的了。吕端担心自己当了宰相后，寇准心中会不服气，一旦他闹起脾气来，朝政就会或多或少受到影响。他考虑再三，随后请求赵光义另下一道命令，让担任参知政事（副宰相）的寇准和他轮流掌印，领班奏事，并一同到政事堂中议事，这样寇准就不会有意见了。赵光义懂得吕端的心思，于是答应了吕端的要求。

后来，赵光义又下诏说："朝中大事要先交给吕端处理，然后再上报给朕。"但吕端遇事的时候，还总是与寇准一起商量，一起决断，从来没有自作主张过，这点让寇准不得不佩服。过了一段时间，吕端又主动把相位让给了寇准，自己则去当参知政事。在世人眼中，吕端这种主动让权的行为，是一种"糊涂"的举动。

吕端担任参知政事没多久，有一次下了早朝，他从文武百官前面经过，一个小官居然对吕端指指点点，摆起一副不屑的态度，不礼貌地问了一句："这个人竟也当了参知政事了？"当时，吕端的随行人员听到这句话后很气愤，觉得对吕端很不公平，执意要前去问那个人的姓名，看看这个人到底是干什么的。吕端立即制止说："不要问，你问了他就得说，他说了我也就知道了，而我一知道，对这种公然侮辱我的人便会终生不能忘；着意地去报复对我来说是肯定不会的，但以后如果有什么事涉及他，撞到我手里，想做到公正对待也一定很难。所以，还是不知道的好。"吕端这种君子不念恶、"揣着明白装糊涂"的举动，被世人称赞。

有一年，赵光义突然把大臣李惟清从掌管全国军事的枢密使位子上换了下来，让他去当负责监察百官的御史中丞。从官位上来说，这属于平调，但实际权力却发生了变化。李惟清认为，这一定是吕端在皇帝面前说了坏话，才把他弄下来的。从此，李惟清就处处想找吕端的麻烦，想要报复一番。有一次，他趁吕端有病在家休息，没有上朝的机会，在皇帝面前告了吕端一个恶状。很快，这件事传到了吕端的耳中。吕端听后不以为然，既没有去向皇帝说明情况，也没有找李惟清算账，而是很淡定地说了句：“我一辈子行得正、坐得直，没有做什么对不起人的事，又怕什么风言风语呢?”而他这种不与人计较的坦然心态，再次被认为是一种“糊涂”的举动。

当然，对于吕端的“糊涂”，还在于他的不置产业。他为官多年一直非常清廉，那些贪污受贿的事儿，在他身上从来没有发生过，就连他每年应得的那份俸禄，他也常常分出一些周济、照顾别人，自己则过着艰苦的生活。也可能是他过于清廉，以至于他的两个儿子竟然因为生活困难，没钱娶妻生子，被逼无奈之下，只好把房产抵押给了别人。试想，以他宰相之尊，他的后人却贫困到此地步，这在常人的眼里，他是多么的“糊涂”，多么的不懂生活。

吕端一生经历了三代帝王、三个朝代，在他四十年的宦海生涯中，他几乎没有经历过什么太大的冲击，这种经历在封建王朝中，实在是不多见的。当然，这与他在大局、大节问题上毫不糊涂，但在事关个人利益的问题上却能“糊涂”了事的品质，是有着很大关系的。他无论是在内政，还是外交方面，都有着很好的政治才能和独到的见解。

北宋开国宰相赵普曾这样评价他：“得到褒奖不曾高兴，遇到挫折不曾害怕，具有宰相的气度。”但真正使他名传千古的，还是他的大事不“糊涂”。

王小波、李顺起义

北宋初期，太祖、太宗进行了将近二十年的统一战争，才结束了五代十国的分裂割据局面。这原本是一件有益于历史、有益于人民的好事。

但是，人们也为统一战争付出了很大的代价。当时，宋太祖赵匡胤为了能够巩固自己的政权、保住自己的帝位，又不想做得太明显，想要安抚那些被迫交出兵权的功臣，于是，采用“杯酒释兵权”的手段。同时，他又实行“不抑兼并”的政策，纵容那些大臣们去兼并良田、美宅。到赵光义时，已经到了“富者有弥望之田、贫者无立锥之地”的地步了，贫富对立变得异常尖锐。

提及蜀地，自两汉至唐代，一直算是经济比较发达的地区，但同时也是封建统治极为残酷、阶级矛盾极为尖锐的地区。在后蜀，对于那些豪民来说，有三五百家“旁户”，再正常不过了。何为“旁户”？“旁户”实际上就是一种投靠户，世代相承，被豪民役使之如奴隶。作为“旁户”，除了要向豪民纳租外，还要承担很多的赋税徭役。当宋朝灭了后蜀后，以“旁户”为主的农民原以为可以从中得到一些好处，但现实很残酷，他们遭受到了更加残酷的多方掠夺。

首先，让农民们没想到的是，那些刚刚入蜀的宋兵，竟然大肆抢掠，加上地方官搜刮，让农民根本无力回击；其次，宋朝保留了五代十国的那些搜括名目不说，又新增了各种名目，意图巧取豪夺，实在有些过分。所以，后蜀除了原有的赋税剥削之外，又以“日进”“上供”为名，勒索倍于“常数”（规定数额）。当时，蜀民所交两税，都是以布帛折算的，这便让那些可恶的商人钻了空子，开始乘机抬高市价。这样一来，农民交税仍按旧定低价折合，凭空增加了不少负担，这就导致农民耕作已经到了难以维持生计的地步。被逼之下，农民们开始经营纺织、采茶等副业。而朝廷的眼睛又死死盯住蜀地的丝织品和茶叶，在四川设置“博买务”，先是垄断布帛的买卖，后来又对茶叶实行专卖。朝廷那些“博买务”官员，比那些商人的敲诈更加苛刻，这就使得越来越多的贫苦农民丧失了家园田产，农民耕作以外的生路也因此受到了严重的威胁。最终，一场以“均贫富”为口号的农民大起义在四川境内爆发了。

北宋淳化四年（993 年）五月，一大批遭受残酷压迫的旁户、破户的农民，以及失业的茶农等大约一百多号人，以王小波为首在西川青城（今四川都江堰）发动了武装起义。王小波出身茶农，短短的十天时间，起义军人数发展到了近万人。王小波向群众提出“吾疾贫富不均，今为汝均之”的革命口号，明确提出“均贫富”的革命主张，并号召民众团结反抗，开始向地主阶级发起了猛烈的进攻，一时间震惊朝野。

王小波义军首先选择攻占青城县，待攻下后对队伍稍加修整，便立即分兵进发：一路沿羊马河顺流而下，控制江原（今四川崇州东南）郊区；另一路沿味江下文井江（今四川崇州西河）地段，对蜀州（今四川崇州）形成夹击之势。为了继续壮大起义队伍，王小波并不急于攻占城池，而着重向农村发展势力。为了广树军威，王小波决定亲自率领起义军突袭守备较薄的彭山县城。王小波打到彭山后，先是处死了彭山县令齐元振，然后又把从齐元振家搜出来的大批金帛散发给贫民；如此一来，起义军威信更高，又有更多的群众参加了起义。攻下彭山后，起义军就已达一万余人。

同年十二月，王小波见时机成熟，再次亲率起义军在江原县（今四川崇州东南）与官军开战。在这次激战中，王小波不幸被西川都巡检使张玘射伤。令人钦佩的是，身负重伤的王小波依然奋力追杀张玘，直到斩杀张玘，彻底攻克江原，他才缓缓倒下。战后没过多久，王小波就因伤势过重牺牲了。然而在这个紧要关头，起义军并没有因此军心涣散、动摇不定。他们知道接下来应该做什么，一同推举王小波的妻弟李顺为统帅，继续实行“均贫富”的主张。

说起李顺这个人，不仅号令严明，而且无功不受禄。他每去一个地方，都会把乡里的富人大姓召集来，提醒他们如实申报各自所有的财产和粮食，除按人口给他们留下够用的数量外，所余全部征调，统一发放给那些贫苦农民。正因如此，李顺得到了民众的大力拥护。李顺当上统帅后，立即率领起义军攻打江原，随后攻克蜀州，接着又攻克邛州，杀知州，灭通判，逼得都巡检使郭允能逃到新津。起义军占领了新津县后，又兵分两路：一路迂回攻克双流、温江、郫县和永康军（今四川都江堰）；另一路由李顺率主力攻成都，在成都西郭门失利后，转而攻克汉州（今四川广汉）、彭州（今四川彭州）。此时，起义军已壮大到数十万人。紧接着，李顺又率领部队挥戈东下，从西南和西北两面向成都逼进，“所向州县，开门延纳，传檄所至，无复完垒”。

这次起义爆发后，赵光义才认识到事情的严重性。他先是将知成都府吴元载革职，改派郭载任知成都府，并委任知梓州（今四川三台）樊知古为西川转运使、郭延濬为西川都巡检使，共同加强成都府的防御，齐心镇压起义军。然而在这些宋军将领中，有的狂妄自大、麻痹轻敌，有的又老于世故、退缩不战，让起义军不足为惧。

北宋淳化五年（994 年）正月，起义军又连续攻克汉州、彭州；同年五月，经过浴血奋战，起义军又攻克成都。为了保卫胜利果实，发展革命形势，起义军还在成都建立了大蜀政权，李顺自称“大蜀王”，改元“应运”。他上任后，又继续召集人才，任命一些有才能的人，以吴蕴为中书令，计词、吴文赏为枢密使。不仅如此，他还特意命人铸造了“应运元宝”（铜钱）和“应运通宝”（铁钱）货币。更有意思的是，参加起义的战士们还在自己脸上刺了“应运雄军”四个字，以纪念胜利。

大蜀政权正式建立以后，李顺立即指挥起义军攻打州县。而就是在这时候，反动营垒相继土崩瓦解，宋朝的“败卒亡官”开始四散逃命，地主豪绅们一个个人心恐悚、投死无地。此时的起义军已经不同往日，已经发展到“数逾百万”了。起义军波澜壮阔的革命形势，迅速波及其他地区，农民革命的怒火正以燎原之势迅猛发展，“今日取某州，明日陷某县，向风则靡，何啻席卷之易”也随之成为起义军的口号。

面对蓬勃发展的革命斗争，宋军终于开始惊慌起来。情急之下，赵光义派遣宦官王继恩为剑南西川招安史，统帅中央禁军前去镇压。为了阻止宋军入川，李顺也派农民军数万人北取剑门，控制栈道，以拒宋军于险关之外。但是这一次交战，农民军伤亡太过严重，为了保存实力，李顺只好带他们暂时退回成都。整修好队伍后，李顺又一次亲率起义军围攻梓州。这一回，宋军惨遭夹击，战况不利；为了不吃眼前亏，宋军也相继撤回。待宋军再次进围成都时，正值农民军攻取其他州县，守卫成都的只有区区十万人，宋军便趁机攻打起义军。经过一番拼死抵抗，多半起义军都英勇牺牲了；没过多久，城门被宋军攻破了。在群众的大力掩护下，李顺逃出了城；宋军搜寻了许久，也没能找到李顺的下落。之后，宋军将领为了顺利交差，随便抓了一个貌似李顺的人杀头报功。

李顺起义失败后，起义军在眉州战斗的将领张余仍然浴血奋战，转战于四川各地，连续攻破嘉、泸、戎、渝、涪、忠、万、开等八州，沿江而下。很快，起义军又发展到拥有“众十万余”的队伍。这样一支打不死的起义军，真是让宋军头疼之极。直到至道二年（996 年）五月，各地的起义军才陆续被宋军镇压下去，影响也被一点点压了下去。

虽然这场轰轰烈烈的起义失败了，但它也算是给地主阶级敲了警钟。从那以后，四川“旁户”这一名称便很少出现，博买务也随之被取消了。而这次起义提出的“均贫富”的口号，是唐末农民大起义提出的“均平”思想的继续和深化，它不仅反映了广大农民要求土地和贫富均等的强烈愿望，也反映了当时的社会矛盾，并得到了广大贫苦农民的积极响应。这次起义，在中国封建社会农民战争史上具有承前启后的重要意义。

传位：皇帝也有闹心事

其实，赵光义一直都希望自己能够在文治武功上超越宋太祖赵匡胤。但纵观赵光义在位的这段时间，看得出来，他始终没有办法走出赵匡胤的阴影。其中最明显的就是在他登基以后，所面临的一个让他头疼的问题：如何选择以后的皇位继承人？当年，他是靠“金匮之盟”来获得朝野的认可，让自己的皇位变得名正言顺。但也正是“金匮之盟”，成为了悬在他头上的一把利剑，让他的传位问题变得十分敏感。因为按照“金匮之盟”的约定，太宗以后的第一继承人应该是皇弟赵廷美，然后再由赵廷美把皇位传回给太祖之子赵德昭，所有这些都是赵光义最不愿意看到的。因为自古帝王的传承大多都是子承父业，赵光义也不例外，他也希望自己的皇位能够由自己的孩子一直传下去。

在这关键时刻，太祖时期的宰相赵普在赵光义立储这件事上，扮演了极为重要的角色。太祖时期，赵普以佐命元臣的身份在中枢机构执政长达十年之久，与太祖的交情甚好，甚至被视为是其“左右手”。太祖时代发生的一系列重大事件，比如陈桥兵变、杯酒释兵权、制定统一战略等要事上，赵普都参与其中并且发挥了十分重要的作用。论权势，当时赵普的权势一度在赵光义之上。不仅如此，他还曾经反对过太祖传位给赵光义的意图。这样看来，他与赵光义的关系很微妙。

等到赵光义继位后，赵普的地位没有从前那样春风得意。那个时候，赵光义一心想要维护自己的权力，对太祖赵匡胤的旧臣赵普免不了心存猜忌。再说他们二人曾经还是政敌，这让赵光义的报复心理更加强烈。不过，赵光义还是有所顾忌的。为了安抚人心，赵光义仍继续任用赵普这样的元老，进一步稳定朝野。所以，从表面上看，赵光义对赵普还是十分客气的，只不过在权力上稍微加以约束罢了。其实所有这些举动，他们二人都心知肚明，面和心不和，只是旁人不知道罢了。

“一朝天子一朝臣”，这个道理赵普一直都懂，于是在关系到自己政治前途和身家性命的情况下，他的政治态度或多或少发生了一些改变。于是，当赵光义以传国之事询问赵普的时候，赵普深知赵光义的心意，心中早有准备，他这样说：“自古帝王传位乃是父传子，当年太祖已误，陛下今日还要再错吗?”正是赵普这句话，得到了赵光义的赏识和器重，同时也坚定了赵光义传子的信心。此后，赵普在赵光义传位的过程中，的确发挥了很大的作用。

先来说当年赵光义北伐多次失利的事儿。当时的赵光义，一来觉得有失体面，二来还是有些想不通。无助的赵光义除了班师回朝，似乎也别无他法。回想当初进军太原的时候，赵光义曾经许下此行要封赏将士们的诺言，可是班师回京后，赵光义以此次北伐不利，很久不兑现此前平定北汉之赏。这件事情一直被赵匡胤之子赵德昭看在眼里，他奉劝叔叔赵光义说：“贵为一国之君，最好信守玉言，重奖那些有功之将。”赵光义听完，当即就沉下脸来说：“等你自己当了皇帝，再赏赐也不迟。”此言一出，赵德昭惶恐万分，他低头垂泪，默默退出去了。然而谁也没想到，赵德昭的内心如此脆弱，回到家里就自刎而死。那时，他才只有二十九岁。赵光义听到侄子的死讯后，又震惊又后悔，他抱着侄子的尸体大哭：“痴儿何至如此啊?”赵德昭死后没多久，赵光义就追封他为中书令，追封魏王，后来改封吴王，又改为越王，备极哀荣。

很快两年过去了，赵匡胤年仅二十三岁的小儿子赵德芳也不幸暴病身亡。为此，赵光义废朝五日，亲临哭丧。随后，赵光义便追赠赵德芳为中书令，追封为岐王，后来又加赠太师，改封为楚王。细细算来，赵光义继位没几年，两位皇侄就先后死去。所有发生的事情，都不得不让人猜测：这难道不是赵光义为巩固自己的皇位而斩草除根、消除隐患的举动吗？这难道真的是老天的安排吗？然而，无论后人如何猜测，赵光义皇位继承的两大“隐患”总算是消除了。

再来说皇位第一继承人赵廷美，他虽然活的时间最长，但由于他行为不端、名声不响，早在宋太祖赵匡胤在位时，他就被人告发“骄恣，将有阴谋窃发”。赵匡胤不忍心眼睁睁看着自己的弟弟赵廷美受到严惩，于是干脆罢免了他的官职，让他去西京当个挂名的留守，这样做至少可以留下他一条命。赵匡胤向来十分疼爱弟弟，临行前还赏赐他一些衣带钱绢彩等物品和白银万两，这些朝中官员都看在眼里，但也不好多说什么。既然赵廷美已经成这样的地步，日后翻身的概率可以说是小之又小，自然对赵光义构不成太大威胁。但即便如此，赵光义心里还是不踏实，他认为只有彻底除掉赵廷美，才能够保证把皇位传给自己的子孙。

太平兴国二年（977 年），赵光义的旧部柴禹锡、赵镕等人趁机告发赵廷美骄奢恣肆，甚至还传出赵廷美意图造反的消息。宋太宗召问，赵普表示希望在机要部门来观察事变；这天退朝后，赵普又上书赵光义，说自己参与并知道太祖、昭宪皇太后临终顾托之事，言辞十分诚恳。赵光义感动醒悟，召赵普加以慰谕。不久后，又升任赵普为司徒兼侍中，封为梁国公。没过多久，太宗君臣都意识到了“金匮之盟”所存在的隐患，赵普也追查到了卢多逊私遣堂吏私通赵廷美的事情。赵光义听闻后勃然大怒，于是借题发挥，严惩了卢多逊及其同党，赵廷美被贬为涪陵县公，并迁移到房州软禁，其儿女不再称为皇子、皇女。

雍熙元年（984 年），赵廷美带着家属到达房州任职，没过多久，他就“因忧悸成疾而卒”，享年三十八岁。至此，“金匮之盟”的继承链条就彻底断裂了。为何这么说呢？因为此时的赵光义已经清除掉了所有潜在的权力和竞争对手。不过，赵光义对皇位继承人的挑选却并非一帆风顺，也是颇多曲折。

就说赵光义的长子赵元佐吧，他自幼聪明、办事机警，长得也很像太宗赵光义，因此颇为赵光义所喜欢。赵元佐不仅武艺高超，还擅长骑射，年纪轻轻的他曾经追随父皇出征太原、幽蓟等地。后来，当他得知叔叔赵廷美死于房州，竟悲愤成疾，以致发狂，动辄刀棒伤人。一次重阳节，赵光义与其他皇子们饮酒作乐，唯有赵元佐没在其中。因为当时赵元佐的病还没有痊愈，赵光义特意命人不要打扰他，想让他安心休养身体。然而，赵元佐并不知其中的内情，当他得知只有他自己没有参加这次家庭聚会，怒气冲冲地说："你们和父皇饮酒作乐，只有我没有被邀请，可见我已经被抛弃了。"那天的他心情郁闷之极，喝得酩酊大醉；到了晚上，他又借着酒疯一把火烧了宫院。赵光义得知此事后，追问赵元佐是否是他所为，赵元佐自然供认不讳。一气之下，赵光义就把赵元佐贬为平民。既然长子已经被废，次子赵元僖理所当然成为继承皇位的不二人选。

但事不随人愿，淳化三年（992 年）十一月，下了早朝之后，赵元僖跟往常一样径自回府。可是还没走出大殿，他就突然觉得身体不适，随后晕倒在地；之后，他就卧床不起，没过多久就去世了。赵光义悲痛至极，罢朝五日，追赠皇太子，并写下《思亡子诗》。赵元佐被废，赵元僖暴死，储位再次空缺。这时候，不知趣、不识相的冯拯等人便上疏请早立太子，赵光义本来心里就憋火，正愁没地方撒气，而冯拯等人还非要撞枪口，最后落了个被贬岭南的下场。从此，朝野上下很少有人再敢议论此事。不过，赵光义心中也明白，应该早立储君。赵光义召回了当年被他贬往青州的寇准来商讨此事。寇准说："为天下选择国君，不能与后妃、中官（宦官）商量，也不能与近臣谋划，而是应选择众望所归者立为太子。"就这样，在寇准的暗示和支持下，至道元年（995 年）

赵光义的三子赵元侃被立为太子，并改名赵恒。

赵光义册立太子那天，还宣布大赦天下。京师之人见到太子后，都大声欢呼道：“真社稷之主也!”赵光义得知后很不高兴，马上召寇准说：“四海心属太子，欲置我何地也?”寇准说：“陛下择所以付神器者，顾得社稷之主，乃万世之福也。”赵光义听后，才稍微消了气，随后请寇准喝酒，大醉方罢。后来，赵光义的身体越来越差，随着病情的加重，赵光义又开始设法保住太子皇位。在这个过程中，出现了一位足以扭转全局的人物，这个人就是吕端。赵光义让吕端任职宰相，并让他负责太子的学习和生活起居等项事宜。

至道三年（997 年）三月，赵光义因之前受到的箭伤再次复发而驾崩。李皇后（原为李德妃，后来成为皇后、皇太后）便让王继恩前去召见吕端。说起王继恩，他是个宦官，怕太子继位以后会对他不利，于是就起了歹心，联络参知政事李昌龄、殿前都指挥使李继勋、知制诰胡旦等人密谋另立太子。朝中不可一日无主，李皇后命王继恩召见吕端。吕端是一个心思缜密的人，已然察觉到可能要发生的事情，于是就让家丁把王继恩锁在自己府中，派人加以看管，不准他出入，然后急奔朝廷。

吕端被召到朝廷以后，李皇后对他说：“现在皇上不在世了，按说立太子就是为了让他继承王位，这也是合乎情理，顺理成章的事情，看看现在应该怎么办才好呢?”吕端听了李皇后的话，毫不犹豫地说：“先帝立太子就是为了今天，现在先帝弃天下而走了，我们怎么能做违背先帝之命的事情呢？对于这么事关国家前途命运的大事，不能有什么异议。”李皇后听了吕端的话，便让太子赵恒到福宁庭中坐上了皇位。

太子赵恒继位后，第一次登殿时，是在垂帘之下接见众臣的。当吕端率众臣前来殿中觐见时，一看是这个样子，于是站在殿下迟迟不肯拜。李皇后很是惊讶，就问吕端：“你因何不拜?”吕端说：“请把帘子卷起来，让太子坐在正位上，让我们看清楚了再拜。”李皇后按照吕端所说，让赵恒卷了帘，坐上正位。吕端看清楚皇位上坐的确实是太子赵恒，这才率群臣跪拜，并且三呼“万岁”。正是由于吕端在太子继位这件事上处理得当，所以最终才得以保证赵恒登基为帝，是为宋真宗，成为宋朝的第三位皇帝。至此，太宗传位的事情才算真正结束，而且宋朝也由此进入了守成时代。

第三章 好大喜功，用银绢换来的和平岁月

宋仁宗赵祯在位42年，是两宋诸帝中治国时间最长的皇帝。他在位期间，内有刚正不阿的包拯相辅，外有名将狄青镇守边疆，社会经济和科学文化都有所发展。但在与西夏的战争中屡屡失败，被迫以“岁赐”银、绢、茶妥协，对辽也以增纳岁币求和；再加之在战争中耗费了宋朝大量的人力、物力和财力，使得整个王朝的综合实力越来越弱。

澶渊之盟，以屈辱换太平

宋辽战争长达二十五年，其目的只有一个：争夺燕云十六州。对于辽国来说，燕云十六州是一个先进的农业区，无论它的农业、手工业还是其他文化活动，都比辽国本部地区发达。因此，辽国统治者对燕云十六州十分重视，并把燕云十六州中的幽州升为南京，改皇都为上京，把原先的南京（辽阳）改为东京，又在南京幽州建立了相应的许多官职，俨然以大国的姿态屹立于宋朝对峙的北方。而对于宋朝来说，燕云十六州是宋朝北方的一个屏障，是重要的战略缓冲地带。可以说，燕云十六州的得失，关系一代江山的安危。从宋太祖时期，宋朝就开始了与辽国争夺燕云十六州的战争；赵匡胤逝世后，赵光义继位，继续对辽作战。但因为高梁河一战，宋军大败，于是赵光义采取守势，维持了几年相对安定的局面。

太平兴国七年（982 年）九月，辽景宗耶律贤病逝，他年仅十二岁的儿子耶律隆绪继位，是为辽圣宗。因圣宗年纪尚幼，其母萧绰萧太后摄政，宠臣韩德让趁机掌握了朝廷大权。宋太宗赵光义认为辽国“主幼国疑”，正是可乘之机，于雍熙三年（986 年）再次发动了大规模的攻势，分东、西、中三路出兵，但由于东路军在途中受阻，宋军再次败退。遭遇了两次伐辽失败之后，赵光义决定重新考虑内外政策的调整。到宋太宗晚年，“守内虚外”政策的指导思想已经形成。在这一思想指导下，宋朝对辽国由攻势转为守势，彻底放弃了以武力夺取燕云十六州的打算，只是在北部边境设置重兵严防，以此与辽国相对峙。

然而，当宋朝采取守势后，不安分的辽国却是步步紧逼，对宋朝大肆展开了攻势。就在宋军第二次伐辽失利的冬天，萧太后见时机成熟，利用宋军溃散、士气低落的时机，率领大军南下、长驱直入，接连攻陷了深州、祁州、易州。不仅如此，辽军还大肆纵火杀掠，然后满载金帛等战利品北还。自此，辽国利用其骑兵的优势，不时骚扰宋朝的边区。

北宋至道三年（997 年），赵恒继位，年号咸平，是为宋真宗，成为北宋第三位皇帝。在咸平年间，因赵恒勤于政事、治理有方，统治日益坚固，国家管理日益完善，社会经济繁荣，使得北宋呈现出一番强盛的景象，史称“咸平之治”。赵恒继位以后，在加强国内统治的同时，也密切注意改善同邻邦的关系，希望能够保持太平的局面，但却未能如他所愿。当时宋朝的外部威胁，主要是北邻契丹族建立的辽国政权和西邻党项族建立的西夏政权。

北宋咸平二年（999 年），辽国又陆续派兵在边境挑衅，不是掠夺财物，就是屠杀百姓，给边境地区的居民带来了巨大的灾难。虽然宋军在杨延朗（又名杨延昭，也就是人们熟知的杨业的第六子“杨六郎”）、杨嗣等将领的率领下，积极抵抗入侵，但辽国骑兵进退速度极快，战术也十分灵活，给宋朝边防带来的压力愈益增大。次年正月，辽兵到瀛洲，大败宋军，宋朝将领康保裔不幸被擒。

北宋景德元年（1004 年）春，辽军又一次大举南侵。辽国承天太后萧绰、圣宗耶律隆绪亲自率领二十万大军南下，直逼黄河岸边的澶州（今河南省濮阳县）城下，直接威胁到宋朝的都城汴梁（东京）。这一夜，警报响了五次，很快辽国进攻的消息传到了汴京。赵恒听到辽国逼近的消息，似乎有点手足无措，于是紧急召集大臣进宫献计，然而朝中大臣在如何对付辽国进攻的问题上，却产生了明显的分歧。当时的副宰相王钦若主张放弃东京逃跑，迁都南京。而任职仅一月的宰相寇准则厉声反对说："出这种主意的人应当斩首。"他又继续说，"如果放弃汴京南逃，势必动摇人心，敌人会乘虚而入，国家就难以保全了；如果皇上亲自出征，士气必定大振，就一定能打退敌兵。"在寇准的主张下，赵恒决定御驾亲征，并由寇准随同指挥。

到达韦城（今河南省滑县东南）后，赵恒听说辽兵势大，心中又有了退兵的念头。寇准看出赵恒有退缩的举动，于是严肃地说："如今敌军逼近，情况危急，我们只能前进一尺，不能后退一寸。河北我军正日夜盼望陛下驾到，进军将使我河北诸军的士气壮大百倍。后退则将使军心涣散，百姓失望。敌人趁机进攻，陛下恐怕连金陵也保不住了。"赵恒听完寇准这番话，觉得有一定道理，于是同意继续进军，渡河进入澶州城（在今河南濮阳）。赵恒在寇准的提议下，在澶州北城门楼接见众将帅，城下诸军看到皇上亲征，都欢呼跳跃，高呼"万岁"，备受鼓舞。一时间，宋军的士气大振。

这时候，寇准指挥宋军出击，个个奋勇冲杀，消灭了辽军数千，并射死了辽军主将萧挞览。萧太后眼见英勇的宋军团团围住了瀛洲，一时无法对付，就立即派人前往宋营提出议和。这正合赵恒夙愿，他只盼望辽军能够尽快北撤。于是，他当即表示愿双方罢战安民，立即议和。辽国复派使臣韩杞面见赵恒，并提出以索还后周世宗收复的关南故地为罢战条件。赵恒深怕割地议和，会被后人唾骂，特意叮嘱只要不割地，可以不惜重金与之言和。经过寇准和辽使者的一再讨价还价，两国制定了如下条约：

一、辽、宋为兄弟之国，宋为兄，宋尊萧太后为叔母，后世仍以世侄论，使者定期互访；

二、以白沟河为国界，双方撤兵。（辽归还宋遂城（今河北徐水）及瀛、莫二州）。此后凡有越界盗贼逃犯，彼此不得停匿。两朝沿边城池，一切如常，不得创筑隍城；

三、宋方每年向辽提供“助军旅之费”银十万两，绢二十万匹。至雄州交割；

四、双方于边境设置于榷场，开展互市贸易。（在互市贸易中，北宋所赚的钱远远多于岁币。每年宋朝收益为所供岁币的2.5倍左右，且低价购买许多马匹用于军队装备，在经济上拖累了辽国，以致其之后的几十年未能发兵北宋。）这就是史上所谓的“澶渊之盟”。

“澶渊之盟”对于辽国来说，是一次外交的胜利。对于宋朝来说，则是一个屈辱妥协的合约。不过，从中华民族的发展历史来看，也正是宋真宗赵恒订立的“澶渊之盟”，结束了宋、辽之间四十多年来的敌对状态，同时也是宋朝向番方交纳岁币换取和平的开始。宋、辽形成长期并立的形势，两国之间不再有大的战事发生，北宋在边境上的雄州、霸州等地设置榷场，开放交易，为中原与北部边疆经济文化的交流创造了必要的条件。

真宗的“造神运动”

在历史上，宋真宗赵恒还算是一位比较有作为的皇帝。他出台的一系列政策使得宋朝经济空前壮大，国力也强盛起来。但他的这些政绩并没有给后世带来多么好的声誉。因为在他执政时期，曾经上演了一出用金钱换取和平的戏码，那就是“澶渊之盟”。“澶渊之盟”后，辽主尊称宋主为兄，但宋朝却要每年给辽国白银十万两，绢帛二十万匹。赵恒一直以为，用钱财换取和平盛世，是一件非常值得的事。所以开始时，他并不以之为耻，而是把这看做是自己的战功。然而，当时的副宰相王钦若却不这样认为。

王钦若这个人，在辽军大肆入侵时曾主张迁都南京，后来被宰相寇准遣到边关驻防后，每每遇到强敌，他就会紧闭城门，修斋诵经，不肯出城迎战。当然，他虽然对辽国的进攻一直表现出束手无策的样子，但是在侍奉皇帝、打击政敌方面却非常有才能。为了达到自己的政治目的，王钦若极力在赵恒面前将“澶渊之盟”描绘成是宋廷的莫大耻辱，还说宰相寇准只是将真宗当做一个赌注，来为自己捞取名利。刚开始赵恒对王钦若的话只是听听而已，不愿意当真，可是次数多了，也就渐渐相信了王钦若的话。没过多久，赵恒就将寇准降职为地方官。因为赵恒本来就是个意志软弱的人，自从听了王钦若的话，也将“澶渊之盟”视为奇耻大辱，一直在想办法挽回面子。

就在这时候，王钦若献计，说：“陛下只要到泰山封禅，就能够显示宋朝的富足，镇服四海。”说起“封禅泰山”，自古以来都是盛典。当年秦始皇汉武帝也曾在泰山上祭祀上帝，以此来证明自己的确拥有统治天下的天命。可是赵恒继位没多久，一无战功、二无国喜，想要在此时去泰山封禅，就会显得“师出无名”。王钦若看出皇帝有点犹豫不决，于是又向真宗献策，他建议用人工的方法制造“天书降神”的假象，以此来蒙骗天下万民。王钦若这样说：“传说伏羲时有龙马从黄河中钻出来，背上带有八卦图形；夏禹时有神龟从洛水中钻出，背上刻有怪异的文字。陛下真的以为这些所谓的《河图》《洛书》是真的吗？那不过是圣人利用神道设教教化天下而已。”但即便王钦若这样说了，赵恒还是担心会遭到宰相王旦的反对。

之后，赵恒决定先让王钦若去试探王旦的想法。当赵恒得知王旦有顺从之意时欣喜之极，立即设宴款待王旦；在酒席结束之前，赵恒又特意赐给王旦一尊美酒，说是让他带回去与妻儿一同享用。王旦不敢辜负皇帝的美意，只好小心翼翼地拿回家。回家后他才发现，原来樽中装的不是美酒，而是贵重的珍珠。这时候，王旦才明白了皇帝的用意，也就不敢对此事再有任何异议了。

北宋景德五年（1008 年）正月初三，宰相王旦率领群臣参加早朝。早朝完毕的时候，突然有人来报："有黄帛曳左承天门南鸱尾上。"赵恒便趁机"召群臣拜迎于朝元殿启封，号称天书"。为了证实天书的真实性，赵恒还特意编了一个故事，内容大致是这样的：他曾经做了一个梦，梦到一个鹤发童颜的仙人出现，并告诉他在皇宫的正殿建一个黄箓道场，正月初三的时候，将有《大中祥符》三篇从天而降。他非常惊奇，正要醒来的时候，仙人就消失不见了，于是就马上记录了这件事，并开始兴建黄箓道场。没想到恭敬地等待了一个月，终于等到了天书。刚才城皇司奏称，在左承天门南发现有帛布悬于屋脊上，他马上派人前去查看，回报说帛布还包有类似天书的东西，封口隐然有字。原来这就是神人赐的"天书"啊，王旦等众臣听了当即就跪拜称贺。这时候，赵恒便率领文武百官步行至左承天门，诚惶诚恐地把那份"天书"迎进道场，当众打开了封口。只见帛布上写着："封受命。兴于宋，付于慎，居其器，守于正。世七百，九九定。"

之后，为了继续扩大这个事件的影响力，赵恒干脆假戏真唱，接连颁布了大赦天下、改元、群臣加恩等多道诏令，并特许京城狂欢庆祝。这样一来，就在全国掀起了一股"争言祥瑞"的热潮。三月初，宰相王旦便率领文武百官请求赵恒"泰山封禅"，而赵恒的亲信这时候也在各个地方发动数千人进京请愿，纷纷要求皇帝能够到泰山封禅。于是，赵恒在广大臣民的"恳求"之下，便上应"天意"，下顺"民心"地为封禅开始积极筹备了。可能赵恒觉得仅仅一封天书还不够有说服力，于是在四月和六月的时候又连续炮制出了两封天书。第二封天书降临在皇宫的功德阁，内容较之第一封没有什么新意，倒是降临在泰山的第三封天书，有了一些新花样。

同年六月，赵恒又任命王钦若为先行官，前往泰山筹办封禅的相关事宜。没想到的是，王钦若刚到泰安，就送信回来说：“泰山醴泉出，锡山苍龙现。”不久之后，王钦若又派人把预先造好的天书快马加鞭地送往京城。赵恒在王钦若的密切配合下，再次召集群臣说：“五月十七晚上，他又梦到了上次的仙人对他说，下个月上旬的时候，将会在泰山赐下天书，于是，他就秘密下令王钦若，只要有祥瑞就立即上报，没想到果然应验了。紧接着，他把从泰山取来的天书恭迎到芳园正殿开启，只见上面写着：“汝崇孝奉，育民广福。锡尔嘉瑞，黎庶咸知。秘守斯言，善解吾意。国祚延永，寿历遐岁。”就这样，大宋王朝的文武官员再一次陷入了狂热迷乱之中。群臣纷纷上表，要求给赵恒加封“崇文广武仪天奉道宝应章感圣明仁孝皇帝”的尊号。所有这一切，都为赵恒进行泰山封禅赚足了“资本”，同时也把朝野上下对他的狂热崇拜推向了高潮。

当伪造天书的准备就绪后，赵恒即于景德五年（1008 年）十月初正式就道东行。那份所谓的“天书”被载以玉辂，在前开路，王旦等一班文武百官也都跟随其后。另外，还有一大批供役人员，组成了浩浩荡荡的队伍；花了十七天时间，才顺利到达泰山。赵恒下令：“在山下斋戒三日，始行登山。”按照事先拟定的礼注，在山上完成了祭天大典后，第二天又下到社首山行了祭地礼。随后，赵恒改乾封县为奉符县；封泰山神为“天齐仁圣帝”；封泰山女神为“天仙玉女碧霞元君”；在泰山顶唐摩崖东侧刻《谢天书述二圣功德铭》；之后，又是一连串的庆贺活动。总计这次“东封”，包括到曲阜祭孔在内，前后一共花了四十七天时间，演绎了一场彻彻底底的闹剧，而赵恒也成为中国历史上封禅泰山的最后一位皇帝。

赵恒搞的封禅和“造神”运动，是一项耗资巨大的政绩工程。据说，赵恒执政的景德年间，“赋入之数四千九百一十六万九千九百”，而用在造神上的钱是“景德郊祀七百余万，东封八百余万，祀汾阴、上宝册又增二十万”。也就是说，将近一年税收的三分之一用在了封禅造神上，其耗资是何等惊人。不仅如此，在封禅的前期准备中，其劳民伤财情况也骇人听闻。例如，为了供奉“天书”，赵恒专门建造了一个玉清昭应宫，此宫规模巨大，建造时间长，花费人力也不少。可以说，这场“造神运动”是一场全国浩劫。它不但阻碍了经济发展，削弱了宋朝的国力，加重了人民负担，严重败坏了社会风气，也进一步加剧了宋朝积贫积弱的状况。

史上唯一穿过龙袍的皇后

宋真宗赵恒的第一任妻子是潘氏，她是北宋名将、忠武军节度使潘美之八女。在潘氏十六岁时，太宗赵光义就将潘氏赐婚给韩王赵恒，封为莒国夫人。六年后，端拱二年（989 年）五月，潘氏不幸去世，那年她才二十三岁，也没有留下任何子女。潘氏去世后，淳化四年（993 年），赵恒为襄王，宋太宗为之赐婚郭氏。她是宣徽南院使郭守文的次女，年仅十七岁的郭氏初封鲁国夫人，不久后又被晋封秦国夫人。真宗赵恒于至道三年（997 年）三月即位，五月册立郭氏为皇后。不过可惜的是，景德四年，郭后随从真宗巡幸西京，回宫后病崩，享年三十二岁。

之后，皇后的位置就一直空缺着。其实在众多嫔妃中，赵恒最中意的就是德妃刘娥，但因为时机不够成熟，立刘娥为后的事情就暂时耽搁下来了。提及这个刘娥，她的出身背景真是个谜。她生于开宝元年（968 年）正月初八，她曾自言祖籍太原，祖父是（后）晋、（后）汉时的右骁卫大将军刘延庆，父亲是宋太祖时的虎捷都指挥使刘通，领嘉州

（今四川乐山）刺史。

据说，生刘娥之时，母亲庞氏曾梦到明月入怀，醒来后便生下一女，取名刘娥。然而刘娥出生不久，刘通便奉命出征，谁料死于战场上；因刘通无子，家道中落，庞氏只好带着襁褓中的幼女寄居娘家。不知是否庞家穷困，还是刘通生前未敛财产，刘娥虽然身为刺史千金，读书识字，却学会一手击鼗的谋生技艺，善说鼓儿词。

但让人们质疑的是，既然刘氏家族如此显赫，为何刘氏会嫁于蜀地的一个银匠龚美为妻？又为何真宗的乳母王氏口口声声说刘氏出身寒微？既然刘氏是豪门之后，何来寒微之说？一个豪门之女如何会沦落至此？很显然，刘娥绝非刘延庆之后，其祖其父也从来没有做过什么将军、刺史，很可能只是蜀地的小买卖人。刘娥之所以这样说，无非是想冒充北汉刘氏皇族的支属，来抬高自己的门望。

刘娥十三四岁的时候，曾嫁给了一名年轻银匠龚美。刘娥嫁夫随夫，为了谋生，跟随龚美一起来到了京城。龚美这个人不仅手艺出众、为人和善，还善于结交朋友，尤其与襄王府里当差的张耆关系交好。襄王是谁呢？正是后来的宋真宗赵恒，那时他的名字叫赵元侃，还没有被册定为太子，也尚未婚配，听说蜀地的女子不仅美若天仙，而且多才多艺，便让随从去物色一个。正所谓无巧不成书，龚美因为贫穷，就想把刘娥改嫁，就这样，经人介绍便把刘娥送到了襄王府。刘娥入王府没多久就受到了宠爱。

刘娥天生丽质、聪明伶俐，与赵恒也算是年貌相当，很快二人便如胶似漆、恩爱有加。然而，赵恒的乳母一直认为刘氏出身寒微，配不上赵恒，于是再三劝赵恒不要亲近此女子，可是赵恒不予理会。无奈之下，乳母只好报与太宗赵光义。赵光义大发雷霆，立即发下一道圣旨，命襄王把刘娥逐出王府。但是赵恒真心舍不得，于是就让刘娥暂时寄住在王府给事张耆府中，一有空闲时间就去张耆府中看望她，这样偷偷摸摸地和刘娥过了十五年；直到宋太宗去世以后，才把她重新接回来。

至道三年（997 年）三月，赵恒顺利继位。五月，赵恒册立郭氏为皇后。六月，追封潘氏为庄怀皇后（后来宋仁宗改为“章怀皇后”）。当时的赵恒，虽然后宫佳丽三千，却从来没有忘情于刘娥，一直对她宠爱有加，没有任何怠慢之意，很快把她接到宫里。景德元年（1004 年）正月，赵恒封刘娥为四品美人，正式成为后宫妃嫔的一位（当时，郭皇后之下，只有刘美人最为尊，连王府姬妾杨氏都只被封为五品才人），这时候的刘娥，终于可以正大光明地和赵恒在一起了。虽然刘娥已经三十六岁，过了豆蔻年华，可是她聪慧温柔，一直获得真宗的专宠，很快被晋封为二品修仪，又封为一品德妃。

此时的刘娥，已非昔日击鼗的小妹。在张耆府的十多年里，她长年幽居，博览群书，研习琴棋书画，早已不是当初那个单纯的女子，而是成为一名才华出众的女子。后来，刘娥觉得自己举目无亲，实在寂寞，于是向赵恒提出，想让自己的前夫龚美改姓为刘美，做自己的兄长，继承刘家的香火。其实，龚美早已跟随赵恒，而且对赵恒也一直忠心耿耿。刘美任官以后，表现一直很不错。他既不阿附于权臣，对部属也是关心备至；每次出任在外时，他的随从兵卒都按省籍定时轮换，从不培植自己的私人势力。

然而，景德初年，郭皇后年仅九岁的儿子赵佑不幸夭折；半月后，郭皇后另一个只有两月大的皇子也夭折了。郭皇后伤心过度，身子也随之垮了下来。郭皇后前后共生了三个儿子，只有赵佑活到了九岁，不想也夭折了，接连失去两个孩子的郭皇后几乎要崩溃了，之后便一病不起。景德四年（1007 年）四月十六，郭皇后病逝。赵恒心里一直很想立刘娥为后，但是她在宫中这么些年，一直没有子嗣，再加上她出身低微，所以群臣们都不赞同，反而要求册立十四岁的才人沈氏为皇后。这个沈才人虽然是大中祥符元年（1008 年）才入宫的，但是她出身高贵，是宰相沈伦的孙女。赵恒听闻要立一个才人为后，很是不开心，索性让后位继续空缺，久久不肯谈立后之事。

表面看来，赵恒似乎对立后之事不着急，但其实心里一直惦记着。群臣越是反对立刘娥为后，赵恒越想以最快的速度立刘娥为后，于是，他们二人齐心合力想办法。终于有一天，他们想出了“借腹生子”的方法。之后，赵恒与刘娥便合伙上演了一场“狸猫换太子”的戏。

当时刘娥身边有一位侍女李氏，长得貌美如花，所以赵恒便打了这位侍女的主意。大中祥符三年（1010 年）四月十四，李氏生下一位皇子，并起名为赵受益，也就是后来的宋仁宗赵祯。赵祯刚一出生，就被抱到刘娥那里抚养。因此，皇子虽然是李氏所生，却只认刘娥为母亲。对于这件事情，赵恒早在孩子出生三月前，就已宣布刘娥怀孕，并册封为修仪；当时与刘娥交好的杨才人则被晋封为婕妤。杨婕妤亦是成都人，比刘娥小十六岁，两人情同姐妹。刘娥把皇子抱回来之后，并没有亲自抚养，而是把他交给杨婕妤来抚养。当时刘娥四十多岁，精力自然不如二十多岁的杨氏充沛，便让杨氏代行哺育之职。当然，所有这些都是在赵恒的允许之下，刘娥才敢这么做的。

说到这儿，赵祯的生母李氏怎么样了呢？果然母凭子贵，她虽然没能名正言顺地当赵祯的母亲，但是当她顺利诞下皇子后，就立即被封为崇阳县君。没过多久，李氏又生下一女，赵恒又晋封她为才人，正式进入妃嫔行列，这说明赵恒还是一个重感情的人，对李氏也是重视的。不幸的是，小公主出生没多久就夭折了，李氏自认命薄无福，毫无怨言。而这时的赵恒，觉得时机已成熟，刘娥既然已经“生子”，就有资格被立后。随后，赵恒便诏告群臣，欲立为后。然而没有不透风的墙，赵恒的保密工作做得再好，还是没能瞒得住群臣的眼睛，朝中不少官员都知道了刘氏“生子”的真相。赵恒无可奈何，几次欲“立之”，刘娥都不得不“固辞”。

大中祥符五年（1012 年）十一月，赵恒不顾群臣的反对，晋封刘娥为德妃，还给百官加官进爵，其用意不说也知。之后，赵恒还下令：刘娥的册后礼仪一切从简，既不让官员进贺，也不搞封后仪式，封后诏书也回避朝臣公议，只下令将封后诏书传至中书省，自己家里宣布一下就完事。一个月以后，四十四岁的刘娥终于如愿以偿，成为大宋王朝的皇后，即刘皇后。

很快五年过去了，到大中祥符八年（1015 年），赵恒封年仅四岁的赵祯为寿春郡王，讲学于资善堂。天禧元年（1017 年）兼中书令，次年进封瘅王。九月初八，又册封其为皇太子，参知政事李迪兼任太子宾客。九月十四，朝拜太庙。天禧四年（1020 年）春，赵恒生了一场大病，实在无力理朝政。于是，上呈到皇帝那里的政务实际上都由刘皇后来处置。后来，赵恒更是病重，下诏："此后由皇太子赵祯在资善堂听政，皇后贤明，从旁辅助。"此诏书的颁布也就意味着刘皇后拥有了裁决政事的权力。乾兴元年（1022 年）二月甲寅，五十四岁的宋真宗赵恒病逝于延庆殿，遗诏曰：太子赵祯即位，皇后刘娥为皇太后，杨淑妃为皇太妃，军国重事"权取"均由皇太后处分。之后，赵祯便成为宋朝的第四位皇帝，是为宋仁宗。

而这时的仁宗赵祯只有十三岁，还没有能力处理朝政。于是，处理政务的事情就落到了刘太后手里。她虽然贵为皇太后，但朝中以寇准和李迪为首反对她掌政的人也不少。被逼之下，刘太后决定壮大自己的势力，主要以钱惟演和丁谓为首。因为钱惟演的妹妹是刘美的妻子，而丁谓的儿子则娶了钱惟演的女儿，所以，在进一步贬黜寇准和李迪的问题上，他们的意见是完全相同的。之后，寇准被贬为雷州司户参军，李迪贬为衡州团练副使。丁谓为了把持朝政，开始勾结宦官雷允恭，让刘太后下旨新帝每月朔望两次召见群臣。

当初为了稳固皇后的位置，刘太后不得不培植丁谓，但是她也深知丁谓的用意，不是真心辅佐她，而是为了架空她。多年以来，刘太后早已查知丁谓的不法举动，对他的种种行为怒不可遏，于是决心除掉他。当时，正赶上为宋真宗修陵墓，丁谓是山陵使，雷允恭是都监。雷允恭听说山陵移上百步就可使皇帝多子孙，在丁谓的煽动下，擅自移动了陵位，没想到地下水一下子冒了出来，导致陵寝工程搁浅。这下刘太后抓住了丁、雷二人的把柄，毫不犹豫地以此为借口，处死了雷允恭，罢免了丁谓宰相的职位，并将其贬为崖州司户参军。丁谓被贬后，刘太后开始和仁宗赵祯一起听政决事，正式垂帘听政。

刘娥号令严明，赏罚有度，虽然难免有些偏袒家人，但并不纵容他们插手朝政。在大是大非面前，她更尊重士大夫们的意见，王曾、张知白、吕夷简、鲁宗道都得到了她的重用，刘氏姻族也没有做出为害国家的祸事。

刘娥也非常简朴，当初身为皇后时服饰简朴，当了太后依然未改习性。宫中侍女见皇帝侍女服饰华丽，觉得自己身为太后侍女，怎么能被比下去呢，于是报与刘娥，刘娥不为所动："那是皇帝嫔御才能享用的，你们哪有这样的资格。"

虽然刘娥掌权日久，不愿把权柄交给仁宗，但她却依然是个慈母。仁宗少时体弱多病，刘娥忙于政务，让杨淑妃照顾，仁宗称刘娥为"大娘娘"，杨妃为"小娘娘"。

明道元年（1032 年）二月，赵祯的生母李氏病重，刘太后连忙派遣太医前去诊治，并晋封她为李宸妃；然而李宸妃薄命，在册封当日逝世，享年四十六岁。起初，刘太后只想以普通宫嫔的身份殓葬了事，然而听了宰相吕夷简的劝说，她决定以一品礼仪将李宸妃殡殓，在皇仪殿治丧，并给李宸妃穿上皇后冠服。李宸妃的父亲也因此得到追封，其兄弟李用和也再次晋升。

刘娥虽不愿还政于仁宗赵祯，却并未想过自立。程琳献图《武后临朝图》，刘娥亲掷于地，道：“我绝不会做这样的事！”刘娥表态后，群臣如释重负，赵祯也心怀感激，恭孝唯谨，更于天圣七年（1029）九月颁布诏书，将太后刘娥生辰长宁节的仪礼升级到与皇帝生辰乾元节相同的程度。

明道二年（1033年）二月，朝中举行祭太庙大典。刘太后感觉自己命不久矣，想要在生前穿一次龙袍，于是，她当着众朝臣的面，提出自己要穿着龙袍来祭祀太庙。文武群臣听后一片哗然，最后只是将皇帝龙袍上减了几样呈了上去。祭祀这一天，刘太后穿着皇帝的龙袍圆满地结束了这次仪式；随后，她又在太庙的文德殿接受了群臣给自己上的尊号，即应天齐圣显功崇德慈仁保寿皇太后。自此，刘太后彻底还政于赵祯。

明道二年（1033年）三月，刘太后病危，宋仁宗赵祯大赦天下，并四处征召名医来为母后治病，但却无力回天。几天后，刘太后在宝慈殿病逝，享年六十五岁。对于刘太后的政绩，有人这样评论：“当天圣、明道间，天子富于春秋，母后称制，而内外肃然，纪纲具举，朝政无大阙失。”

君子满朝的仁宗时代

在宋朝的诸位皇帝中，宋仁宗赵祯算得上是一位明君圣主。他究竟有什么过人之处，居然能得到普天下人的爱戴？其秘诀就是一个字“仁”。“仁”是对古代帝王最高的评价，圣人有“为人君，止于仁”的说法。赵祯虽然没有太祖皇帝的雄才大略，但人们对他的评价有一点：“仁宗虽百事不会，却会做皇帝。”其实，有这一点就足够了。他的仁慈，主要表现在对待全体臣民上。

赵祯在与刘太后共同执政的十多年里，他们母子二人既有斗争，又有合作，励精图治、苦撑危局，使政局、经济、社会、文化等方面都得到复苏，可以说是挽大厦于将倾。之后，在他亲政的三十多年，使宋朝真正实现了有别于强汉盛唐而又无以伦比的“仁宗时代”，也因此被后世誉为“圣明有道唐虞世，日月无私天地春”。赵祯不仅性情宽厚、不事奢华，还能够约束自己，同时他的厚道也是出了名的。

那是一个炎热的夏季，赵祯难得有雅兴陪着爱妃们游园。游到半道时，他觉得口渴难忍，想要呼唤宫女奉上一杯凉茶，可是当他转身时发现宫女们在后面打闹，没有人注意到他需要茶水。正常来说，他贵为九五之尊，不该受到这样的怠慢，当时的他即使发一通脾气也没人敢言语。然而他却不发雷霆之怒，原因是他不忍心看到那些失误的宫女受到责罚。看得出来，赵祯对属下的确是非常宽容。

或许人们只知道北宋有个铁面无私的包青天，但却不知道包拯之所以敢于不畏权贵、秉公执法，很大程度上是因为赵祯的宽容。据说，包拯在担任监察御史和谏官期间，不止一次犯颜直谏，如果换做其他君主，他不知道已经被处罚了多少回。每次谏言时，他都是唾沫星子乱飞，甚至还不时地飞溅到赵祯脸上。但是赵祯不责怪，一边用衣袖擦脸，一边还欣然接受他的建议，丝毫没有怪罪面前这个胆大妄为、铁面无私的人。

又有一次，包拯要革除三司使张尧佐的职务，他给出的理由是：这个人过于平庸，实在不堪大任。但是张尧佐不是一般人物，他可是皇帝宠妃的伯父，这着实让赵祯为难。赵祯也不想让包拯觉得他有私心，于是就想让张尧佐去当节度使。皇帝都如此让步了，可是包拯依旧不同意，而且言辞更加激烈，甚至带领七名言官前去与赵祯理论。赵祯的面子被一扫再扫，这一次他真的生气了，他说：“是不是又要谈论张尧佐啊？节度使只不过是一个粗官，还值得争论么？”这时候，有一个叫唐介的人说：“太祖和太宗都曾经做过节度使，恐怕不是粗官吧。”由于这些人的直言敢谏，张尧佐最终还是没有当成节度使。

赵祯当政期间，不仅出现了铁面无私的包拯，还出现了“先天下之忧而忧，后天下之乐而乐”，受世人敬仰的名士范仲淹，以及领导北宋古文运动的欧阳修。自从确定了“重文抑武”的国策之后，宋朝的历代统治者对文人都是十分的宽容。到了仁宗赵祯这个时代更是如此，即便是读书人写文章直接指责他为政方面的过失或过错，赵祯也会欣然接受，不会降罪于人。因为在他看来，敢于直言的官儿，才是好官儿，才更值得珍惜。

嘉祐年间，历史上有名的“三苏”之一的苏辙参加进士考试，居然在试卷里公然写道：“我在路上听人说，在宫中，美女数以千计，皇上终日里歌舞饮酒，纸醉金迷；既不关心老百姓的疾苦，也不跟大臣们商量治国安邦的大计。”这份试卷的字里行间把赵祯描绘成了一个耽于女色、不理朝政的昏君。考官们看到居然有人敢如此大胆地诋毁皇帝，一个个大惊失色，于是赶紧上奏赵祯。考官们心想：皇上还能忍下去吗？不能了吧？然而没想到的是，赵祯看完这份试卷后，非但没有生气，反而语重心长地说：“朕设立科举考试，本来就是要欢迎敢言之士。苏辙一个小官，敢于如此直言，应该‘特与功名’。”可见，仁宗皇帝的大气真是无人能比。

作为一个封建帝王，能够容忍苏辙这样的事，或许有人能做到；但是能够容忍臣子与其顶嘴的，或许只有仁宗一人能够做到。当时的词人柳永，在一首词中这样写道：“忍把浮名，换了浅斟低唱。”赵祯看完他的诗句后，认为他不适合做官，还是填词的好，就给划掉了，并说：“且去浅斟低唱，何要浮名？”柳永看后很不服气，居然反唇相讥，说自己是“奉旨填词”。结果，如此大胆讥讽仁宗的柳永不但没有被杀头，填词也没有受到任何影响，而且填得更加放肆，这就非同寻常了。皇帝如此大度，最后连这位平日里放荡不羁的才子也不得不为他唱赞歌了：

“愿岁岁，天仗里，常瞻凤辇。”意思就是说，老百姓希望年年都能看到仁宗的仪仗，瞻仰到仁宗的风采，天下百姓都拥戴仁宗。

不仅如此，赵祯的务实作风也被后人所称赞。他曾率先打破百姓居住的“坊”和交易的“市”的界限，使开封成为了世界上第一个完全意义上的城市。在对待民生和皇权的问题上，赵祯还解除了宵禁制度，逐渐形成了夜市和晓市，并为此专门设立了观火楼和消防队。包拯权知开封府时，赵祯还亲自处理了一些权贵在河道乱搭、乱建的不良现象。正是他如此严格的管理，才催生出后来“人口逾百万，富丽天下无”的超级大都市。

可以说，赵祯在历史上真的算是一位难得的仁慈皇帝，他实行仁政，使宋朝在政治、经济等方面取得了空前的发展，宋朝也因此达到了中国封建社会经济文化的顶峰。

开封有个“包青天”

“开封有个包青天，铁面无私辨忠奸”的唱词唱响了大江南北，一代清官包拯为民申冤的故事家喻户晓。包拯，庐州合肥（今安徽合肥肥东）人，于北宋咸平二年（999 年）出生在一个官宦家庭。据说，他是楚国忠臣申包胥的第三十五代孙。他的祖父包士通，只是一个平民百姓，一边耕田，一边读书。他的父亲包令仪，于太平兴国八年（983 年）考中进士，官至刑部侍郎，与文彦博（他历事宋仁宗、宋英宗、宋神宗、宋哲宗四朝，出将入相五十年之久，被史学家称为宋朝第一名相）的父亲文洎同供职阁中，遂结为世交。所以，包拯与文彦博“方业进士，相友甚厚”，后来还结成了儿女亲家，亲上加亲。包拯兄弟三人，长兄包莹、二兄包颖都在早前去世，只有他一个传宗接代。家境不错的他从小就受到良好的传统知识教育和熏陶，他也因此成为一名敢于谏言的名臣，被仁宗赵祯所认可和器重。

二十八岁时，包拯顺利考上进士。其实按照当时宋朝的制度，考中进士就可以立即当官。但包拯是个难得的大孝子，他考虑到如果现在就离开家去当官，父母就要孤独在家，实在是于心不忍。于是，他信守圣人“父母在，不远游”的教诲，直到三十六岁时父母亡故后，他才正式出任天长县（今安徽天长）知县。在知县任上，他凭借自己的聪明才智断了一个离奇的案件，从那以后他便声名远播，远近的百姓没有不认识他的。

三十八岁时，包拯升任知州；之后，他便正式开始了朝廷重臣的政治生涯。自为官以来，他一直本着清正廉洁的原则，因而受到世人的重视和称赞。因为他廉洁公正、立朝刚毅、不附权贵、铁面无私，而且英明决断，敢于替百姓鸣不平，所以才有“包青天”及“包公”之名。在京师，甚至还有“关节不到，有阎罗包老”之语。为此，后世还将他奉为神明崇拜，认为他是文曲星转世，由于民间传其黑面形象，亦被称为“包青天”。

北宋天圣五年（1027 年），包拯登进士第，累迁监察御史。他上任没多久就考察清楚了当时的现状，并提出了一项这样的建议：练兵选将、充实边备；这项建议都被赵祯采纳。之后，他又历任三司户部判官，京东、陕西、河北路转运使。在入朝担任三司户部副使，他还请求朝廷准许解盐通商买卖，要求改知谏院，还多次论劾权贵。此后，他又被授龙图阁直学士、河北都转运使，移知瀛、扬诸州，再召入朝，历权知开封府、权御史中丞、三司使等职，真可谓风光无限。

北宋庆历元年（1041 年），包拯调任端州（今广东肇庆）知府。当时的端州出产砚台，此前的知府都会趁着进贡大都敛取是贡数几十倍的砚台，来赠送给当朝的一些权贵人士。可是包拯上任后并没有这样做，他命令制造的砚台仅仅满足贡数，他在任满一年，连一方砚台都没拿回家，可见他的为官清廉。两年后，包拯入京任殿中丞，后来经御史中丞王拱辰的大力举荐，他于十一月被任命为监察御史里行，改任监察御史。包拯又建议说：“国家每年向辽国交纳财物（岁币），不是抵御戎人的计策，应该操练军队、挑选将领，致力于充实边境守备。”之后，他又请求重视门下封还驳正的制度，以及废黜的贪官污吏不得重新做官，选择郡守县宰，并推行考核试用补任恩荫子弟的方法。当时各道转运加按察使，他们上奏弹劾官吏大多指摘细小过失，注重苛刻严察相互标榜，官吏自觉不安，包拯因此请求免去按察使。

北宋庆历五年（1045 年）八月，包拯担任辽国正旦使，出使辽国，并顺利完成了使命。回朝后，包拯根据自己在辽国的观察，上疏建议朝廷挑选“素习边事”的将领守边，并重视代州（今山西忻州代县）的将领选择，以应对边境突发的情况。此后，他又历任三司户部判官，于庆历六年（1046 年）六月，正式出京任京东路（治今河南商丘）转运使。

北宋庆历八年（1048 年）五月初二，包拯调任河北路（今河北大名）转运使；六月二十二，他又入朝任三司户部副使。当时出现了这样一种状况：秦陇斜谷务所的造船木材，一概向百姓征收索取；有七个州交纳河桥竹索的赋税，一般有几十万。如此下去，会让百姓苦不堪言，于是包拯奏请朝廷，要求废除这些不合理的赋税，百姓才得以解脱。之后，宋朝又遭遇辽国在邻近边塞地区集结军队的猛烈袭击，边境州郡渐加戒备，朝廷立即命令包拯前往河北调发军粮。包拯说：“漳河地区肥沃的土壤，百姓不能耕种，邢、洺、赵三州农田一万五千顷，一概用来牧马，请求把这些全都分给百姓。”赵祯听从了他的意见，百姓因此逃过一劫。

北宋皇祐二年（1050 年），包拯受任为天章阁待制、知谏院。在一次早朝期间，他当着皇帝跟大臣们的面，论述并斥责了那些权贵得宠的大臣，并请求免去一切由内廷施予的曲意恩赐。此外，他又依次递上唐代魏征的三条奏疏，希望放在座位右侧，作为借鉴。之后他还不肯罢休，居然还给皇帝提了七条建议：应当明于听取采纳，分辨朋党，爱惜人才；不坚持先入为主的说辞；请求废除苛刻不宽厚的做法；抑制侥幸投机得官；正刑法明禁令；戒除兴建劳作；禁止妖言妄说等。听完他的这几条建议，仁宗赵祯非但没有因为他事儿多而反感他，而且连连点头，并一一加以施行。

北宋皇祐四年（1052 年）十月，包拯出任龙图阁直学士、河北都转运使一职。他刚一上任，就提议太平无事时可以把军队调到内地，但久久没有得到答复。之后，他又提出一个新请求："解除河北驻守军队，把他们分布在黄河以南的兖、郸、齐、濮、曹、济各郡，如果有紧急情况，没有误时的忧虑。如果说驻守军队不能立刻削减，请求训练民兵，稍加供给干粮，每年的费用，不到驻守军队一个月的开支，一个州的赋税，那么供给的人数就多了。"不知道是何原因，赵祯一直没有答复他。数月后，他又转任高阳关（今河北高阳东）路安抚使。同年七月，他被调知瀛州，各州用官府的钱做买卖，年累计亏负十多万，都上奏加以除去。后来，包拯因为长子包繶先于他去世，于是请求任政务清简的州郡任职，随改知扬州，又转知庐州，并加刑部郎中。

然而，再谨慎的人也会犯有过失，再聪明的人也会遇到一些坎坷之事。北宋至和二年（1055 年）十二月，包拯因为担保推荐官员失误而获罪。赵祯不好过于明显地庇护他，只好公事公办，贬官兵部员外郎、知池州（今安徽池州）。北宋嘉祐元年（1056 年）八月，他又复职刑部郎中、知江宁府；同年十二月，他被召任权知开封府，迁升右司郎中。嘉祐三年（1058 年）六月，他升为右谏议大夫、权任御史中丞。

有一天，包拯突然上奏说："太子的位置空缺已经很久了，天下人都为此感到担忧，陛下这么长久地不做出决定，是为什么呢？”赵祯反问他说：“你认为立谁为好呢？”包拯回答道：“臣下无能，还没有考虑；臣请求早立太子，是为宗庙万世之大计着想的。陛下问臣想立谁，这是怀疑臣。臣已是六十岁的人了，又没有儿子，并不是为自己和后代邀宠考虑的啊！”赵祯听完包拯这番话，很高兴，继续说：“这件事还要慢慢商议。”数日后，包拯又请求适当裁减内侍人员，减少那些不必要的费用；另外，他还提议按条文督促各路监司尽忠职守，御史府可以自己举荐所属官员，减少官吏一年的休假日期。他的所有建议赵祯都准许施行。七月，包拯又以权御史中丞职领转运使、提点刑狱考课院。

嘉祐四年（1059 年），在包拯的“火眼金睛”下，时任三司使的张方平秘密购买土豪财产的事情被他发现，他丝毫不念同事之情，立即上奏朝廷，使其免官。

嘉祐六年（1061 年）三月，包拯又被赵祯升任给事中，正式担任三司使一职；过了一段时日，他又拜枢密副使。因为他曾任天章阁待制、龙图阁直学士，所以世人又称他为“包待制”“包龙图”。没过多久，他又调任礼部侍郎，这一次他推辞不受，理由是自己年事已高。第二年五月，包拯在枢密院视事时，突然得了一场重病；五月二十四日，包拯去世，终年六十四岁。仁宗赵祯亲临吊唁，并为其辍朝一日，追赠包拯为礼部尚书，谥号孝肃。

西夏，挥之不去的痛

其实，在西夏还没正式建立之前，李元昊早已按捺不住一颗蠢蠢欲动的心，他采用联辽抗宋的策略，多次进攻宋朝的边境地区，来进一步扩大自己的疆域和掠夺财物。再加上当时北宋统治阶级的腐败和奉行屈辱退让的政策，更加助长了李元昊不断掳掠和扩张的野心。据说，李元昊是北魏鲜卑族拓跋氏之后，远祖拓跋思恭，在唐朝的时候受赐李姓。待李元昊继夏国公之位后，他才彻底抛弃李姓，自称嵬名氏。

北宋宝元元年（1038 年），曾经担任宋朝藩属党项政权首领的李元昊才正式脱宋自立，自称皇帝，去宋封号，改元“天授礼法延祚”，建国号“大夏”，史称“西夏”，定都兴庆（今银川）。他上任没多久，就立即着手修建宫殿，设立文武两班官员，并创造自己的西夏文，甚至还颁布秃发令。不仅如此，李元昊还先后派遣军队攻击并占领了瓜州、沙州（今甘肃敦煌）、肃州（今甘肃酒泉、嘉峪关一带）三个战略要地。

李元昊建国之后，西夏与宋朝的外交关系才正式破裂。在此后的“三川口之战”“好水川之战”“定川寨之战”等战役中，西夏歼灭了宋军西北精锐达数万人，并在“河曲之战”中击败了御驾亲征的辽兴宗耶律宗真，奠定了宋、辽、西夏三分天下的格局。

北宋宝元二年（1039 年），也就是西夏建国后的第二年，李元昊为了提高国威，亲自写信通知宋朝，逼迫宋朝承认西夏的地位。堂堂大宋朝哪能受得了这样的屈辱，朝中官员听到这个消息后，都在殿下议论纷纷；大多数人主张立刻出兵讨伐西夏，兴师问罪，灭灭他们的威风。而西夏这边呢，当李元昊派去送信的人回来报告了宋朝的拒绝态度时，李元昊恼羞成怒，立即开始对宋朝边境大举入侵。李元昊对宋战争的第一个目标就是延州，因为延州既是宋朝西北边境的军事要地，也是西夏出入的要冲。就这样，宋夏战争全面爆发。

北宋宝元三年（1040 年）三月，李元昊整训好军队后，正式开始进攻宋朝。西夏军从土门（今陕西安塞西北）攻入，然后进攻金明寨（今陕西安塞南部）。金明寨位于延州北部，周围有三十六寨，由都监李士彬率领蕃兵扼守。李元昊一面率军佯攻北宋的金明寨，一面派人送信给宋朝延州知州范雍，表示愿意与宋和谈。殊不知他所做的这些都只是在制造假象，是为了麻痹范雍，分散宋军的注意力。看得出来，李元昊这个人为了达到目的，可谓是用尽了心思。在他看来，只要对他有利的，他一定会不择手段。这一次也不例外，他是做足了准备才开始进攻的。没想到范雍却信以为真，立即上书朝廷，对延州的防御工作也松懈了。三月十八早晨，西夏军趁着宋军解甲就寝的时间，偷偷潜入宋营，不费吹灰之力就擒获了诸多宋军，诸寨就这样不攻自破。

这时候，范雍才知道自己上当了，慌乱之下，他连忙命令驻扎在庆州的环庆副都署刘平带三千兵马，和驻扎在延州西北八十五公里的保安军的石元孙带五千兵马，以及驻扎在保安军稍北的黄德和的两千兵马在保安汇合，然后北上一举夺回塞门寨。可是当这三支军队汇合的时候，李元昊早已经攻下了金明寨，延州也因此失去了最后一道屏障。迫于无奈，范雍又下令刘平、石元孙、黄德和火速回援延州。狡猾的李元昊早已探知宋军的战况，他立即采取“围点打援”的战术，先是派出少量的军队围困延州，紧接着又派出重兵埋伏在援军的必经路上，意欲偷袭宋军。

自金明寨一战，宋将郭遵看出西夏军之中的确有高人指点。于是，他建议刘平不要轻举妄动，先派侦査兵前去察看形势，然后再向前推进也不晚。但倔强的刘平不肯听从，仗着自己英勇就贸然进军了。当刘平的军队到达三川口时已是半夜，周围一片漆黑。就在这时候，西夏军队突然冲出来伏击宋军；一会儿工夫，宋军就被重重包围。刘平当然不肯屈服，在如此混乱的局面下，他依然与西夏军苦战。由于宋军的英勇作战，西夏军损失惨重。但宋军最终还是寡不敌众，刘平和石元孙率领残余部队逃到了西南山。当时已是深夜，西夏军再次集合大兵围攻，“自山四出合击，绝官军为二”，宋军因为体力不支，绝大部分战死，刘平、石元孙二人也都被西夏军生俘。起初，李元昊曾多次写信劝降刘平，但是刘平宁死不屈，而其部将郭遵更是三出三入敌营，杀敌数百人，最后也不幸被西夏军斩杀。

西夏军在三川口全歼刘平、石元孙部之后，又集兵于延州城下，准备攻城，延州危在旦夕。而此时天突然降大雪，顿时间寒风凛冽，西夏军因为缺少衣物御寒，军队纪律开始有些松懈，甚至产生了一种无力作战的感觉。同时，李元昊得到情报说宋军将领折继闵、张岊以及王仲宝等人已率兵攻入了西夏边境，于是他不得不下令退兵，延州之围至此也才算解决。这就是历史上著名的“三川口之战”，又称“延州之战”，是北宋与西夏之间的一次重大战役，为西夏的生存与发展奠定了军事基础。“三川口之战”后，仁宗赵祯深感西夏军力强盛，于是下令封夏竦为陕西经略安抚使，韩琦、范仲淹为副使，共同负责迎战西夏的事务，韩琦主持泾原路，范仲淹负责鄜延路。

北宋庆历元年（1041 年）二月，李元昊再次率领十万大军从折姜（今宁夏同心县预旺东）进发，经天都寨（今葫芦河）南下进攻宋朝。此后，李元昊又把主力埋伏在六盘山下的好水川（今宁夏隆德），另一支部队则攻打怀远（今宁夏西吉东部），声称要攻打渭州（今甘肃平凉），其目的是为了诱惑宋军深入。宋军大将韩琦听闻西夏军要来进攻，立刻命令任福率兵数万，自镇戎军经怀远城、得胜寨，从羊牧隆城绕道西夏军之后，伺机击破敌军。这样如果作战不利，就可以根据地势的险要设下埋伏，等到西夏军队退兵时再进行截击。而这时候，任福与桑怿就可以率轻骑数千先发，朱观、武英等人后继。

同年二月十三日，听说镇戎军常鼎等人正与西夏军在张义堡南开战，韩琦下令向南推进至两军交战处。西夏军损兵折将，但不断增援。等任福赶到的时候，西夏军又使用之前的小伎俩，佯装败退，诱使宋军追击。然而任福不知道这是李元昊的计策，于是放下辎重，轻装追击西夏军队。黄昏的时候，宋军追到了好水川，由于长途跋涉，粮草供应不足，导致人困马乏。而此时的朱观、武英才刚到达笼洛川，于是与任福相约在第二天会兵与川口，准备合击西夏军。

二月十四，任福、桑怿引军沿着好水川继续西行，到达羊牧隆城东五里处，发现道旁放置着数个银泥盒。也没加思索，就下令把将盒打开，没想到里面顿时飞出百余只带哨家鸽，为西夏军发出了信号。宋军还没有拉开阵形，便遭到了西夏骑兵的冲击。一阵激战之后，宋军开始有点混乱，于是企图占据险要地势来抵抗西夏军队。但这时候，在西夏军队中突然竖起了两丈高的旗帜，左右埋伏的西夏军居高临下，开始夹击宋军。宋军死伤巨大，任福、桑怿等将士在经历过一场激战后而死。同样是这一天，朱观、武英已经到达姚家川，他们也陷入了西夏军的重重包围之中。激战多时，宋军溃败下来，将士死伤无数。这次战役中，宋军几乎全军覆灭，仅有朱观的千余人逃脱。西夏军获胜以后，本来打算继续南下，但是得到消息称宋环庆、秦凤路派兵来援，于是下令暂时退兵，这就是“好水川之战”。

这次战役，李元昊真可谓是运筹帷幄，安排十分周密，充分发挥了骑兵优势，是一次成功的伏击战。好水川之战，宋军损失了很多精锐的将士；在退兵途中，阵亡将士的父兄妻子好几千人伤痛欲绝，手持故衣纸钱为烈士招魂。很快这个噩耗便传到了东京，仁宗赵祯听到这一仗打得如此惨烈，一怒之下，贬户部尚书、陕西经略安抚使夏竦和韩琦、范仲淹。最后，在不得已的情况下，宋军逐渐转入守势，西夏开始进入攻势。一年之后，又发生了“定川寨之战”。

北宋庆历二年（1042 年）九月，李元昊的谋臣张元向其献计，张元说：“宋朝的精兵良将都聚集在边境地区，而关中地区的军事力量却十分薄弱。如果我军牵制住宋军边境的军队，使宋朝无暇顾及关中地区，然后就可以派遣一支骑兵长驱直入，进攻关中平原地区，进而攻占长安。”李元昊觉得他的建议十分合理，于天都山（今宁夏海原东）集十

万大军，再次分兵两路进攻宋军，一路出鼓阳城，一路出刘蹯堡（今宁夏固原西北），钳击镇戎军（今宁夏固原），企图诱使北宋军出击，聚而歼之。

与此同时，宋泾原路经略安抚招讨使王沿得知西夏军来攻，立即命令葛怀敏率军从渭州出发到瓦亭寨阻击西夏军。不久之后，葛怀敏进抵瓦亭寨，会同瓦亭寨都监许思纯、环庆都监刘贺等部违令北进，进入屯五谷口（瓦亭寨北）。王沿急忙派遣使者送信至五谷口，告诫葛怀敏等人一定要谨慎，戒勿深入，并命葛怀敏背城为营，示弱诱敌，设伏奇袭，以攻其不备。可是葛怀敏依旧不肯听从，遂会和知镇戎军曹英、泾原路都监赵珣、两路都巡检李良臣、孟渊等部集兵数万，继续向北行进。

九月二十日，宋军兵至镇戎军西南，赵政认为现在已经距离西夏军很近了，不可贸然前进。葛怀敏这才停止了进军，半夜时分到达养马城。而后，其他各部也都陆续赶来。诸位将领听闻李元昊已经转移军队到了新壕城外，于是商议第二天黎明的时候偷袭。赵珣认为西夏军远道而来，需要速战速决，于是建议依托马栏城驻营布栅，切断西夏军的退路，固守镇戎来保障粮道，等到西夏军队疲劳时再进行攻击。葛怀敏依旧我行我素，不肯听从任何人的建议，反而命令诸位将士分兵四路攻向定川寨。

九月二十一日，向进、刘湛到达赵福新堡时，遭到了西夏军的截击，于是不得不退兵到向家峡。西夏军趁势攻到了新壕，并继续向宋中军进逼。葛怀敏、赵珣、曹英等人在定川寨驻守。到了正午十分，西夏军拆毁了新壕板桥，切断了宋军的粮道和退路，又命人切断了定川寨的水源。饥渴难耐的宋军不得不列阵出击。这时候，李元昊集结兵力，先下令攻击河西的刘贺军队，然后又下令攻击葛怀敏军队，但由于宋军阵势坚固，不能很快攻破。为了不浪费更多的时间，李元昊又转向攻击东北方向的曹英军队。这时候，一阵狂风突起，飞沙走石，宋军将士看不到自己的主将，一时阵脚大乱，争相入城。葛怀敏因为夹在部将中间，差点儿就被踩踏而死；赵珣率领刀斧手和勇士奋勇抗击，西夏军才稍微退兵。到了傍晚时分，西夏军开始围城。葛怀敏与诸位将领商议突围，但是赵珣料想途中必然会遭到西夏军的截击，建议出其不意从笼竿城迂回前往，诸将都不从，赵珣只好作罢。

九月二十二日黎明，以曹英、赵珣为先锋，刘贺、许思纯为左右翼，李知和、王保、王文等负责垫后。临行之前，属下拦马再次谏言，请求转道而行。可是，葛怀敏依旧不答应，带领部队径自向东南方向行去。行进了大约两里的距离，发现板桥已经遭到破坏，退路已经被切断了。这时候，西夏军趁着宋军混乱之际，从四面冲杀过来，葛怀敏与诸位将士在这次战役中战死，宋军九千多人的军队几乎全被消灭。西夏军获胜以后，继续挥师南下，连破数寨，直逼渭州。十月初，李元昊得知范仲淹率领大军前来救援，于是不敢再继续深入，大肆掠夺一番后，就下令退兵了。

北宋庆历四年（1044 年），北宋与西夏达成协议。和约是这样规定的：西夏向北宋称臣，西夏景宗李元昊去帝号，接受北宋封号；宋夏战争中双方所掳掠的将校、士兵、民户不再归还对方；北宋每年赐西夏绢十三万匹，银五万两，茶二万斤，史称“庆历和议”。

一朝名相韩琦

韩琦，字稚圭，自号赣叟，相州安阳（今河南安阳）人，北宋政治家、词人。北宋景德年间，在其父韩国华任泉州刺史时，与婢女连理生下了他。后来，他随父亲迁至相州，遂为安阳（今河南）人，其父累官至右谏议大夫。但是在他三岁的时候，父母不幸双双去世，幼小的他便由诸兄扶养，此后他的日子就没有之前那么好过了。可是他自幼就很懂事，当地的人们眼看着他一天天长大，都十分看好他。人们这样评价他：“既长，能自立，有大志气。端重寡言，不好嬉弄。性纯一，无邪曲，学问过人。”

天圣五年（1027 年），韩琦在行完弱冠之礼那年，顺利考中进士，名列榜眼（第二），授将作监丞、通判淄州（今属山东），入直集贤院、监左藏库。景祐元年（1034 年）九月，他迁开封府推官；第二年十二月，他迁度支判官，授太常博士；第三年八月，他又拜右司谏。在担任谏官的这三年时间里，韩琦从不避讳，总是敢于犯颜直谏，诤言谠议，“凡事有不便，未尝不言，每以明得失、正纪纲、亲忠直、远邪佞为急，前后七十余疏”，尤其以宝元元年（1038 年）所上的《丞弼之任未得其人奏》最为知名。

当时，因为灾异的频繁发生，以致出现了严重的流民问题。可是当朝宰相王随、陈尧佐，参知政事韩亿、石中立等人却表现出束手无策的样子，这些事情韩琦看在眼里。然而当时的他毕竟还只是一个不起眼的小官，根本没有资格对他们指指点点。他容忍了数日，后来实在忍无可忍，最后决定上书朝廷，连劾四人，称他们庸碌无能；他甚至还痛陈宋朝八十年太平基业，绝不能“坐付庸臣恣其毁坏”。结果是，他们四人同日被罢职。此事发生之后，韩琦名闻京华。

宝元二年（1039 年），四川遭遇了严重的旱灾，贫民饥民逐日增加。这时候，仁宗赵祯任命韩琦为益、利路体量安抚使。他上任后，首先提出了减免赋税的新方案，“逐贪残不职吏，汰冗役数百”，然后又将当地官府常平仓中的粮食全部发放给那些贫困百姓，以解决他们的生活问题。此外，他又在各地添设稠粥，救活饥民多达一百九十万人。蜀民无不感激地说：“使者之来，更生我也。”

其实，自从西夏公开与宋朝对抗以来，与西夏邻界的陕西形势就变得十分紧迫。韩琦从四川回到京城之后，就立即向朝廷详细剖析了陕西边境的形势，随即他又被任命为陕西安抚使。到达陕西之后，他看到那里苛捐杂税很重，百姓十分穷苦，便一律予以免除。康定元年（1040年）正月，李元昊大举围攻延州（今陕西延安），守将刘平、石元孙在三川口（今陕西安塞东）兵败被俘之时，韩琦又大胆推荐被诬为“荐引朋党”遭贬越州（今浙江绍兴）的范仲淹。他在上仁宗的奏章中这样说：“若涉朋比，误国家事，当族。”很快，韩琦与范仲淹就一同被仁宗任命为陕西经略安抚副使，充当安抚使夏竦的副手。

庆历元年（1041年）春，李元昊在伺机攻打宋军前，向宋军诈和，此举很快就被韩琦识破了。韩琦对部下说“无约而请和者，谋也”，随即命令诸将严加防守。二月，李元昊率十万大军进攻渭州（今甘肃平凉），直逼怀远城（今宁夏固原西）。韩琦听到消息后，急派大将任福率兵前往抵御，并任命桑怿为先锋。出发之前，韩琦特意向任福交代一番，命令他们绕到西夏军背后，可战则战，不可战则据险设伏，截其归路，并再三叮嘱：“苟违节度，虽有功，亦斩。”可是任福却是左耳进右耳出，根本没把韩琦的话放心上，中了西夏军的计，失败而归。同年十月，宋廷分陕西为秦凤、泾原、环庆、鄜延四路，韩琦知秦州，王沿知渭州，范仲淹知庆州，庞籍知延州，并各兼本路马步军都部署、经略安抚缘边招讨使。

庆历二年（1042年）四月，韩琦受任秦州观察使。闰九月，宋军又大败于定川寨（今宁夏固原西北），大将葛怀敏因不听指挥战死沙场。十一月，朝廷采纳了范仲淹的建议，韩、范二人屯驻泾州（今甘肃泾川），共守西陲。自好水川大败后，韩琦终于开始信服范仲淹守议，他们二人同心协力，互相声援。之后，边疆开始流传出这样一首歌谣：军中有一韩，西贼闻之心骨寒；军中有一范，西贼闻之惊破胆。由于两人守边疆时间最长，又名重一时，人心归服，朝廷倚为长城，故天下人称为“韩范”。

庆历八年（1048 年）四月，韩琦移知定州（今河北定州）。当时的定州因为一直让武将来镇守，培养出来的士兵一个个都骄横无礼，军纪也十分松弛。韩琦到任后，首先大力整顿军队，采取“恩威并行”的办法。对于那些品行恶劣的士兵，他毫不留情地诛杀；而对于那些以死攻战的士兵，他则予以重赏。后来，他又利用空暇时间研究唐朝名将李靖的兵法，仿作方圆锐三阵法，命令将士日夜操练，结果定州军“精劲冠河朔”。

皇祐五年（1053 年）正月，韩琦以武康军节度使徙知并州（今山西太原）。当时在河东路担任走马承受的宦官廖浩然，为人贪恣，仗势不法。韩琦觉得实在难以共事，于是上奏请朝廷，将其召回，如不调走，他必依法严惩；仁宗赵祯只好令廖浩然回京，并行之以鞭刑。提及并州这个地方，它所辖地区与辽国接壤，邻边的天池庙（今山西宁武西南）、阳武寨（今山西原平西北阳武村）等地，被辽国冒占。于是，韩琦派人与辽国头领据理交涉，不仅收回了这些地方，还立石为界。

其实早在庆历四年（1044 年），欧阳修在奉使河东时就曾提出建议：解除代州（今山西代县）、宁化军（今山西宁武西南宁化堡）、岢岚军（今山西岢岚）、火山军（今山西河曲南）沿边之地禁耕令，以增产粮食，供应边防军需，却为军帅明镐所阻拦，因此才耽搁了下来。直到至和二年（1055 年）春，韩琦等人再次建议，宋廷才正式实行。二月，韩琦以疾自请改知相州。他回到久违的家乡，建造昼锦堂于州署后园。七月，韩琦被召还为三司使；八月，他又被拜枢密使。至和三年（1056 年）六月，他拜同中书门下平章事、集贤殿大学士。嘉祐四年（1059 年）闰八月，他迁昭文馆大学士、监修国史。到嘉祐七年（1062 年）九月，他又被封仪国公。治平元年（1064 年）闰五月，他进右仆射，封魏国公。熙宁六年（1073 年）二月，他再次回到相州，第三次为官家乡，终于实现了“仕宦至将相，富贵归故乡”的愿望。

韩琦一生，历经仁宗、英宗和神宗三朝，亲身经历和参加了许多重大历史事件，诸如抵御西夏、庆历新政等。在他的仕途生涯中，无论在朝中为相，或在地方任职，都为北宋的繁荣发展做出了贡献。韩琦“相三朝，立二帝”，当政十年，与富弼齐名，号称贤相。欧阳修称其“临大事，决大议，垂绅正笏，不动声色，措天下于泰山之安，可谓社稷之臣”。

狄青妙夺昆仑关

狄青，字汉臣，汾州西河（今山西）人，出生在一个贫寒的家庭。在他十六岁时，因其兄与同乡的人斗殴，狄青代兄受过，被“逮罪入京，窜名赤籍”，开始了他的军旅生涯。因为他的脸上有刺字，而且精通骑马射箭，所以当地的人们都称他为“面涅将军”。

早期的时候，狄青隶属于御马直的一名骑兵，后被选做散置。宝元元年（1038 年），西夏开国皇帝李元昊反叛宋朝，朝廷下诏选择一批卫士到边疆打仗。狄青这才有机会应征入伍，抵御外寇。他先是被任命为三班差使、殿侍兼延州指使。因为西夏兵的突然入侵，宋军上下均弥漫着一种“恐夏”的失败情绪，就连一代名臣韩琦、范仲淹、尹洙也束手无策，在军事上只能采取保守的防御策略。而狄青在这次战争中却表现得十分英勇，他仿效北齐兰陵王高长恭戴着铜面具，披头散发，手执利刃冲锋陷阵。西夏兵看到他面目狰狞、形象骇人，一个个吓得魂飞魄散，没人敢来阻拦，宋军士气一时大振。之后，他又以功升为枢密副使。

据说，狄青在四年的边关战争中，前前后后一共打了二十五场战斗，中乱箭多达八次之多。狄青先是攻陷金汤城，夺取宥州，攻打了砌咩、岁香、毛奴、尚罗、庆七、家口等部族，还焚烧了西夏储备的粮食数万石，收缴帐篷二千三百只，俘虏五千七百人，战绩十分可人。紧接着，他又修建桥子谷城，筑建招安、丰林、新砦、大郎等城堡，这些城堡都扼制着敌方的要害之地。看得出来，他的确有着长远的考虑，也为此做足了功课。在“安远一战”中，他不幸受了重伤，身体因此垮了下来。但是当他听说西夏军队到了，又不顾重伤挺身而出，士兵们都被他的举动所震惊，都争先恐后、奋力拼杀。在狄青的带领下，宋军收复了部分失地。当仁宗赵祯听闻狄青屡获战功，便一直想找机会和他探讨治国方针的大略，认为这样的人才不可浪费。

当时还有一位名臣叫尹洙，担任经略判官一职。狄青以制使身份求见尹洙，尹洙早就听闻他的大名，于是很热情地招待了他。在与狄青谈论军事时，尹洙也觉得狄青很有才华，很是欣赏他，于是就把他推荐给经略使韩琦、范仲淹，并告诉他们二人说：“这是良将之材。”果然，他们二人一见狄青，一致认为他是个奇才，也对他厚礼相待。之后，范仲淹还决定教他读《左氏春秋》，他对狄青说：“将帅不知古今历史，就只有匹夫之勇。”狄青听后，顿时明白了范仲淹的言外之意。从此，他便改变志趣，读起书来。后来，他终于精通秦汉以来将帅的兵法，因此更加知名。没过多久，他就积功升任西上阁门副使，后又晋升为秦州刺史、泾原路副都总管、经略招讨副使，又加升为捧日天武四厢都指挥使、惠州团练使。可以说，在很短的时间里，狄青不仅事业步步高升，人气也在高升。

皇祐四年（1052 年），广源州（今靖西、田东一带）首领侬智高发起叛乱，先是攻陷邕州，其后又攻破了沿江的九个州，包围了广州城。如此一来，岭外一带便开始骚动不安。赵祯立即派遣杨畋等安抚使负责处理平定此次叛乱，但是过了许久也没有成效。后来，赵祯又任命孙沔、余靖做安抚使率官军讨伐叛贼。就在这关键时刻，狄青主动向赵祯请求出战，他这样说：“我是兵将出身，除了战场杀敌，并没有什么可以报效国家的。希望能够允许我带领数百个骑兵和一些禁军，前去平乱，把叛贼的头砍下来送回京城。”由于之前派出的安抚使一直都没能够顺利平息这次叛乱，赵祯已经有点失去信心了，这时候又听到狄青的豪言壮语，绝望之中又有了一丝丝希望，于是当即任命狄青为宣徽南院使，负责处理广南叛乱之事，并在垂拱殿设酒为他送行。

打了胜仗的侬智高得意洋洋地回师，重新占据邕州。狄青刚刚上任，就立即联合孙沔、余靖二人的部队进驻宾州。在此之前，蒋偕、张忠等人都因为过于轻敌，不幸战败阵亡，官军声威大衰。这一次，狄青汲取了之前两位大将军的教训，给将士们下了一道死命令：“各将不得妄自与叛军接战，而听从我的统一指挥。”可是，广西钤辖陈曙依旧不听指挥，趁狄青还没到来，便擅自率领八千步兵攻打叛军，结果上了敌军的当，溃败于昆仑关，殿直袁用等人都仓皇逃遁。狄青在半道接到消息后，生气地说：“号令不一，是部队失败的原因。”第二日早晨，狄青才到达目的地，还没来及歇息就立即集合各将领到堂上，先是逮捕了不听从命令的陈曙，紧接着召来袁用等三十人，以战败逃跑罪推出军门斩首。孙沔、余靖二人相视惊愕，没想到狄青会下此狠心，其他众将领也都吓得两腿战栗。很显然，狄青这是在杀一儆百，在为自己树立军威。

而此时侬智高的军队还沉浸在一片胜利的氛围中，为了庆祝这次胜利，侬智高还下令停止前进的队伍，休整十天再继续前进。不过狡猾的侬智高还是留了个心眼儿，派人前去侦察宋军的状况。侦查的人回报，说暂时没看到宋军，应该不会很快进击。于是，侬智高才稍稍放松了警惕。但令他们没想到的是，狄青第二天便集合军队人马，一昼夜就过了昆仑关，从归仁铺出来布阵，打了叛军一个措手不及。敌军失去了险要阵地后，纷纷出来迎战。宋军前锋孙节在山下与叛贼搏斗时不幸战死，叛军的士气又开始高涨。孙沔、余靖等人看到如此惨烈的战斗现场，吓得脸色都变了，开始有点退缩了，只有狄青依然面不改色、不慌不忙。他手举着白旗指挥着骑兵，趁叛军不注意从左右两翼冲出，大败叛军。这时候叛军才意识到今日遇到高人了，于是仓皇逃命。狄青的队伍依然穷追不舍，追击了叛军五十里，斩了数千首级。侬智高的同党黄师宓、侬建中、侬智中以及伪官僚吏属被杀死者有五十七人，狄青还生擒叛贼五百多人。吃了败仗的侬智高不甘心，趁着夜色纵火烧城，然后逃走。

此次战斗彻底平息已是黎明时，狄青率领队伍浩浩荡荡地开进邕州城，缴获金银玉帛数以万计，杂畜数千，又招集曾被叛军俘虏胁迫的老壮年人七千二百人，慰抚之后释放、遣散。之后，狄青又下令将黄师宓、侬建中、侬智中等人的头颅悬挂在邕州城下示众，后收集叛军尸体在城北角建筑京观。

在清理叛军尸体的时候，狄青的部下发现有一个穿着龙袍的人，认为侬智高已经死了，于是都建议向朝廷报告。但狄青却说："谁知道是不是一个骗局呢？我宁愿相信侬智高失踪了，也不要欺骗朝廷来获得战功。"回到京师后，赵祯嘉奖他的功绩，并任命他为枢密使。可是赵祯觉得升了官还不够，还应赏赐给他一套在京师敦教坊的宅第，并特优先给他的儿子们加官晋级，引得好多人羡慕不已。起初，狄青率部南下的时候，赵祯还经常为他担忧，他说："狄青有威武的名声，叛军应会害怕他的到来。担任左右传令的人，非狄青的亲信者不可，虽然是饮食起居的时候，都应该防备突然袭击的发动。"为此，赵祯还派使者飞驰前线训诫。当获悉狄青已经打败叛军后，赵祯对宰相说："快快议定恩赏，慢了便起不到奖勉的作用了。"

起初，交趾（初期包括今广东省和今越南北部。秦以后，交趾郡为今越南北部）人曾请求出兵帮助朝廷讨伐侬智高，赵祯还特意下了一道诏令："用三万缗钱赏赐给交趾国做军费，还许诺平定叛乱后再有厚赏。"余靖等人都觉得交趾人可信，便在邕州、钦州准备了万人的粮草接待他们。狄青到此后，立即传令余靖等人不要派使者到交趾借兵，并立即上奏说："交趾国李德政声称将率步兵五万、骑兵一千赶来支援，不是真的，而且借蛮夷来消灭内寇，对我无利。凭一个侬智高就能横行、蹂躏两广，使朝廷无力讨伐，如果再向蛮夷借兵，那蛮夷贪得无厌，不仁不义，进而发动战乱，又怎么抵御他们呢？请取消要交趾出兵援助。"他的意见刚一启奏，就立即被赵祯采纳。自叛军被他平息后，人们都佩服他的深谋远虑。

1657 年年二月，狄青逝世，追赠他为中书令，赐谥为"武襄"。到熙宁元年（1068 年），宋朝第六位皇帝赵顼决定给近世将帅排个名次。他认为狄青从行伍出身到名震中外，实属不易。再加上狄青为人深沉，而且有谋有略，还能够谨小慎微，保全自己的名声，也算有始有终。他对狄青颇为感慨和思念，于是特意让人取来狄青的画像存放在宫中，并亲自为他御制祭文。此外，又派遣使者到他家里，用中牢的礼节来祭祀他。狄青的一生能够得到如此评价，实在是实至名归。

短暂的"庆历新政"

宋与西夏、辽国进行了连年的战争，导致国力疲乏，可怜的百姓也跟着遭殃。然而，为了维持战争的需要，宋朝统治者非但没有收敛，反而加紧了对老百姓的残酷剥削，使人民背上了沉重的负担。如此一来，国内的阶级矛盾便日益激化，人民起义也在不断爆发。当时，北宋朝廷官僚队伍庞大，行政效率低下，人民生活困苦，再加之辽和西夏威胁着北方和西北边疆，国家处于内忧外患之中。

在这样的形势下，仁宗赵祯终于感觉到了统治危机，他清醒地认识到，再也不能因循守旧维持统治了，必须要变法图强。于是，他特别礼遇范仲淹、韩琦和富弼等人，并多次催促他们尽快拿出一个使天下太平的改革方案来。那时候，李元昊以辽国为后援，在宋夏和议中态度表现十分强硬，居然向宋朝要挟"岁赐、割地、不称臣、弛盐禁、至京市易、自立年号、更兀卒为吾祖，巨细凡十一事"，宰相晏殊及两府大臣都厌战，对于西夏提出的一些无理要求，他们总是一副"一切从之"的态度。对于此事，韩琦一直持反对态度。

庆历三年（1043 年）七月，范仲淹呈上《论备御七事奏》，认为当务之急是："一曰清政本，二曰念边计，三曰擢材贤，四曰备河北，五曰固河东，六曰收民心，七曰营洛邑。"紧接着，他又陈述了救弊八事：即选将帅，明按察，丰财利，遏侥幸，进能吏，退不才，谨入官，去冗食。在此期间，韩琦也在努力改善朝政的不良局面。面对北宋中期积贫积弱的国势，他也提出了一些改革措施：整顿吏治、选拔人才。九月，赵祯便召见了范仲淹、富弼二人，给笔札，并责令条奏政事。没过多久，范、富二人就正式提出了十项改革主张，谏官欧阳修等人也纷纷上疏言事。对此，赵祯大都予以采纳，并渐次颁布实施，颁发全国。而这次由范仲淹主持，韩琦、富弼等人积极参与的政治改革，就是历史上有名的"庆历新政"。

同年十月，赵祯又任命张温之为河北都转运按察使、王素为淮南都转运按察使、沈邈为京东转运按察使、施昌言为河东都转运按察使。在选择诸路转运按察使时，范仲淹很是慎重，他先是翻阅班簿，发现不称职的就一笔勾去，不留任何情面。富弼在一旁看着，有点担忧地说："一笔勾下去，就会有一家人痛哭啊。"范仲淹则回答说："一家哭总好过一个地区的百姓哭。"十月二十八，赵祯正式下诏，施行"磨勘新法"。新法实行后，明黜陟，即严明官吏升降制度也见之于行动。十一月十九，朝廷又对恩荫制度作出了新的规定。十一月二十三，朝廷又下任子诏，虽然增加了恩荫的年龄限制和恩荫范围，但对高、中级官僚的子孙及期亲、尊属仍用旧制，没有任何的限制。

一个月以后，范仲淹任参知政事，富弼为枢密副使，开始积极推行各项新政措施。第二年，陕南不幸发生大旱，一大批饥民纷纷加入张海、郭邈山等人领导的农民起义队伍。在如此糟糕的情况下，赵祯立即任命韩琦宣抚陕西。韩琦则被调集西北善于山地作战的官军，迅速镇压了起义。鉴于灾情严重，韩琦还采取了一些果断措施：选派官吏分赴各州县，发放官粮赈济饥民；蠲免各种苛杂的赋役；考察官吏，贤能的提升，庸陋的罢免；将军队中老弱不堪征战者淘汰一万余人，以减少用度。

庆历四年（1044 年）四月，因新政实施后，恩荫减少、磨勘严密，希图侥幸的人深感不便。这样一来，毁谤新政的言论逐渐增多，指责范仲淹等是“朋党”的议论再度兴起。赵祯对“朋党”之论也开始产生怀疑，这时候，范仲淹提出“小人之党、君子之党”予以反击，欧阳修也撰写《朋党论》一文上奏仁宗。对此，赵祯暂时没有给出明确的说法。

同年五月，范仲淹与韩琦上疏仁宗“再议兵屯、修京师外城、密定讨伐之谋”等七事，并奏请扩大相权，由辅臣兼管军事、官吏升迁等事宜，改革广度和深度进一步增加。六月，夏竦令人依照石介的笔迹，诬蔑富弼欲行伊霍之事，私撰废立诏草；赵祯虽不相信，但范仲淹等人惶恐不安，时边事再起，便请求外出巡守。无奈之下，赵祯任命他为陕西、河东宣抚使，仍保有参知政事的头衔。八月，富弼亦以枢密副使离京，出任河北宣抚使。

到庆历五年（1045 年）正月二十八，范仲淹被罢去参知政事，知邠州、兼陕西四路缘边安抚使；同一天，富弼亦被罢去枢密副使，改任京东西路安抚使、知郓州；第二天，杜衍被罢为尚书左丞，出知兖州。韩琦为人爽直，对于军政大事，向来是“必尽言”，他虽为枢密副使，主管军事，但事关中书的事，他也要“指陈其实”，有的同僚不高兴，仁宗赵祯却似乎很了解他，他跟大臣们是这样解释的：“韩琦性直”。对于范仲淹、富弼的贬谪，韩琦挺身而出，据理力争，但依然没有结果。

同年三月，韩琦也因陈述十三条理由，支持尹洙反对修建水洛城（今甘肃庄浪）而被贬出朝，罢枢密副使，以资政殿学士出知扬州。至此，主持庆历新政的主要人物全被逐出朝廷，短暂的“新政”，以失败而告终。

庆历六年（1046 年）六月，被贬出朝廷的范仲淹登上了巴陵郡的岳阳楼。九月，范仲淹奋笔疾书，写下了《岳阳楼记》，将胸中难酬的壮志和爱国的情怀全部融入诗篇之中。

宫廷惊变下立储

当一个政权不能为百姓谋利时，势必会让百姓们产生抵触情绪。在危急关头，皇权交接才是维护赵氏家族统治的最好方法。庆历七年（1047 年）十一月，仁宗赵祯正在因为朝廷内部发生的种种矛盾而烦恼时，贝州（今河北清河）宣毅军又发生了王则领导的起义，这让赵祯更是伤透脑筋。说起王则，他是仁宗时期河北士兵起义的领袖人物。仁宗时期，因为“冗官”“冗兵”“冗费”三冗的出现，使宋朝陷入了政治经济的大危机，也让赵祯有了强烈的危机感。

为了维持战争的需要，也为了维持政治统治的需要，宋朝统治者唯一能想到的解决办法就是加紧对老百姓剥削。如此一来，人民就背上了沉重的负担，而田赋不均更是会引起老百姓的愤怒和不满。面对这样内外交困的形势，赵祯做出了改革的决定。他任命范仲淹为参知政事，进行了所谓的“庆历新政”。但是由于封建顽固势力的反对和赵祯个人的动摇不定，新政改革施行没多久，便以失败而告终，赵祯唯一的希望就这样被破灭了。也正因为新政的失败，加剧了农民阶级与统治者之间的矛盾，被逼之下，各地农民才纷纷团结起来，集体反抗统治者的压迫，王则起义就是在这样的背景下爆发的。

以王则为首的起义发动后，朝野上下为之一震。赵祯在接到消息之后，慨叹地说：“大臣无一人为国了事者，日日上殿何益?”参知政事文彦博主动请缨前去镇压。庆历八年（1048年）正月，赵祯任命文彦博为河北宣抚使，以明镐为副，率领大军围攻贝州。因贝州城峻易守不易攻，宋军攻了许久还是没能拿下。最后在北城急攻，趁起义军不备之际，偷偷在南城挖通地道，随后潜入城内。起义军突围而出，王则、张峦、卜吉等人被俘。可是顽固的起义军不肯就范，仍然坚持作战，直到最后被焚牺牲。战斗结束后，宋朝统治者便把王则、张峦、卜吉等人押解到开封，随后残暴处死。就这样，起义军的领袖们英勇地牺牲了。

王则起义从发动到失败，只有短短的六十五天时间。宋军虽然用很快的速度镇压了这次起义，但也给予朝廷一次沉重的打击。然而在王则起义过后没多久，又发生了一次让赵祯闻风丧胆的宫廷兵变。

庆历八年（1048年）闰正月十八晚，赵祯下了早朝之后，就去了曹皇后的寝宫歇息。半夜时分，崇政侍卫官颜秀、郭逵、王胜和孙利等人，趁着夜深人静之时，杀死了守宫的军校，还夺得了兵器。随后，越过延和殿，直奔赵祯的寝宫。因为动静实在太大了，延和殿的宫女们被眼前的场面吓坏了，一个个叫着喊着往外跑。赵祯正睡得香甜，突然从宫女们的尖叫声中惊醒。他恐慌不安，一骨碌从睡榻上爬起来，急急忙忙披上外衣下榻。他不知道外面究竟发生了什么，他顾不了那么多，着急出门逃避。正在这时候，曹皇后从后面抱住了他，拦住了他的去路。

曹皇后插紧门栓，急呼宫人召侍兵入内，内侍宦官们也被紧急动员起来。颜秀等人见势不妙，于是急忙纵火而撤。毕竟寡不敌众，他们被闻讯赶来的宫卫、宦官当即斩杀。这时，惊恐不已的赵祯才松了口气。之后，他不仅大兴狱事，还命人把宫中临近屋檐的大树统统砍倒，并重新缮治城垣，整修门关。此时的赵祯困扰不堪，感觉即使自己有分身术，也不能在短时间内解决政荒民蔽的问题。然而，更令他心焦的还是皇位继承人的问题。在赵祯三十四岁前，曾有过三个儿子，可是都不幸夭折。其后，虽然生到第十三女，却一直再没有儿子出生。因此，皇嗣成为当时朝廷内外最关注的大事之一。

至和三年（1056 年）五月，知谏院范镇率先奏请皇帝早立太子。在当时的君主制下，立储问题是最为敏感的朝廷大事，即便是宰相也不敢妄议，以免疑忌于君主而身败名裂。因此，范镇的大胆奏议，引得朝廷上下一片轰动。宰相文彦责备范镇事先不与执政商量，范镇说："我做好必死的准备，才敢上奏。与执政商议，若以为不可，我难道终止吗?"那时候，司马光在并州通判任上，也一直鼓励范镇义无反顾，以死相争，并与御史赵抃先后上书支持他奏请。可赵祯只是把范镇先后送呈的十九道奏章交给中书，迟迟不表态，中书宰执也没办法，只得不置可否。不久，朝廷又升任范镇为侍御史知杂事，范镇进言："不用居家待罪百余日，须发尽白。"赵祯被他这句话所感动，流泪请他再等两三年，还指望自己能生龙种，其实他自己也明白，他这个年龄，再生皇子也是不可能的了。

嘉祐三年（1058 年），张尧佐去世，赵祯发牢骚说："台谏官总以为朕用张尧佐，就像唐明皇用杨国忠那样，会招来播迁之祸。朕看也不见得。"站在一旁的户部员外郎唐介接过话头说："陛下一旦有播迁之祸，恐怕还不如唐明皇。明皇还有儿子肃宗兴复社稷，陛下靠谁?"赵祯气得脸色骤变，却无反驳的理由，沉默了半天，才说："立子之事，与韩琦已商量好久了。"当时的韩琦正与富弼并相。他为相以后，用人只据公议，所用之人未必谋面，甚至也不知道是他所荐。他任相不久，就向赵祯进言："应该吸取前代储君不立引起祸乱的教训，选择宗室子弟中的贤能者立为太子。"

嘉祐六年（1061 年）闰八月，知谏院司马光也上了立储札。赵祯让他把奏疏交给中书，司马光不肯，非要皇帝自己宣谕宰相。当天，韩琦知道后让人传言司马光，争取把建言立储的奏札送到中书，否则他作为宰相，欲发此议，无从说起。次月，司马光旧事重提，列举了相关的历史教训。赵祯叫他将所奏立即送至中书。司马光遵旨照办，并对韩琦说："诸公倘若不及时议定大事，有一天，禁中夜半拿出一张纸，说立某人为嗣，那时天下谁也不敢吭声了。"韩琦等宰执同声应道："敢不尽力。"算来因为立储之事，司马光已经先后七次上书。

同年十月初，赵祯召见宰相韩琦等人，并宣读了司马光等人的奏折，然后对韩琦等大臣说："立嗣的事情，朕也是考虑了好久，但一直没有合适的人。"这时，大臣们齐口同声地说："一切由皇上做主。"赵祯又恼火，又无奈，他停顿了半天，才缓缓地说："朕在宫中养了宗室的两个儿子，小的虽然纯洁可爱，但是不甚聪明，那就立大的吧！"韩琦害怕因为立嗣问题，引起宫廷争斗，继续问赵祯说："请圣上指出其名。"不得已之下，赵祯只得立早已养在宫中的宗室之子濮安懿王赵允让的儿子赵宗实为嗣。直到此时，赵祯才将立嗣之事定下来，而赵宗实就是后来的宋英宗赵曙。

嘉祐七年（1062 年）八月初五，赵祯发布诏令，正式立赵宗实为太子。皇子既然已经立下，赵祯头痛的问题终于解决了，他的心情才稍稍有些宽慰。不久之后，赵祯便召辅臣近侍、台谏百官、皇子宗室等游幸龙图阁、天章阁、宝文阁等，还即兴挥毫为书，分别赏赐给一些随从的大臣们。看得出来，在确立了太子之后的那段日子，赵祯过得很是轻松，心情也不错；他每天除了处理那些无聊政务，也会趁着闲暇时间干点自己喜欢的事情。

嘉祐八年（1063 年）三月二十九日晚，赵祯突然发病，后半夜的时候病情加剧。等曹皇后等人赶到的时候，赵祯已经不能说话，仅用手指了指心窝，整个人一副有气无力的样子。当天晚上，赵祯就去世了，终年五十四岁。

第四章 锐意改革，维新派的强国之梦

宋神宗赵顼由于对疲弱的政治深感不满，他即位后便任用王安石主持全面变法，以期振兴北宋王朝，史称“王安石变法”。但由于改革操之过急，不得其法，最终以失败收场，导致北宋再次陷入频繁的党争，帝国根基开始动摇。

养子继嗣，两宫言好

北宋天圣十年（1032 年）正月初三，赵曙在京城宣平坊宅第出生，原名是赵宗实，后改名为赵曙。他的身份十分特殊，他是真宗赵恒之弟商王赵元份的孙子，濮安懿王赵允让的第十三个儿子。

景祐初年，保庆皇太后（真宗杨淑妃）看到仁宗赵祯整天荒于酒色，眼见着他的体质一天天羸弱下去，她开始担心赵祯的身体；如果长此以往下去，仁宗会绝嗣。于是，她劝说赵祯在宗室中选择几个宗子，将他们收养在宫中。赵祯觉得皇太后说得很在理，便同意了她的建议，选了还在幼年的赵曙进宫，并赐名为宗实，养于皇后（曹皇后）之所。皇宫的生活极为优越，活泼机灵的赵曙又深得仁宗皇后曹氏、美人苗氏的喜爱，也为仁宗所宠爱，但年幼的赵曙却时常想念自己的亲生父母，有时还吵着要回家。当时的曹皇后知道自己难孕，便将其姐姐的幼女高滔滔收养在宫中。后来，她还与仁宗商定，等高滔滔长大后，把她婚配给赵曙。当仁宗得知曹皇后不能生育后，便开始慢慢疏远曹皇后。后来，仁宗还将高滔滔送出宫，赵曙也被送回家。可是没过多久，仁宗对出宫后的赵曙时常怀念、询问；不仅对他加封官爵，而且赏赐不绝，只是希望赵曙能够再次回到宫中。

嘉祐四年（1059 年）十一月，赵曙的父亲赵允让不幸病卒。仁宗亲自来府中奠祭，不仅罢朝五日，还赠赵允让太尉、中书令，追封濮王，赐谥安懿。嘉祐六年（1061 年）八月以后，知谏院司马光、殿中侍御史里行陈洙、知江州吕诲等人又陆续上书仁宗：乞早定皇嗣。尤其是司马光和吕诲二人，他们连章固请，语极剀切。仁宗知道逃避不了，于是立即召见宰相韩琦等大臣，谕意立赵曙为嗣，韩琦表示十分赞成。君臣议定之后纷纷退下，只有韩琦留了下来。为什么呢？他曾耳闻朝臣中对立赵曙有异议，心中有点放心不下，复奏仁宗说："此事至大，陛下今夜再细想一下，臣等来日取旨。"

第二天，仁宗便在垂拱殿召见韩琦等人说："昨议之事，朕已决定无疑了，卿等可为赵宗实议授官职。"而此时的赵曙正在为父服丧，当知宗正寺的诏命发布后，赵曙连上四表，固辞不拜，乞求他服丧完毕之后再入宫。对于赵曙的请求，仁宗不知该怎么办，于是召问韩琦。韩琦回答说："陛下既知其贤而择选之，今宗实固辞不拜，正是其器识远大，所以为贤。依臣愚见，不如令其终丧为是。"仁宗这才答应了赵曙的请求。

嘉祐七年（1062 年），赵曙依然居庐守制，终丧期满，仍辞职不就，数次缴还泰州防御使、知宗正寺的告敕。对此，右正言王陶面奏仁宗，认为知宗正寺仅是一般差遣名目，不足以安赵曙的疑虑之心，平朝廷内外奸雄的非分之念。宰相韩琦等人也主张："赵宗实知宗正寺之命既已发布，则外人皆知其必为皇子了，今不若即正其名。"仁宗思考了一番，遂面谕枢密使张昇，令起草诏令。

同年八月，诏下之后，深有疑虑之心的赵曙仍连上数章，称疾固辞，坚不入宫。赵曙的心腹周孟阳忍不住问："您究竟在顾虑什么？"赵曙回答说："非敢邀福，实为避祸。"周孟阳向他解释说："事既已如此，若固辞不拜，万一有人在皇帝面前拨弄是非，难道还能燕安无患吗？"赵曙听到这里，立刻从床上坐起来，说："幸亏周记室指教，我没有考虑到这些。"而在这时，仁宗也正与宰相韩琦等人议论，欲下旨敦促赵曙入宫。之后，仁宗命同判大宗正事赵从古、赵宗谔等人，携带皇子的袭衣、金带、银绢等，谕召赵曙进宫。临行前，赵祯特意叮嘱赵从古："如果赵宗实称疾坚拒，抬也要把他抬进宫。"至此，赵曙不敢再执意抗拒，便与赵从古、赵宗谔一起入宫，拜见了仁宗。

赵曙进宫后，进阶齐州防御使，并封钜鹿公。仁宗看到久违的赵曙，内心有点小激动。他回想起第一次见到赵曙，正是自己与曹皇后在后苑"迎曙亭"游玩之时，因复赐宗实名"曙"。嘉祐八年（1063 年）三月二十九日，仁宗旧病复发，日渐沉重，不久后便离世。四月初一，赵曙顺利继承帝位，是为宋英宗，是北宋的第五位皇帝，也是北宋第一位以宗子身份继承大统的皇帝。

赵曙登基之后，立即提出要循行古制，亮阴三年，并决定由韩琦摄政。然而他的这一决策刚一提出，就遭到了诸大臣和曹皇后的极力反对，他们都认为，古今异宜，不应死守古制。赵曙虽然心中不乐，但也只好作罢。群臣又上奏请求赵曙御前殿听政，赵曙又执意不肯。四月初四傍晚，赵曙因为过度紧张，再加上心中的忧郁，染上了一种疾病。起初，他只是昏迷不醒，继而出现语言错乱、行动乖常等现象。韩琦急召已谪降编管的御医宋安道等人，复入宫侍疾。第二天，又由韩琦力请，尊曹皇后为皇太后，权同处分军政大事。曹太后见赵曙病重不能决政，遂同意暂权且垂帘听政。

曹太后出身贵勋之家，她的祖父曹彬是宋初大臣。仁宗明道初年，她被聘入宫，后被立为皇后。赵曙四岁入宫后，她曾尽心拊鞠，功劳不小。再加上她为人慈俭，涉猎经史，写得一手绝妙帛书，在朝廷中威望颇高。自听政以后，她日阅内外臣僚奏章，并一一记其纲要，十分辛苦。每当大臣奏事，她多援经史故事以做决断，有疑而未决者，则令诸臣复议再定。因此，尽管赵曙久病不朝，幸有太后辅佐，中外歙然。但赵曙患病以后，总是喜怒不定，举措失常。在他身边伺候的人，稍不如意，他就一顿斥责，甚至杖挞相加，人人自危。有的受虐不平，便跑到太后面前告状。尤其是宦官入内都知任守忠，久居内宫，势动中外，在赵曙未立皇子之时，就曾在仁宗面前拨弄是非，阻挠赵曙之立。后来赵曙被立，任守忠知道自己阴谋未逞，不免由失望生怨恨，此时便借赵曙生病之机，千方百计地在曹太后面前行离间之说，荫有废立之意。随后又在赵曙面前，说太后的是是非非，谗构两宫不和，从中渔利。

尽管曹太后为人明达，但也禁不住耳边越来越多的风言风语；再加之赵曙病后，言语举措失常，多次触忤太后。为此，翰林学士王珪还面奏赵曙，乞罢太后权同听政，使曹太后渐生猜疑之心，对赵曙产生不满，最后竟不能容。嘉祐八年（1063 年）十一月，韩琦正在永昭陵主持仁宗葬事，曹太后派内侍送给韩琦一封信，信中列举了赵曙近期所写的歌词和在宫中的乖常之事。韩琦看完来信后，当着来人将书信烧毁，然后急忙返回京城，与参知政事欧阳修等面见太后。曹太后竟在韩琦诸大臣面前痛哭流涕，诉说赵曙的不是之处，表示已无法容忍，要韩琦做主议决。韩琦等人好言相劝，并以利害谏言，太后怨恨之意才稍稍化解。

其实，赵曙自被召进皇宫，到立为皇子、继承帝位，一直深具忧恐、疑虑之心，左右内侍的谗言更使他的疑心加重。再加上疾患未瘳，他越发不能控制自己。他自己也明显感觉到太后对他的不满。反过来，他对太后垂帘听政也逐渐产生怨念，甚至连一些鸡毛蒜皮的小事，他内心也会感到不舒服。有一次，他拒绝喝药，宰相韩琦和太后进宫亲自劝药。没曾想他居然将药水泼出，弄脏了韩琦的衣服。曹太后见状，立即令人拿来衣服让韩琦更换，韩琦辞让不换。这件事之后，赵曙就更加反感太后，他觉得太后这是在收买人心，对付自己。所以，当他的病稍愈以后，诸大臣反复上表请临朝听政，他则一直坚卧不出。

后来，勉强有一次他出御紫宸殿，接见众臣，但对诸臣所奏政事，多默然不置可否，仍由大臣奏覆太后裁决。然而，两宫的不和睦，使得朝臣上下惊恐不安，京城内外也开始不断有谣言流传。知谏院司马光、吕诲等人数次上书太后和赵曙，开陈大义，言辞恳切。随后，翰林侍讲学士刘敞等人又借进讲之机，以古喻今，以讽为谏，开导赵曙。韩琦也以“孝道”相劝，使赵曙逐渐有所感悟，开始改变对曹太后的态度。

第二年（1064年）正月，改元“治平”。赵曙始昏定晨省，奉事太后。四月，赵曙又亲率百官祈雨于相国寺、天清寺和醴泉观，朝迁内外的种种猜测和谣传，才渐为平息。为彻底消除赵曙的疑忌之心，和睦两宫关系，韩琦又向赵曙提出，欲请太后撤帘还政。赵曙顾忌曹太后的面子，不予准许，韩琦则决计出面为赵曙解难。五月十三日这天，韩琦选取十余件军国要事，禀奏赵曙裁决。赵曙伏案挥笔，顷刻便处分完毕。随后，韩琦去见曹太后，条奏赵曙所裁决的十余事，请太后覆阅，每事都得太后亲口称善。等奏事完毕，韩琦又向太后提出告老求退之意。太后说：“当今朝政，不可一日缺相公，相公怎么能求退。吾已年老，理应闲居深宫，却每日在此，等老身先退了再说吧。”趁此，韩琦列举了一些前代称贤的母后，然后又立即转移话题，说：“今太后若能撤帘还政，诸贤后所不及。”还没等太后回话，他又继续说：“台谏前日也有章疏乞求太后还政，不知太后何日撤帘？”太后闻听韩琦之言，突然站起。韩琦遂高声命令左右人说：“太后已令撤帘，何不赶快遵行。”随即走出仪鸾司内侍，把帘帷撤下。

从此，赵曙开始每天在前后殿独决政事。为照顾曹太后的心情，他下诏：“今后皇太后的命令称‘圣旨’，出入仪卫按真宗刘皇后时的规格，太皇所须物品，有司见太后的圣旨后，即时供应。”曹太后所居的宫殿也命名为“慈寿宫”。然而曹太后撤帘还政以后，两宫间的隔阂并未完全消除。太后虽然撤帘，决定不再预政，但还有皇帝的符玺印宝留在后宫。直到八月，知谏院司马光和吕诲二人率先上奏，联名弹劾内侍任守忠"离间两宫，擅取库宝，为国之大贼，民之巨蠹"。随后，司马光又更列其十大罪状，乞斩之于都市，明示四方。

赵曙看完罪状后，同意了司马光、吕诲所言，欲责任守忠之罪。在未及议贬之时，宰相韩琦害怕夜长梦多，遂在政事堂与参知政事欧阳修、赵概等执政大臣，共同签发了一道空头敕令，即日便将任守忠黜放蕲州（今湖北蕲春）。紧接着，又把其余党史昭锡等人一律斥出，贬黜流放。此后，司马光等人再上疏劝谏赵曙恩遇太后，希望他们能够重归于好。对于大臣们的劝说，赵曙终于听进去了。他遂借进问曹太后起居之机，自陈病时昏乱，得罪慈躬，请求曹太后的宽宥。曹太后看到赵曙一副诚恳的样子，心中的怨气和不满自然也烟消云散了。自此，太后和皇帝的恩怨才算真正消除。

"濮议"论战：追赠生父名分

英宗赵曙亲政仅仅半个月，当朝宰相韩琦等人便有点按捺不住了。有一次早朝期间，韩琦带头启奏，他向赵曙提议，请求"有关部门"讨论赵曙生父的名分问题。那时候，仁宗赵祯去世已有十四个月之久。赵曙批示，等过了仁宗大祥再议，也就是等到满二十四个月再说。很显然，这是赵曙在找借口逃避，为了减少追封的阻力，他只能暂时做出这样的姿态。治平二年（1065 年）四月初九，韩琦等人再次提出这一议题。这一回，赵曙实在找不到推辞的借口了。于是，赵曙出诏将议案送至太常礼院，递交两制以上官员讨论，由此引发了一场持续十八个月的论战，这就是北宋史上有名的"濮议"论战。

然而却出现了意想不到结果：以王珪为首的两制认为，濮王与仁宗是兄弟，赵曙应称其为皇伯；而以韩琦、欧阳修为首的宰执们则认为，赵曙应称其为皇考。争论不休之际，他们只好请求英宗将这两种方案都提交百官讨论，然后再看结果。赵曙和宰执们原以为，大臣中一定会有大多数人迎合他们的意图。谁料想情况却恰恰相反，百官对此事的反应极其强烈，居然有大多人都赞同两制官员的提案。一时间，议论纷纷、各抒已见。就在这时，曹太后突然闻讯赶来，亲自起草了诏书，并严厉地指责了韩琦等人，她也认为应当称濮王为皇伯。赵曙预感到形势的发展于己不利，于是不得不决定暂缓讨论此事，等曹太后回心转意再说。

经过长时间的争论，赵曙和韩琦等人也逐渐意识到，要想取得这场论战的胜利，曹太后的态度最为关键。他们只有争取曹太后改变态度，釜底抽薪，才能给两制和百官以致命一击，才能让他们心服口服。商议之后，赵曙等人决定从曹太后入手。治平三年（1066 年），中书大臣共同议事于垂拱殿，只有韩琦一人缺席。当时的韩琦正在家中祭祀，赵曙便特意将其召来商议。当时即议定濮王称皇考，并由欧阳修亲笔写了两份诏书，一份交给了皇上。到中午时分，曹太后派出一名宦官，将一份封好的文书送至中书，韩琦、欧阳修等人立即打开文书看，看完之后他们相视而笑，然后还点了点头，表示很满意的样子。原来这份文书正是欧阳修起草的诏书，不过是多了曹太后的签押。这究竟是怎么一回事呢？为什么曹太后会突然不顾朝廷礼仪和群臣的反对，同意赵曙称他的生父为皇考，实在令人费解。

这件事之后，宫中便有了诸多传言。有人说，这一关键性的诏书乃是曹太后前日酒后误签。次日，太后酒醒后才知诏书的具体内容，但后悔已经来不及了。还有人说，曹太后手诏的出台，是大臣韩琦、欧阳修等人交结曹太后身边的宦官，最终说服了曹太后。但无论如何，白纸黑字写得明明白白，曹太后也不好抵赖。不管曹太后的诏书是酒后误签，还是真的情愿，在赵曙看来这些都不重要，只要结果合他的心意，他就十分乐意。

当赵曙得知曹太后在诏书上批注了，便立刻下诏停止官员再继续讨论此事。毫无置疑，这件事之后，引得不少官员的不满，尤其是两制官员。为了能够尽快平息百官的情绪，赵曙又将宰执们召来商量对策，以稳定时局。韩琦对赵曙只说了一句："臣等是奸是邪，陛下自然知道。"说完便垂手不语。而欧阳修呢？也明确地表达了自己的观点："御史既然认为其与臣等难以并立，陛下若认为臣等有罪，即当留御史；若以为臣等无罪，则取圣旨。"这让赵曙着实为难，他考虑再三，最后还是同意了欧阳修等人的意见，将吕诲等三名御史贬出京师。赵曙心中也明白，其实这三个人属于无过受罚，他有点过意不去。为了让自己安心一些，他特意对左右人说："不宜责之太重。"

与此同时，赵曙还宣布，濮安懿王称亲，以茔为园，即园立庙。赵曙的这项决定，遭到了朝臣的坚决抵制，包括司马光在内的台谏官员也都全部自请同贬，就连赵曙在濮邸时的幕僚王猎、蔡抗也都执意反对称亲之举，这是赵曙做梦也没想到的；但是他顾不了那么多，只能顺势发展。赵曙在严厉处分吕诲等人的同时，又不得不拉拢反对派主要人物王珪，并许以执政职位。可以说，为了追赠生父死后的名分，赵曙真是绞尽了脑汁，用了各种手段，耗费了整整十八个月的光阴，才最终达到目标。或许赵曙笃孝的品行，就是以这种奇特的方式体现出来的。

其实，说起"濮议"论战，它并非单纯的礼法之争。先说司马光等臣僚，他们坚持濮王只能称皇伯，是希望赵曙能以此收天下人心，进一步维护统治集团内部的团结。再来说韩琦、欧阳修等掌握实权的宰执们，他们考虑的不一样，他们考虑得更现实。因为他们深知，仁宗已死，曹太后已无能为力。因此，他们要一心一意拥戴赵曙，毕竟赵曙才是皇权的现实代表，才是北宋朝未来的希望。

英宗病榻立储

在尊崇濮王的不休争论中，英宗赵曙也真是操碎了心。为了保全韩琦、欧阳修等几位心腹大臣，赵曙居然不惜得罪百官，甚至牺牲台谏官。赵曙的这一系列举动都表现出对韩琦、欧阳修等人的极大信任与重用。当然，赵曙为他们做的这些都没白做，韩、欧等人都看在眼里，记在心里。为此，他们更感恩图报，尽职尽责，只想一心一意辅佐赵曙。

在诸宰辅中，韩琦的威望最高。因为在仁宗时期，他就因与范仲淹共同抗击西夏，又一起变法革新，被时人称为“韩范”；到了仁宗晚年，他又与富弼共掌枢府，决大策，安社稷，号为贤相，又被人称为“韩富”。后来，富弼以母忧去位。而等到英宗赵曙即位后，特意起复富弼为枢密使。参知政事欧阳修，长于文学；参政赵概，巧于谏诤；枢密使张昪，通于治术。当时的赵曙虽长时间病不视朝，又与曹太后有点小矛盾，多亏以上诸大臣的精心辅佐，政得以安。等到他病愈之后，雄心勃勃的他开始力谋天下大治，因此改元“治平”。

治平元年（1064 年）五月，赵曙借着早朝之际，向诸大臣征求施政意见，他说：“先朝以来，积弊甚众，何以裁救？”话音刚落，富弼便立即站出来说：“鉴于仁宗庆历改革失败的教训，我建议采取稳妥步骤，逐渐厘革，以‘宽治’为本。”这时候，枢密副使吴奎说：“古来圣人治国固以为宽，但不可宽无节制。”随后，赵曙又向端明殿学士张方平询问“治道”之要，张方平对以“简、易、诚、明”四字。赵曙听后大以为然，特擢张方平为翰林学士承旨。赵曙又继续问道：“唐明皇治致太平，末年又何以至此？”富弼应对说：“明皇初平内乱，励精求治，委政得人，所以治安；末年任非其人，遂致祸乱。人主惟在择贤而用，决不可让奸人当国事”。韩琦也提出了以“进退贤愚为先务”的施政方针，赵曙都一一采纳。

赵曙起用了在仁宗朝时因勇于谏诤、不避权贵而获直声的唐介为御史中丞，以示虚怀纳谏。有升有贬，赵曙又以御史知杂事龚鼎臣任谏职少有建白，贬其为外官。据说，工部侍郎吕公弼在仁宗时期就曾权任三司使。有一次，仁宗赵祯赐赵曙诸王马匹，吕公弼受命主持此事。因赵曙所得赐马不是很满意，于是派家人前去请求吕公弼更换，没想到吕公弼这个人秉公办事，不予更换。之后，赵曙便知道此人耿直，是个可用之才。治平二年（1065 年）二月，赵曙特擢吕公弼为三司使，寻迁枢密副使。同年七月，富弼以疾辞政，赵曙便起用先朝大臣文彦博为枢密使，同时也起用了王安石等新派人物。

正当赵曙力谋宏图，致力于天下治平之际，西夏又趁机加紧了对宋朝的入侵。如此一来，赵曙不得不再谋国防，抵抗西夏的入侵。嘉祐八年（1063 年），仁宗赵祯去世后，西夏毅宗李谅祚（夏景宗李元昊之子）派遣使者来宋朝吊慰，始改赵姓为李。很显然，他们这是在向宋朝示威。赵曙一气之下回书质问李谅祚，令守旧约。继之，李谅祚复派使臣吴宗入贺赵曙即位。在礼仪上，吴宗与宋方引伴使高宜因为一件微乎其微的事情发生了争吵。赵曙忍无可忍，于是再次回书指责李谅祚妄启事端。不料，李谅祚却以此为借口，说宋朝对他们的态度过于恶劣，于是发兵七万，侵掠泾原、秦风两路诸州（今甘肃、宁夏、陕西交界地区），驱掳熟户，劫杀宋边寨弓箭手，掠去牲畜数以万计。

刚开始的时候，对于西夏的入侵，赵曙只是派使者责问。后来，当赵曙意识到这是李谅祚在故意制造事端时，觉得不应该再忍让下去了。于是，他采纳了韩琦的建议，籍刺陕西之民为义勇军十五万人，以为守边。之后，又任命欧阳修举荐的前任环庆路将领高沔为河中府知府，担负御夏之责。从此，赵曙便以为可高枕无忧了。这时候，司马光出现了，他上书说："朝廷深谋远虑，广采御敌之策，精选备将领以御侵侮。"但是，他的建议并没有引起赵曙的重视。此后，西夏不断发动小规模入侵，西界边臣请求朝廷增兵，部署反击。赵曙则认为边兵已为数不少，仍不以边患为忧。

没曾想西夏军竟然没完没了，小入侵接连不断。或许次数多了，西夏军觉得人数少不够过瘾，于是在治平三年（1066 年）九月的时候，对宋朝发动了大规模的入侵。李谅祚亲自率大军东下，先是围攻大顺城（今甘肃华池东北），接着又入侵柔远寨（今甘肃华池），还烧毁了沿边的村寨。这下赵曙知道大事不好，不能继续放纵下去了。于是，他急召两府大臣，询问退敌之策。宰相韩琦提出："停其'岁赐'，遣使责问。"赵曙采纳了这一建议。而这时的李谅祚正率军攻打顺城，但久攻不下，身中流矢。他担心久战损耗过大，又担心宋朝果真停止"岁赐"，他们就会得不偿失。于是，他们在宋朝边地大肆掳掠，抢得大批粮食、牲畜之后，主动选择了退兵。随后，又派使者向赵曙上表说："受赐累朝，不敢渝盟，此次兵争，不过是边吏擅启事端。"对于李谅祚的花花肠子，赵曙心知肚明，但也不想再追究什么，也顺水推舟，回书谕令李谅祚说："今后严戒边上酋长，各守封疆，不得点集人马，辄相侵犯。"或许正是赵曙软弱的对外政策，为他的子孙留下了更大的隐患。

外侮未除，内忧踵至。自仁宗朝以来，就出现了内外因循、惰职贪官的现象，久而久之形成冗官的局面。赵曙继位以来，虽然力革积弊，但并没有采取切实可行的有力措施。相反，赵曙对达官贵戚奏荐恩泽，日无所止，更出现了一官之阙、三人竞逐的情形；再加之抵御西夏，增置军额，岁费益多。因此，仁宗朝以来的冗兵、冗费局面在英宗朝非得没有改观，反而日渐加重。特别是从治平初年，赵曙为了修治黄河，所役河夫数众，耽误农时农种，已经引起沿河诸路人民的强烈不满。之后，他又大兴土木，重修京城内宫殿阁门，建造皇子宫，规模侈大，务极壮丽，致使徭役频仍，搜刮愈重。一时间人民嗟怨，变乱丛生。对当时皇亲国戚的奢侈、靡烂，赵曙也曾感气愤，也想惩治一番，但是在贵族豪强势力的反对下，他毫无措置之举。

外困内忧，让赵曙不堪应付，甚至有点手足无措。治平三年（1066年）十月，内心脆弱的赵曙终于承受不住这样大的压力，旧病复发，卧床不起，日渐沉重。其实自赵曙病后，赵顼便作为继嗣人选，已为韩琦诸大臣所属意，但赵颢、赵頵也是帝位的有力竞争者。赵曙出于对自己生病的忌讳，他认为自己年纪还不大，所以对大臣奏立皇太子一事极为反感。有一天，宰相韩琦来看望赵曙，探望完之后，赵顼送韩琦等至门外。赵顼满怀忧虑地问韩琦："现在我该怎么办?"韩琦放低了语气，嘱咐赵顼说："愿大王尽心服侍皇上，朝夕莫离左右。"赵顼听后恍然大悟，点头应允。

治平三年（1066年）十一月初八，赵曙再次生病，同年十一月二十一，韩琦率领众臣探望赵曙，只见赵曙面容憔悴，虽凭几危坐，却已是困惫难支，于是大胆进奏说："陛下久不视朝，中外忧恐，宜早立皇太子，藉安众心。"还没等赵曙有所表示，韩琦就已经把笔纸递了过去。无奈之下，赵曙点了点头。韩琦又说："既然陛下圣意已决，请早下手诏，指日行立储礼。"赵曙接过纸笔，用颤抖的手，在纸上歪扭地写下了"立大王为皇太子"几个字。韩琦见状，继续进奏说："陛下是欲立颍王了，还请陛下写明白。"赵曙便再写"颍王顼"三字于后。随后，韩琦便召翰林学士承旨张方平草拟诏制，然后一班人退下。

到十二月，赵曙的病情更加严重。从他得病那天起，他失去了说话的能力。因此，每每有军政大事需他裁决时，都得用笔书写在纸上。

治平四年（1067 年）正月初，韩琦率诸臣进宫恭上尊号，又入福宁殿朝贺，但赵曙一直没有露面。群臣只是对着威严的帝王御座拜，随后依次退出。正月初八，赵曙驾崩。

赵曙虽然有一定的政治才能，却因病英年早逝，享年三十六岁。他在位五年，空有一番抱负而无从施展。不过，这却给他的儿子赵顼留下了机会与挑战。

授命继位的神宗

赵顼，初名赵仲针，是宋英宗赵曙的长子。他的母亲是宣仁圣烈皇后高滔滔，也就是仁宗曹皇后姐姐的女儿，后来垂帘听政的高太后。庆历八年（1048 年）四月，赵顼出生在濮安懿王宫邸睦亲宅。嘉祐八年（1063 年），为了陪伴英宗赵曙，赵顼才入居庆宁宫。之后他受封光国公，后来他又加任同中书门下平章事，受封淮阳郡王。治平元年（1064 年），他进封颍王。治平三年（1066 年），他被正式立为皇太子。

少年时代的赵顼，不仅十分好学，还关心天下大事。他一读起书来总是废寝忘食，要不是家里人的提醒和催促，他完全可以在书中泡一天，做到一天不吃饭、不挪窝。然而正因为他爱好读书，小小年纪就已经读过好多书。与同龄的孩子比起来，他懂得的实在太多了。他不仅懂得变通古今的道理，甚至能将它们应用到实际中去。据说赵顼小时候上课时，一直都是一副正襟危坐、谦恭有礼的姿态。即使是夏天，他也从不叫人替他挥扇，任由汗流浃背，他仍能够专心致志地读书。他博学多识，在老师讲课时，他经常会出乎意料地向老师提问。有时候，他提的问题就连那些讲官都答不上来。当时有个叫苏子容的讲官就曾说过：“我每次进讲时，未有不出汗的。”

随着年龄的增长，赵顼对一些世事开始有了更多的了解，更深的认识。他深知自己的国家已经衰弱不振，而且趋势越来越不好。对于西夏和辽国的屡次入侵，宋朝总是一再地退让和妥协。所以，在他心中早就萌生了要扭转这种局面的想法。他认为，他的国家需要及时挽救，而不能再继续萧条下去了。有一次，他在宫廷中披挂上全副的盔甲去拜见祖母曹太后。他认真地说：“娘娘，我穿着这身盔甲好不好？我要穿这身盔甲上战场，为我们大宋拓疆开土。”曹太后被他的这一举动逗乐了，点头表示同意了。赵顼的祖母曹太后是一个颇有见识的女子，虽然他的父亲英宗与继祖母曹太后的关系一直不是很好，但是他们祖孙二人却相处得十分融洽。赵顼继位以后，与曹太后的关系仍然十分亲密，他十分尊重曹太后，许多重要的决策在下达前都会先征询她的意见，然后再颁布出去。

治平四年（1067 年）正月，在英宗赵曙刚刚晏驾的时候，左右大臣急忙派人去急召已被立为皇太子的赵顼进宫，准备随时继承皇位。但是，在赵顼还没有进宫之时，英宗赵曙的双手突然又动了一下，好像还活着，在场的大臣们看到这一幕，内心都十分害怕。就在这时候，守在灵旁的曾公亮（时任集贤殿大学士、参知政事、枢密使、同中书门下平章事）担心英宗还活着，连忙告知宰相韩琦说：“皇上好像还活着，这如何是好，赶快派人阻止太子进宫。”然而在这个紧要的关头，韩琦一心一意以社稷为重，果断地拒绝了大臣的建议，他十分冷静地说：“若先帝复生，即为太上皇，不得阻止太子入宫。”

而当时身为太子的赵顼正在书房认真读书，突然接到朝廷急召，预感到有什么重大的事情要发生。他急忙收拾好行装，出发之前，他急匆匆地对东宫的仆人说：“一定谨守我的门户，如果皇上有了适当的皇位继承人，我还是要回来的。”太子赵顼入宫之后，在韩琦等人的拥护下，立即登上了皇位，是为宋神宗，成为北宋的第六位皇帝，开创了宋朝的变法时代。次年，赵顼改元“熙宁”。

元丰二年（1079 年）十月，曹太后病重，赵顼不放心她身边的侍女伺候，决定亲自照料和侍奉祖母。接连十几天，赵顼都衣不解带，没睡过一个囫囵觉，深怕因为自己的一丝懈怠，耽误了曹太后的病情，后悔都来不及。曹太后看到自己的孙子对她如此体贴，又感动又心疼。可是，曹太后最终还是没能痊愈。曹太后去世后，赵顼悲痛欲绝，整天茶不思饭不想，整个人跟丢了魂一样。要知道，这种亲情在当时那个尔虞我诈、血雨腥风的封建宫廷中，是极为少见的。然而也正是这种亲情，在一定程度上束缚了赵顼的手脚。因此，在后来变法的过程中，来自后宫的压力对他更具影响力。但因为赵顼一直以来都保持好学、谦逊、孝顺的态度，也的确具备英明君主所应有的素质，再加上他又是嫡长子，所以大臣们都一致认为，他是皇位的最佳继承人。

富国强兵，王安石变法

赵顼继位之时，北宋的统治面临一系列的危机：军费开支庞大，官僚机构臃肿而政费繁多，再加上每年赠送给辽国和西夏的大量岁币，使北宋的财政年年亏空。据说，当时宋朝的财政亏额已达到一千七百五十余万，这真是一个惊人的数字。在如此严峻的形势下，由于豪强兼并、高利贷盘剥和赋税徭役的日益加重，逼迫广大农民试图反抗，屡次发动暴乱。在这内外忧患、财政困乏之际，赵顼开始对宋太祖、宋太宗皇帝所制定的“祖宗之法”产生了怀疑，他觉得是时候打破这个旧规了。

其实，年轻的赵顼在很早时就有了打破传统的理想，他坚信：变法是缓解危机的唯一办法。为了实现富国强兵，缓和阶级矛盾，挽救封建统治的危机，他开始行动了。他不治宫室，不事游幸，废去元老，正式起用王安石主持变法。在王安石的精心辅助下，开始了这场两宋历史上空前绝后的大变法。这一变法在政治、经济、军事等方面进行了诸多改革，对赵宋王朝产生了巨大的影响。

说起王安石，当时的人们无人不知、无人不晓。他是临川人，所以世人都称他临川先生。庆历二年（1042 年），二十二岁的王安石顺利考中进士，历任江苏、浙江、安徽等地的地方官。任职期间，他体察民间疾苦，了解社会情绪，这就为他日后的改革积累了丰富的经验。因为他在文学方面造诣很深厚，与韩愈、柳宗元、苏轼等人并称“唐宋八大家”。当时文坛界的领袖人物欧阳修曾赞叹王安石：“翰林风月三千首，吏部文章二百年。老去自怜心尚在，后来谁与子争先。”意思就是说，后来人是无法超越王安石的文学成就的，评价之高，不难想见。

每每提及对仕途的规划，王安石总与别人不一样。在当时，绝大多数官员为了做京官，争得头破血流、你死我活，而他却屡次推掉进京升官的机会，偏偏选择在小地方任职，而且一干就是二十年之久。为此，人们困惑不解，都认为他是一个怪人，实在猜不透他脑子里在想些什么。在此期间，也有许多人举荐他，都被他以各种借口拒绝了；就连欧阳修、文彦博这样的朝廷大员，也都替他惋惜，三番五次劝说他出任京职，都被他一一拒绝。

嘉祐三年（1058 年）十月，在多次推辞无效的情况下，王安石被调到了京城，担任三司度支判官。他任职没多久，就取得了突出的政绩。朝廷为了嘉奖他，在嘉祐五年（1060 年）时，又任命王安石为同修起居注。这一官职是清要之职，晋升的机会很大，引得其他官员的嫉妒和羡慕，但王安石还是多次推辞，总是不肯受命。最后，朝廷实在没有办法，便派人把委任状亲自送到王安石府中。可是王安石竟然躲进厕所中，就是不肯接状。朝廷一再下令，王安石才被迫接受这一官职。

任职地方官这么多年，王安石对北宋的社会问题早已心中有数，政治上也逐渐成熟起来。在京任职期间，王安石趁着空暇时间，将自己多年来的想法撰写成了一篇长文章，文章名叫《万言书》。在这份《万言书》中，他明确指出了宋王朝内部潜伏着的诸多矛盾与危机，并针对这些问题提出了改革的具体意见和办法，希望能够扭转积贫积弱的局面。对于王安石来说，这篇“万言书”不仅是他个人的政治立场和见解的高度概括，也是此后指导变法的总路线，对宋代政治经济文化产生深刻的影响。但是，当仁宗赵祯阅读完这份万言书时，并没有很上心。其他执政大臣们也只好得过且过，没有提出任何建设性的意见。

嘉祐八年（1063 年），王安石的母亲因病去世，于是他借机离开了京城，回到家乡为母守孝。在此后的四年里，王安石在金陵兴办书院，开始收徒讲学，陆佃、龚原、李定、蔡卞等人都是王安石所收的弟子；这就为后来变法培养了一批人才，也为变法做了舆论上的准备。虽然王安石当年所上交的《万言书》没有引起仁宗的重视，要求改革的愿望也未能实现，但他从不灰心和气馁，他相信总有一天他的愿望会实现。果不其然，他的《万言书》受到一些主张改革士大夫的广泛关注，他因此成为这一群体的代表性人物。士大夫们都把变法图强的希望寄托在他的身上，一时间天下公论：“金陵王安石不做执政大臣，是王安石的不幸，也是朝廷的不幸。”一时间，朝野上下舆论纷纷扬扬，王安石的身价倍增，很快成为了妇孺皆知的名人。

据说，王安石是一个十分执拗的人，人们称他为“拗相公”。他一门心思都在治学，对自己的个人形象，他从来不管不顾，人们每次看到他时都是一副蓬头垢面的样子，有人劝他说应该注意下自己的形象了，但他只是笑笑，下次见他时依然是那样。仁宗赵祯在世时，有一天宴请朝中大臣，宴会结束后大臣们聚在一起钓鱼。那天，其他大臣们都坐在池塘边认真钓鱼。然而王安石对钓鱼没什么兴趣，专注思考其他事情，竟然把盘子里的鱼饵当成吃的吃了个精光。仁宗看到这一幕，认为误食一粒鱼饵可以理解，但是把整盘鱼饵都吃光，实在不合常理。于是他断定王安石是个奸诈之人，对他没了好感，所以在仁宗朝时，王安石没有被重用过。不知道这是宋朝的悲哀，还是王安石自己的不幸。

到神宗时，王安石才赶上了一个得以施展其才华的时机，他意图改革的想法才被正式提上日程。其实在仁宗朝时，赵顼就对王安石倾慕已久。在赵顼继位之前，就已经认真阅读过王安石写的那篇《万言书》，对于王安石的独到见解，他表示非常赞赏。当时，赵顼身边的亲信韩维也是王安石的崇拜者。每次给赵顼讲解史书时，赵顼都称好，韩维就说："这不是我的观点，而是我的朋友王安石的见解。"虽然赵顼从来没有见过王安石本人，也不知道他到底长什么样，但是王安石在他心目中的形象已是非常高大、完美。

赵顼继位后，先是任命王安石为知江宁府；几个月之后，又召他为翰林学士兼侍讲；随后，王安石入京受命。赵顼一听王安石来京，异常兴奋，马上召其进宫。赵顼与王安石第一次见面，就觉得十分投缘。他们客套了一番，就立即开始商讨国事。赵顼在听取了王安石有关政治、财政、经济以及军事上的改革谋略之后，深感王安石就是能与自己成就大业的那个人才。而王安石也被赵顼励精图治、富国强兵的远大抱负所折服。就这样，君臣二人为了共同的理想和信念走到了一起。不可否认，赵顼的改革理想之所以在继位之初就能付诸实施，与王安石的支持有着密切的关系。

熙宁元年（1068 年），继位没多久的赵顼特意召王安石进宫，询问道："当今治国之道，当以何为先？"王安石回答说："以择术为始。"熙宁二年（1069 年），赵顼又询问王安石："不知卿所施设，以何为先？"王安石回答说："变风俗，立法度，方今所急也。凡欲美风俗，在长君子，消小人，以礼义廉耻由君子出故也。”同年二月，赵顼任命王安石为参知政事，主要负责变法的相关事宜，正式推行新法，并采取了一系列的改革措施。就在这时，翰林学士范镇认为实行“青苗法”是变富人之多取而少取之，然“少取与多取，犹五十步与百步”。七八月间，范纯仁上书皇上，公开指责王安石“掊克财利”，舍“尧舜知人安民之道”。御史中丞吕诲也上书弹劾王安石巧诈，说他：“置诸宰辅，天下必受其祸。”对于这些风言风语，赵顼只当没听见。

有一次，赵顼和文彦博一起讨论变法之事。赵顼说：“更张法制，于士大夫诚多不悦，然与百姓何所不便?”文彦博说：“为与士大夫治天下，非与百姓治天下。”第二年，司马光给王安石写了三封长信——《与（王）介甫书》责难王安石“财利不以委三司而自治之，更立制置三司条例司”“又置提举常平广惠仓使者”“今介甫为政，尽变更祖宗旧法，先者后之，上者下之，右者左之，成者毁灭之，弃者取之，矻矻焉穷日力，继之以夜不得息”“今介甫为政，首建制置条例司，大讲财利之事，又命薛向行均输法于江，淮，欲尽夺商贾之利，又分遣使者散青苗钱于天下而收其息，使人愁痛，父子不相见，兄弟妻子离散”“或所见小异，微言新令之便者，介甫辄艴然加怒，或诟骂以辱之，或言于上而逐之，不待其辞之毕也。明主宽容如此，而介甫拒谏乃尔，无乃不足于恕乎”。同时，司马光还列举了实施新法“侵官”“生事”“征利”“拒谏”“致怨”等种种弊端，要求王安石废弃新法，恢复旧制。

王安石认真阅读完司马光的书信之后，写了《答司马谏议书》回复：“如君实责我以在位久，未能助上大有为，以膏泽斯民，则某知罪矣，如曰今日当一切不事事，守前所为而已，则非某之所敢知。”后来，他们二人因为变法的事闹得很不愉快，甚至到了决裂的地步。为了赌这一口气，司马光还跟皇帝提出辞职，理由是要隐居洛阳专心编纂《资治通鉴》一书。赵顼左右为难，但内心还是更倾向于王安石的变法，犹豫一番，最后还是选择同意司马光辞官。

按照常理，遭到这么多人的指指点点，心理素质再好的人也会有点挺不下去，忍不住会选择放弃。然而王安石在朝议纷纷面前，依旧冷静沉着、不为所动，还提出了“天变不足惧，人言不足恤，祖宗之法不足守”的口号。赵顼对王安石也表示十分支持，说：“人臣但能言道德，而不以功名之实，亦无补于事。”主张道德与功名并重，反对守旧派空言道德、在政治上无所作为的做法。在两派争议中，赵顼还先后罢退了一批对变法持否定意见的官员：比如御史中丞吕公著“以请罢新法出颍州”“御史刘述、刘琦、钱锣、孙昌龄、王子韶、程颢、张戬、陈襄、陈荐、谢景温、杨绘、刘挚，谏官范纯仁、李常、孙觉、杨宗愈皆不得言，相继去”“翰林学士范镇三疏言青苗，夺职致仕”，欧阳修乞致仕，“乃听之”“富弼以格青苗解使相”，文彦博言市易与下争利，“出彦博守魏”。

熙宁三年（1070 年），赵顼又擢升王安石为同中书门下平章事，位同宰相，让王安石拥有了更大的权力。于是，农田、水利、青苗、均输、保甲、免役、市易、保马、方田等新法也先后颁行天下，变法进入了高潮阶段。为了及时有效地制定和推行新法，赵顼还特命设置了“制置三司条例司”，即制定户部、度支、盐铁三司条例的专门机构，并由王安石和知枢密院事陈升之来主持。在这个机构中，赵顼听从王安石的举荐，还起用了吕惠卿、章敦、蔡确、曾布、吕嘉问、沈括、薛向等一批新人。

从表面看来，新法的队伍在一天天壮大，其实不然。新法虽然得到赵顼的鼎力支持，但实行起来却是举步维艰。因为新法在多方面触犯了享有特权的大官僚、大地主、大商人的利益。因此，这次改革从一开始就遭到人们强烈的不满和反对，而且这股反对力量的背后还有太皇太后、皇太后和神宗皇后的撑腰。同时，由于新法本身也存在许多缺点，所以也遭到了一些正直大臣的反对，比如苏辙、韩琦、司马光等人也都站在了反对的行列。这时候，赵顼的心也开始动摇起来。对于保守大臣们反对新法一事，王安石早有思想准备，但是改革派内部的分裂，是王安石从未想过的，所以给他的打击最大。赵顼也不像前几年那样事事都听从王安石，有时甚至不重视他的意见。赵顼态度的大转变，让王安石忍不住感慨道："天下事像煮汤，下一把火，接着又泼一勺水，哪还有烧开的时候呢？"

熙宁九年（1076 年）春，因为身体的原因，王安石屡次要求辞职，赵顼一直没做回复。到六月的时候，王安石的儿子英年早逝，为此他伤心欲绝，精神上也受到了极大的刺激。那时的他已经无法集中精力过问任何政事。看到王安石整天一副失魂落魄的样子，实在不适合继续在京为官。赵顼同意了王安石辞去相位，出判江宁府。到了第二年，王安石病情加重，又辞去了江宁府的官衔。从那以后，王安石再也没有回朝。

王安石第二次罢相后的第二年，赵顼改年号为"元丰"。从幕后走到前台，亲自主持变法。然而，变法依旧伴随着反对的声音。没有了王安石的支持，赵顼内心着实没有之前踏实了；他要独自面临巨大的压力，心中不免有些担心。他决定实行更为强硬的手段来推行新法，严惩那些反对变法的官员。经过他的不断努力，宋朝基本建立起了更有利于君主专制的中央集权制，其基本制度一直实行到宋朝末年一直没有再进行大变动。

苏轼与"乌台诗案"

熙宁九年（1076 年）十月，王安石变法受挫，变法动向发生逆转。一些投机新法的分子，开始结党营私，倾轧报复。于是，耿直敢言的苏轼便成为了官僚们政治倾轧的牺牲品。

苏轼，号东坡居士，世称苏东坡、苏仙。他出生于眉州眉山（今属四川省眉山市），祖籍河北栾城，是初唐大臣苏味道之后。苏轼的祖父是苏序，祖母是史氏。苏轼的父亲苏洵，就是《三字经》里提到的“二十七，始发奋”的“苏老泉”。据说，苏轼的名字是有蕴意的。他名字中的“轼”的原意是车前的扶手，取其默默无闻却扶危救困，不可或缺之意。他与父亲苏洵、弟弟苏辙号称“三苏”，其文章为天下人所传颂。但是，这位名满全国的才子在仕途上却很不得志。在他将近四十年的官宦生涯中，有三分之一的时间都是在贬谪中度过的。

嘉祐元年（1056 年），苏轼第一次离开家乡，赶赴京城参加朝廷的科举考试。那时候苏轼刚刚二十一岁，在父亲苏洵，还有弟弟苏辙的陪同下，自偏僻的西蜀地区，沿江东下，于嘉祐二年（1057 年）抵达京城应试。那次科举考试的主考官是文坛领袖欧阳修，小试官是诗坛宿将梅尧臣。这两个人正锐意诗文革新，当他们看到苏轼那清新、洒脱的文字时，心不由得为之一震。这次考试的题目是《刑赏忠厚之至论》，苏轼写的文章文风特别，获得欧阳修的大力赏识。但是中间却出了一些小问题：欧阳修在看这次考卷时，误认为是自己的弟子曾巩所作。为了怕别人说闲话，说他向着自己弟子，于是阴差阳错地只给了苏轼第二。事后，当欧阳修发现自己的失误后，愧疚不已。对于苏轼豪迈、敢于创新的气魄，欧阳修极为欣赏，而且预见了苏轼的将来：“此人可谓善读书，善用书，他日文章必独步天下。”在欧阳修的极力夸赞下，苏轼一时声名大噪。因此，每次苏轼出了新作品，很快就会传遍京师。然而，正当苏氏父子名动京师、大展身手之时，突然收到了家里的书信，信中写了苏轼、苏辙的母亲病故一事。兄弟俩接到这个消息后，急忙随父亲苏洵回家奔丧。

嘉祐四年（1059 年）十月，待守丧期满后，苏轼才再次返回京城。

嘉祐六年（1061 年），苏轼应中制科考试，即通常所谓的“三年京察”，入第三等，为“百年第一”，被授大理评事、签书凤翔府判官。四年后，苏轼还朝判登闻鼓院。治平二年（1065 年），父亲苏洵病逝，苏轼、苏辙兄弟立即扶柩还乡，守孝三年。很快三年过去了，苏轼再次还朝。那时候，震动朝野的王安石变法才刚刚开始。苏轼的许多师友，包括当初赏识他的恩师欧阳修在内，因极力反对新法与新任宰相王安石政见不合，被迫离开了京城。一时间，朝野呈现出一片旧雨凋零的景象。在苏轼看来，这个京城已经不是他二十岁时所见的那个“平和世界”了，他的内心有些失落与绝望。

熙宁四年（1071 年），对于新法的实施，耿直敢言的苏轼不想坐视不管。于是，他立即上书谈论新法的种种弊病。王安石听后很是愤怒，便让御史谢景在神宗赵顼跟前诉说苏轼的各种过失。被逼无奈之下，苏轼主动请求出京任职。也就是在那一年，他又被派往杭州任通判。熙宁七年（1074 年）秋，他又被调往密州（今山东诸城）任知州。在他任职期间，他一直革新除弊、因法便民。在很短的时间内，其政绩颇为突出，深得当地人们的信赖。

元丰二年（1079 年），是苏轼一生中最黑暗、最狼狈、最难忘的岁月。三月，四十三岁的苏轼因对王安石新法持反对态度，由徐州贬调湖州。临行之前，他也没让自己闲着，还作了《湖州谢上表》，在叙述自己为官毫无政绩可言的同时，又发了几句牢骚：“陛下知其愚不适时，难以追陪新进；察其老不生事，或能牧养小民。”仅仅几句简单的话语，那些新党人士却小题大做，专门摘引“新进”“生事”等语上奏神宗，给苏轼扣上了“愚弄朝廷、妄自尊大”的帽子，想借此加罪于苏轼。同年四月，苏轼被调任湖州。

一个被接二连三贬官的人，难免会带点发牢骚的意味。但是那些主张变法的人却不理解，一再指责苏轼以“谢表”为名，说他妄自尊大，居然敢如此大胆地讥讽朝廷，发泄对新法的不满，请求朝廷对他加以严办，要不难以服众。就在这关键时刻，监察御史舒亶、御史中丞李定等人也跟着起哄。他们从苏轼的诗文中找出个别句子，断章取义，给苏轼罗织罪名，比如“读书万卷不读律，致君尧舜知无术”。本来苏轼的原意是说自己没有把书读通、读透，所以无法帮助陛下成为像尧、舜那样的圣人。可是经过他们一番加工，说苏轼这是在讥讽陛下没有能力教导、监督臣属，真是何出此言啊！又比如，“岂是闻韶忘解味，迩来三月食无盐”，他们说这是苏轼在讽刺“禁止民间买卖私盐”之新规。就连时任副相的王珪，也指出苏轼歌咏桧树的诗句“根到九泉无曲处，世间惟有蛰龙知”，说苏轼是在隐刺皇帝。皇帝如飞龙在天，苏轼却要向九泉之下寻蛰龙，不臣莫过于此，新党藉此指控苏轼大逆不道，非要置其于死地而后快。

苏轼只身一人跟朝廷斗争，朝中也没有其他人站出来替他说话。没过多久，他就被朝廷免职逮捕下狱，押送京城，交御史台审讯。当时，与苏轼关系密切的亲友，如苏辙、司马光、张方平等二十多人也受到牵连，这就是历史上著名的“乌台诗案”。此名的由来，据说是御史府（台）中有许多柏树，常有数千只乌鸦栖息在树上，晨去暮来，号为“朝夕乌”，所以此案被称为“乌台诗案”。

苏轼下狱之后的日子可谓是凄惨至极，惶惶不可终日，他仿佛觉得自己的末日已经来临。狱中的那些审讯者居然趁火打劫，总是通宵达旦地对他进行辱骂和恫吓，逼迫他承认曾利用诗句愚弄朝廷、毁谤国事。在巨大的精神压力下，苏轼不得不作了数万字的交代材料。然而一件小事的发生，让狱中的苏轼大受惊吓，许久都缓不过来。他在湖州被捕时，曾与儿子密约，送饭时只送蔬菜和肉，有坏消息的时候再送鱼。可不巧的是有一天，他的儿子苏迈因离京去别处筹钱，就把给父亲送饭的事情暂时托付给朋友。因为走得匆忙，没来得及告诉朋友他们父子之间的约定。更巧的是，这位朋友恰好给苏轼送了一条熏鱼。苏轼揭开饭盒后，看到里面有一条鱼，顿时大惊失色，以为自己必死无疑。随即在《狱中寄子由》里写下了“梦绕云山心似鹿，魂飞汤火命如鸡”等诗句；又给弟弟苏辙写了“与君世世为兄弟，再结来生未了因”的诀别诗。

第二日，苏辙看到哥哥写的两首绝命诗，痛哭流涕，悲伤不已，他立刻上书神宗，希望拿自己的官爵去替哥哥赎罪。其实一直以来，赵顼都十分欣赏苏轼的才华，并没有将其处死之意，只是想借此警告那些反对变法的官员。赵顼读完这两首绝命诗，感动的同时也被苏轼《赤壁赋》的才华所折服。很快，这件事就被传开了。赋闲在家的王安石也不计前嫌，当天听闻此事后，也劝说神宗“圣朝不宜诛名士”，说是太祖赵匡胤年间定下的不杀士大夫的国策，就连重病在床的太皇太后也责备赵顼做事太绝。赵顼终于有借口对苏轼网开一面，遂下令对其从轻发落，贬其为黄州团练副使。就这样，轰动一时的“乌台诗案”彻底结束了。

元丰七年（1084 年），经过了 103 天的牢狱生活，苏轼离开京城，前往黄州任职。由于长途跋涉、旅途劳顿，苏轼的幼子不幸夭折。黄州路途遥远，他们带的路费已经所剩无几，再加上丧子之痛，苏轼鼓足勇气上书朝廷，请求暂时不去黄州，先到常州居住一段时日，然后再启程去黄州。没想到此事很快就得到了赵顼的批准。

值得一说的是，在“乌台诗案”发生的那些日子里，赵顼非但没有停止改革的进程，反而亲自对熙宁年间的变法措施做了一些调整，然后继续推行，并着手对官制进行了一次大的改革，使变法运动又进入一个新阶段。虽然变法是一条异常艰辛的道路，在此期间，赵顼有过怀疑，也有过动摇，但最终还是坚持了下来。赵顼把自己所有的精力和热情都投入到这场大变法之中，为实现富国强兵的目标而不懈努力着。

司马光与《资治通鉴》

司马光，陕州夏县涑水乡（今山西夏县司马营村）人。他出生于天禧三年（1019 年），那时候他的父亲司马池任光山县县令（今河南光山县），所以给他起名光，世称涑水先生。他不仅为人温良谦恭、刚正不阿，而且做事刻苦勤奋，对西夏、辽国采取割地忍让政策，他曾写过《上哲宗乞还西夏六寨》，受人景仰。他是北宋著名的史学家、政治家、文学家，他一生的著作甚多，大概有二十种，共五百余卷。其中，他编撰的《资治通鉴》一书，是中国封建社会中继司马迁《史记》以后最优秀的一部通史巨著。自它问世以来，一向为历史学者所推崇，对我国以后的史学发展起了巨大的影响。

小时候，司马光虽然调皮、任性，但却时时刻刻表现出他的聪明、伶俐。有一次，他正开心地跟小伙伴们在后院里玩耍。当时，院子里放着一口大水缸，有个淘气的小孩爬到缸沿上玩，一不小心掉到了水缸里，小孩吓得大喊“救命”。缸大水深，眼看那个孩子快要没顶了。一起玩耍的孩子们被当时的境况吓住了，一边哭一边喊，都跑到外面向大人求救去了。只有司马光没哭也没叫，他急中生智，顺手从地上捡起一块大石头，使劲向水缸砸去，“砰”的一声，水缸破了，缸里的水瞬间都流了出来，那个被淹在水里的小孩也因此得救了。大人们都没想到，小小的司马光遇事竟然会如此沉着冷静，活脱脱一个小大人。很快，这件事传遍了，小司马光就这样出了名。为此，东京和洛阳有人把这件事画成了图，一直被后世传为佳话。

不仅如此，司马光还勤奋好学，爱读史书。六岁时，他的父亲司马池就开始教他读书。七岁时，他不仅能背诵《左氏春秋》，还能够讲明白书的要意。白天，他认真听老师讲《春秋左氏传》，晚上回到家后，他便头头是道地讲给家里人听。可见，这部历史名著对他的影响很大，他能写出《资治通鉴》，或许跟这部书对他的影响是分不开的。

仁宗时期，也就是在司马光二十岁时，他顺利考中进士。到了英宗时期，他进龙图阁直学士。但他并没有就此满足，而是继续刻苦学习，一有闲暇时间就躲在屋里钻研历史。有一天，他突然发现自古以来历史著作虽然繁多，但是缺少一部比较系统完整的通史。于是，他决心自己动手编撰。最初，司马光花了整整两年的时间，撰写了一部从战国到秦末的史书。这部书共有八卷，名叫《通志》。当他把这部书交予英宗赵曙后，其实他内心里并没有十分满意，觉得还有许多地方需要改进和修改。但是，赵曙看了却十分满意，立即下令设置书局，还特意成立了一个编书机构，要求司马光继续写下去。此外，赵曙还给司马光一个特许，允许由他自己来挑选编写人员，并准许他借阅官府所有藏书。

等到神宗赵顼继位以后，他也认为《通志》这部书不但可以帮助人们了解历代王朝的治乱兴衰，而且书中记载的历史如同一面镜子，可以拿它做对照和借鉴。因此，赵顼赐书名为《资治通鉴》，并序以奖之。“资治”是帮助的意思，“通”是从古到今，“鉴”是指镜子，含有警戒和教训的意思。后来，人们又把《资治通鉴》简称为《通鉴》。这部书从治平二年（1065 年）开始编撰，到元丰七年（1084 年）成书，历时整整十九年。

为了编写这部书，司马光的确付出了巨大的劳动。据说，光是这本书的初稿，就堆满了两间屋子。为此，人们都有点担心这部书能不能顺利完成，担心司马光的身体会承受不了。然而，司马光却是一副信心十足的样子。他虽然出身官僚地主家庭，历任开封府推官、并州通判、龙图阁直学士、翰林院学士、御史中丞、尚书左仆射兼门下侍郎等职，政治上十分保守顽固，但是在编《资治通鉴》的过程中，却表现得极为严谨负责、一丝不苟。自他撰写这本书的那天开始，他就坚持每天很早起床，一直写到深夜才肯就寝。为了怕自己睡过了头，耽误了写作，他还特地给自己做了一个容易滚动的圆木枕头。只要他一翻身，枕头就会滚掉，然后他就会被惊醒。为此，他还给这个枕头起了个有趣的名字，叫"警枕"。

神宗熙宁年间，事事爱较真的司马光强烈反对"王安石变法"，并上疏请求外任。熙宁四年（1071 年），他判西京御史台，自此在洛阳居住十五年，从不问政事。正是在这段悠游的岁月，司马光才有更多的时间编撰。司马光的独乐园，既是他的生活居所，也是《资治通鉴》书局的所在地。司马光成立书局那一日，特意邀请了当时著名学者刘恕、刘攽和范祖禹做他的得力助手，共同编写这部通史。其中，司马光任主编，刘恕、刘攽、范祖禹为协修，司马光的儿子司马康担任检阅文字的工作。司马光来洛阳后，便把《资治通鉴》书局由汴梁迁到洛阳。当时洛阳的名贤，比如二程、邵雍、文彦博、吕蒙正等也常来此聚会，堪称是一个学术中心。

当然，史学巨著《资治通鉴》的成功编成，并不是司马光一个人的功劳，它的最后编成也有英宗赵曙的一份功劳。英宗时期，为了全力支持司马光的写作，赵曙还批准为司马光提供了皇帝专用的笔墨和缯帛，划拨专款，供给书局人员提供水果和糕点，并调配了几名宦官对他们进行服务。赵曙的批示，大大地改善了司马光编修史书的条件，使编写《资治通鉴》的宏伟事业自一开始就有了坚实的后盾。为了报答赵曙的知遇之恩，在此后漫长的十九年里，司马光将全部的精力都耗在《资治通鉴》这部巨著的编纂上。

司马光撰写的《资治通鉴》，是我国最大的一部编年史，也是一部很有参考价值的历史巨著。这部书共二百九十四卷，通贯古今，上起战国初期韩、赵、魏三家分晋（公元前403年），下迄五代（后梁、后唐、后晋、后汉、后周）末年赵匡胤（宋太祖）灭后周以前（公元959年），共一千三百六十二年。司马光把这一千三百六十二年的史实，按照时代先后，以年月为经，以史实为纬，顺序记写。对于那些重大历史事件的前因后果与各方面的关联，司马光都交代得十分清楚，使读者对史实的发展一目了然。

为了撰写《资治通鉴》，司马光真可谓是耗尽毕生精力。在《进资治通鉴表》中，司马光这样写："臣今筋骨癯瘁，目视昏近，齿牙无几，神识衰耗，目前所谓，旋踵而忘。臣之精力，尽于此书。"

雄心未酬，郁郁而终

王安石变法，亦称熙丰变法。这次变法虽然历经艰难，最终以失败告终，但还是取得了一些好的效果。从总体来看，这次变法使北宋的国力有所增强。在这种情况下，神宗赵顼决意要对威胁宋朝边境安全的问题做出一些反应。赵顼自命大有所为之才，是一个有雄心壮志的君主。他一生的梦想是用武开边、建功立业。一直以来，他都把解决辽国和吐蕃的问题作为自己奋斗的终极目标；他一心只想着如何痛击西夏，如何为祖先洗刷之前所蒙受的种种耻辱，如何才能树立宋朝的国威，这些都是他一直没能忘记、也不能忘记做的事情。

在这次变法中，赵顼的确也付出了不少努力。看得出来，他并不只是嘴上说说，他是真的想要做好。在军事行动方面，他做足了物质上的准备，先后建设了五十二个军用物资库，并赋诗志道："每虔夕惕心，妄意遵遗业，顾予不武姿，何日成戎捷？"从他的诗句中看出他求胜心切，而王安石变法之所以失败，跟他的急于求成的态度也有关系。当初，赵顼对西夏的态度，就像是旧主人容不得昔日的小伙计成为他平起平坐的新对手，总想一举消灭它，以挟制辽国和吐蕃。他觉得只有这样，才可以显示大宋朝的神威。

熙宁元年（1068年），变法派杰出的军事家王韶向神宗上交《平戎策》三篇，这几篇文章对赵顼的对外政策产生了很大的影响。其主旨是先取河湟，控扼西北门户，斩断西夏的右臂；再威服吐蕃，孤立西夏，然后伺机出兵，关门打狗。这一战略分析虽然是正确的，但执行起来就会牵扯到宋军的人才与素质，对宋军的考验实在太重了。但是赵顼显然大受鼓舞，立即任命王韶为秦凤路经略司机宜。

熙宁四年（1071年），赵顼设立洮河安抚司，并任命王韶为长官，开始经略河湟。第二年，王韶采取软硬兼施的手段，顺利招抚吐蕃部落三十余万人，拓地二千余里，收获着实不小，这让赵顼大喜。事后，赵顼立即升镇洮军为熙州，设立熙河路，以王韶为经略安抚使，史称王韶经营河湟的活动为“熙河开边”。王韶的成功，再一次把赵顼的梦想激活。所以，对西夏用兵已经是势在必行。

此时，由党项族建立的西夏已发展为拥有强大武力的军事联合体，开始不断进犯宋朝西北部地区。对于赵顼主动出击的边疆策略，朝中大臣意见不一。富弼等人得知赵顼的策略后纷纷上书，希望赵顼慎重考虑对西夏的政策，不要贸然发动战争，否则后果不堪设想。对于此事，王安石力排众议，全力支持王韶。熙宁六年（1073年），王韶率领宋军进军1800里，接连占领宕、岷、叠、洮等州，并招抚大小藩族三十余万帐。可以说，这是自北宋开国以来对辽、夏战争中的空前大胜。

元丰四年（1081年），西夏再次发动宫廷政变，西夏国主惠宗李秉常（夏毅宗李谅祚的长子）被梁太后（李秉常的母后）软禁在兴庆府西北的木寨行宫，她自己出来把持朝政。梁太后为什么要将皇帝软禁呢？原因是当时的惠宗李秉常欲将河、洮等州黄河以南的土地还给宋朝，梁太后劝说数次都没能说服他。无奈之下，只好将李秉常囚禁起来。西夏发生内乱的事情，很快就传到了宋朝。鄜延副总管种谔立即上书赵顼，以为这是个千载难逢的机会。赵顼召见了种谔，种谔陈述之余大言道："夏国无人，秉常孺子，臣往持其臂以来。"赵顼觉得种谔这番话十分有道理，就同意了攻打西夏的建议。于是，宋朝出动二十万大军，兵分五路，深入西夏境内，直抵灵州城下。不料，宋军被西夏决河水淹没，并切断了宋军的粮道，宋军大败。

宋军失败当晚，赵顼就接到了这个消息。这个消息犹如晴天霹雳，赵顼怎么也没想到这次战斗的结果居然会是这样。他对灵州之役寄予的殷切希望就这样灰飞烟灭，他实在不甘心。那天晚上他想了好多，越想内心越复杂，再也无法入寐，围着床边走了一圈又一圈。一连好几天，赵顼都没能好好睡一觉，他始终想不明白，灵州之役失败的原因究竟在何处？原来在这次战役中，宋军没有一个能运筹帷幄、决胜千里的主帅，在军粮供应上又严重脱节。然而，他们却没有意识到这一点，仓促出征、麻痹轻敌、各自为战、相互扯皮。这样看来，宋军失败也在情理之中。相比之下，西夏军却充分发挥了他们的优势，实行"坚壁清野、纵敌深入"的正确战略，先是捕捉战机，然后断敌粮运，最终才取得了灵州保卫战的胜利。

此次战役过去了一段时间后，赵顼才缓过神来。其实在他失落的那些日子里，他始终没有放弃消灭西夏的愿望，他开始酝酿更大规模的军事行动。元丰五年（1082 年），赵顼听从徐禧等人的建议，在银、夏之界修筑永乐城，作为屯驻军队的城池，企图困住兴州的西夏军。但赵顼没有料到，永乐城很快就被西夏军攻破了。那天夜里，大雨如注，电闪雷鸣，再加上多日饥渴，宋军早已经失去了抵抗能力，军队首领徐禧、李舜举、高永能也不幸被敌军杀死，守城士兵和夫役也几乎全军覆没。就这样，永乐城之役成为宋夏战争的转折点。此后，宋朝明显由攻势转为守势。同时，此次失败对赵顼也是一次致命的打击。本来信心百倍的他想要一举消灭西夏，一洗雪耻，没想到等来的却是如此悲惨的结局，赵顼的强国之梦彻底破碎了。从此，赵顼丧失了先前的雄心，只好依旧维持原来对西夏的和议，每年向西夏交纳财物。

元丰八年（1085 年）正月初，雄心大志的神宗由于对西夏战事的惨败，精神上受到了十分沉重的打击，病情也日渐恶化，朝中大臣所闻这一切后，一时间乱成一团，不知如何是好。就在这时候，王珪等人开始劝赵顼早日立储。此时的赵顼也已经有不祥的预感，只好无奈地点头同意。很快，神宗的六子赵佣，改名为“煦”，被立为太子，国家大事由皇太后暂为处理。

同年三月，年仅三十七岁的神宗赵顼带着深深的遗憾离开了这个世界。他十岁的儿子赵煦顺利继位，是为宋哲宗，成为北宋的第七位皇帝。赵顼耗尽一生心血的新法，在他死后不久就被他的母亲高太后暂时废除。不过幸运的是，哲宗赵煦亲政后，又陆续恢复，很多措施一直到南宋仍在继续执行，赵煦竭尽所能想要完成父亲赵顼的遗志。

第五章 无力回天，北宋朝廷倾覆

宋钦宗赵桓是北宋末代皇帝，在宣和七年金人南下大举入侵时，徽宗禅位于他，他在位时间仅有1年零两个月。靖康之变时，徽、钦二宗被金人俘虏。北宋167年的统治宣告结束，历史的车轮驶入南宋。

垂帘听政的高太后和影子皇帝

元丰八年（1085 年），神宗赵顼病逝，哲宗赵煦继承皇位。因其年幼不能管理朝政，高太后便以太皇太后身份垂帘听政。

高太后，小名高滔滔，是亳州蒙城（今安徽省蒙城县）人，于仁宗明道二年（1032 年）出生于官宦世家，其曾祖是宋初大将高琼，外曾祖是曹彬，姨妈是仁宗曹皇后。她四岁时就被接到了宫中，曹皇后视她为亲生女儿。因为当时高滔滔与英宗赵曙都住在宫中。后来，仁宗赵祯便和曹皇后亲自为两人主持婚礼，在当时有“天子娶媳，皇后嫁女”之说，这种世家与皇室之间的联姻，无疑是为了巩固高家在宫中的地位。高滔滔经历了仁宗、英宗、神宗三朝中发生的仁宗立储、英宗濮议风波和神宗王安石变法等事，政治经验很丰富，她在保证赵煦继承皇位一事上也起了重大作用。

高滔滔一向反对王安石变法，所以她执政后的第一件事就是“以复祖宗法度为先务，尽行仁宗之政”，起用保守派大臣司马光、吕公著、文彦博、范纯仁等人，司马光被召回朝廷后，立即打出“以母改子”的旗号，将神宗在位时推行的一系列新法全盘否定，逐个废除，史称“元祐更化”。后来，高滔滔又答应了西夏的要求，把王安石变法期间宋军所占领的安疆、葭芦、浮图、米脂四寨（今宁夏东部和陕西省北部）还给西夏。

高滔滔在“元祐更化”时，还做出了一个与废除新法没有一丁点关系的决定，即禁止制造“密云龙”。起因是赵煦虽然年幼，但出手却很大方，经常用贵重的“密云龙”来奖赏朝中大臣。久而久之，就产生了这位大臣被奖赏了，另外一个大臣又想要。于是，大臣们轮番请求恩赐，而且越演越烈。终于有一天，高滔滔再也无法忍受如此频繁的请求恩赐。于是，她下令建州不许再制造“密云龙”，甚至连团茶（宋代用圆模制成的茶饼）也不允许制造了。她的原话是这样说的：“这样就可以免得经常受人‘煎炒’，不得清静，而且喝了这些好茶，也不见得就能生出什么好的主意。”

对于这件事，清代陆廷灿曾在《续茶经》里引用《分甘余话》中的话说，“宣仁改熙宁之政，此其小者。顾其言，实可为万世法。士大夫家、膏粱子弟，尤不可不知也。”意思也就是说，禁止制造生产“密云龙”在整个推翻新法的过程中，不过是一件微乎其微的小事，但却可以被万代治世所借鉴。虽然这样的评价似乎有点抬高高滔滔的嫌疑，但同时也透露出了她“以俭修身治天下”的理念。如此看来，她说的好像也不是没有道理。可让高滔滔遗憾的是，“密云龙”并没有因为她的一道指令而立即停止制造，反而因为禁令在朝野上下的传开，使得“密云龙”之名更加炙手可热。或许也正是因为高滔滔的那道禁令，使得“密云龙”的制造工艺偷偷地保留了下来，而且在民间不断流传。

据说在高滔滔垂帘听政期间，还发生了这样一件事。高滔滔在垂帘之初，还向大臣们表明说：“我性本好静，只因皇帝幼小，权同听政，实在是出于不得已，况且母后临朝也非国家盛事。”但在高滔滔垂帘时期，军国大事都由她的几位大臣处理，年少的赵煦对朝政几乎没有发言权。大臣们也因为赵煦年纪尚幼，凡有政事，都会在第一时间启奏高滔滔，而赵煦随后才会知道。在朝堂上，赵煦的御座与高滔滔的座位相对，大臣们向来都是面向太后奏事，背朝着赵煦。后来等赵煦亲政后，当谈及高滔滔垂帘时他的感受时，他只说了这样一句话：“那时候，我只能看到朝中官员的臀部和背部。”

很快七年过去了，赵煦已经十七岁了，应该到了高滔滔还政的时候了，可是她却依然积极地听政，每天按时早朝，没有一次落下过。而朝中大臣似乎也习惯了由高滔滔主持朝政，每每朝中有大事，他们都会首先启奏高滔滔。更让人奇怪的是，也没有大臣提议太后撤帘，还政于赵煦。正是高滔滔和大臣们的这种态度，让赵煦心中很是不爽，可是他能做的只有忍。赵煦心中恨死了他们，这就为赵煦亲政后大力贬斥元祐大臣埋下了导火线。

高滔滔听政期间，虽然她和大臣们都忽略了赵煦的感受，但却从来也没有放松对赵煦的教育。高滔滔任命吕公著、范纯仁、苏轼和范祖禹等人担任赵煦的侍读大臣，其目的就是想通过教育，使赵煦成为一个恪守祖宗法度、通晓经义的皇帝。此外，在赵煦的生活方面，高滔滔也是煞费苦心，对他的管教甚是严格。为了不让赵煦贪图女色，高滔滔派了二十多个年长的宫嫔照顾他的起居。更让赵煦心烦的是，高滔滔还限制了他自由活动的空间，命令他晚上在自己榻前阁楼中就寝。对于高滔滔的这些要求，赵煦敢怒不敢言。

元祐七年（1092 年），高滔滔认为，给赵煦册立皇后的时候到了。这一切高滔滔都替他办妥了，赵煦没有任何发言权。同年五月十六日，赵煦在太后的允许下，正式册立孟氏为皇后。那时候，赵煦的岁数已经不小了，但高滔滔依然没有还政退位之意。这件事情在赵煦心中憋了许久，他始终没有勇气向高滔滔说出自己心中的真实想法。

有一次，高滔滔问赵煦："大臣们奏事的时候，你心里是如何想的，怎么连句话也不说？"赵煦回答说："娘娘已经处理过了，叫儿臣又说什么呢？"其实，赵煦心中有不满，高滔滔和诸位大臣早就看出来了。为了防止赵煦日后翻案，高滔滔等人一面加紧打击变法派，一面又继续训导赵煦，向他灌输所谓祖宗之法，说只要尽行祖宗之法，就能使天下太平。但无论他们怎么说，赵煦都只有一个态度：保持沉默。

更让赵煦难以接受的是，高滔滔对赵煦的生母朱德妃十分严厉，甚至可以用“苛刻”两个字来形容。或许这也是高滔滔保护自己的一种手段，高滔滔有自己的顾虑，万一赵煦母子俩联合起来对付她，势必会威胁到她的地位。而说起这个朱德妃，她出身微寒，她的童年甚是悲惨，生父早亡，紧接着母亲又改嫁。更不幸的是，她的继父对她很不好，无奈之下，她只能被寄养在亲戚家。后来一个偶然的机会，朱德妃才进了宫，才算是脱离了苦海。起初，她只是神宗赵顼的侍女，后来生下了哲宗赵煦、蔡王赵似和徐国长公主。直到元丰七年（1084 年），她才被封为德妃，有了一点地位。

直到哲宗继位后，高滔滔被尊为太皇太后，朱德妃却偏偏不能母以子贵，只被尊为太妃，没有享受到做为皇帝亲生母亲应该享有的待遇。当时朝中有两拨人，一拨人主张尊崇朱太妃，以显示太子的孝道，另一拨人却趁机讨好高滔滔，提议降低朱太妃的等级，以凸显垂帘的太皇太后。但是高滔滔却没有做出太明显的举动。从赵煦生母的待遇问题上，不难看出，其间夹杂着复杂的政治斗争背景。

高滔滔虽然在王安石变法中一直持否定态度，但她却一直严格恪守赵氏祖宗家法，在垂帘听政之前并不出面干预。当然不可否认的是，作为守旧派的高滔滔本身对于稳定朝廷和稳定边防有着积极的作用。高滔滔主政期间，国内恢复了安定局面。当然，高滔滔所做的事还远不止于此，在对待自己亲人的态度上，更是体现了她的大公无私。当时，高滔滔的弟弟高士林在内殿崇班这个职位停留很久了，一直没能升职。英宗赵曙提起过想要升他的官职，但是高滔滔都毅然谢绝了皇帝的好意，说高士林能在朝廷做官已经是很大的恩典了，又怎么可以按照前代的制度来推恩后族呢！

到了神宗时期，赵顼曾多次提出要为高氏家族建立一座豪华的宅邸。高滔滔都拒绝了，最后只是由朝廷赏赐了一块空地，然后自己出钱建造了房屋，而没有动用国库的一文钱。还有另外一件事是关于高滔滔两个侄子的，即高公绘和高公纪二人。按照当时的惯例，他们二人都应该被升任观察使，但高滔滔并不同意这样做。最后，在哲宗赵煦的再三恳求之下，两人才升了一个等级。足见，高滔滔的确是一个崇尚节俭、办事公正的妇人，特别是以注意约束外戚和严守封建妇德而著名。

在高滔滔期间，她汲取五代时期封建伦理道德的沦丧，权臣武将跋扈横行，甚至弑上篡位的教训。她在加强中央集权的同时，特别注重宣扬儒家的封建礼教伦常观念。虽然她极力反对王安石变法，但却有着十分优秀的执政才能。因此，在她执政期间，政治比较清明，经济也十分繁荣。所以，哲宗时期是北宋的最后一个经济繁荣、天下小康、政治清明、国势较强的时期。当然，这与高滔滔的贤德是分不开的，而高滔滔本人也因此被后世赞誉为“女中尧舜”。

元祐八年（1093 年）秋天，高滔滔病重，召大臣吕防、范纯仁等人入内，对他们说：“先帝后悔变法，甚至流出了眼泪，此事官家应当深知。我死以后，皇上是不会重用你们了。你俩应当有自知之明，早些主动退避，让皇帝另用他人，免得遭祸。”几天后，高滔滔病死于汴京，终年六十二岁。同年十月，十七岁的赵煦亲政，开始正式行使他的皇权。他亲政后，立即将高滔滔时期实行的“重用守旧派，打击变法派”的朝政颠倒过来，重新重用变法派，打击守旧派。

“蜀洛朔党争”，不见硝烟的战场

纵观哲宗一朝，无论是高滔滔垂帘听政的元祐时期，还是哲宗赵煦亲政以后，其中最活跃的当属朝中的大臣们。由于变法革新与守旧祖法之间矛盾的延续，以及赵煦与高滔滔之间的冲突，使得当时革新派与守旧派都无可避免地卷入了党争之中，成为党争的主角。在高滔滔执政的八年时间里，守旧派控制了整个朝廷，对革新派的打击也从来没有放松过。这样，在哲宗早期，朝廷里便出现了著名的“蜀洛朔党争”。

元祐元年（1086 年），王安石与司马光相继病逝，守旧派内部失去了协调和融合不同政见的领袖人物，保守派的成员就逐渐以地域为主，划分为蜀、洛、朔三党。其中，蜀学以苏轼为首，主要成员有苏辙和侍御史吕陶等人；洛学以理学派的创始人程颖为首，主要成员有朱光庭、贾易等人；以御史台官员结为朔党的人数是最多的，主要成员是刘挚、王岩叟、刘安世等人。三党的名称，由其领袖籍贯而来。

最先爆发冲突的是程颖和苏轼。程颖在司马光、吕公著二人的大力推荐下，被进为崇政殿说书，为十一岁的哲宗皇帝讲经学。说到程颖这个人不仅为人迂腐刻板，还不懂得处理人际关系。他在给赵煦讲经学期间，对赵煦严加管教，甚至还大胆进谏：要求皇帝左右的宫人、内臣都要选择 45 岁以上厚重谨慎之人，伺候皇帝的日常起居；皇帝的任何动静都要让讲经的官员知道，都不允许有任何隐瞒作假。因为程颖以老师为名，对赵煦正色训诫，再加上他主张一切用古礼，此举引得中书舍人苏轼的强烈反感，认为他的做法十分不近人情，于是总是借机讥讽程颖。这样，程颖和苏轼之间就结下了矛盾。

据说，当时还发生了一件很巧的事情。司马光病逝那天，恰巧是皇上颁布大赦诏令的日子，朝中大臣纷纷前来举行朝贺。很多官员准备在庆礼结束之后，再去司马光家吊唁。但是，程颖认为不可以去，并且引经据典地说：“经学中是这样说的，孔子在一天里笑了就不会再哭。”程颖的这番话当场就遭到其他人的反驳，说：“孔子说是哭则不歌，但是没有说歌则不哭。”站在旁边的苏轼接过话头，用讽刺的口吻说：“这大概就是枉死在西市上的叔孙通制定的礼，而不是孔夫子的礼。”众人听后都开怀大笑，只有程颖尴尬地站在那里，半天说不出一句话来。从那以后，他们二人的嫌隙就更深了。程颖的学生右司谏贾易、右正言朱广庭二人也替自己的老师打抱不平，想找机会替老师报仇。于是，他们也极力寻找机会来弹劾苏轼。

元祐元年（1086 年）十月，苏轼在为考试官职者所出的策问中提出："古时，周公和太公治理齐国、鲁国。但是，后世还是难免衰亡，并且告诉子孙这些治理方式是不能原封不动地奉行。所以说，即使大圣大贤的治理方法，也是不免会有弊端的。"又说："我朝六圣（宋太祖、宋太祖、宋真宗、宋仁宗、宋英宗、宋神宗）以来，虽然治理的方式各自不同，但是都可以同归于一个仁字。""如果现在效法仁祖的忠厚，则百官就有可能不再很好地履行他的职位，而至于敷衍了事；如果要是效法神考的励精，则百官就可能不能领会它的真实内涵，而使行政过于苛刻。"苏轼的此番话刚一出，就立即被洛党人物抓住了。朱光庭借机奏称苏轼曾经辱骂过司马光和程颖二人。但是在苏轼申辩后，高滔滔并没有治苏轼的罪。这时候，朔党的王岩叟等人也出来凑热闹，他们担心朱光庭会因为此事被逐出朝廷，就上疏说苏轼虽然没有罪，但也不是没有过错。一时间，此事便成为了朝廷的重要议题。尽管吕公著等人企图平息争端，但是王岩叟、朱光庭等人却非要争个你是我非。

元祐二年（1087 年）二月，苏轼再次阐述自己的意见："我经常忧虑，非常担心文武百官们矫枉过正，而使神宗的励精图治，会逐渐地被破坏。担心数年之后，管理官吏的司法逐渐宽泛，理财的方法逐渐松弛，国防之事也会懈怠，当然还会有更多的忧虑，是无法表达的。"苏轼的这些阐述，实际上表达了对当前政治的不满。当洛党人士贾易、朱光庭等人弹劾苏轼考试策问出题是讥讽仁宗和神宗时，蜀党人士也是不甘示弱，吕陶也起来反攻贾易、朱光庭身为台谏官，不应假借事权报私仇。洛党人士贾易又弹劾吕陶与苏轼兄弟结党，并涉及到文彦博、吕公著。

高滔滔听后大怒，立即罢贾易谏官，出知怀州。御史胡宗愈、谏官孔文仲等劾奏程颖“汗下险巧，素无乡行，经筵陈说，僭横忘分”。同年八月，程颖被罢崇政殿说书，出管西京国子监一职。

元祐四年（1089年），因为蔡确被贬之事，三党之间又起了纷争。为此，蔡确在安州赋诗十章，但却被保守派指为他是在讥讽高滔滔。高滔滔听后大怒，一气之下便把蔡确贬到了新州。左相范纯仁向高滔滔谏言：“不可以语言文字之间，暧昧不明之过，窜诛大臣。”蔡确被贬后，吕大防以为蔡确党盛，不可不治。谏官刘安世、吴安诗等奏范纯仁也是蔡确一党，罢相出知颍昌。

元祐五年（1090年），文彦博因为年老提出告老还乡，随后吕大防升为左相，朔党刘挚为门下侍郎。第二年，吕大防又被进为右相，但是两人又不和。御史杨畏依附吕大防，劾奏刘挚，刘挚被罢相，出知郑州。为此，朱光庭为刘挚辩解，也被罢给事中，出知亳州。就这样，保守派官员结为朋党，相互攻击，陷入一片混乱之中，“朋党之争”非但没有什么政绩可言，反而使当时的政治变得极其复杂，政治的内耗削弱了北宋的实力，为北宋王朝走向没落敲响了警钟。

元祐八年（1093年）九月，赵煦正式亲政，他在高滔滔的影子下生活了整整八年，所以，当他亲政后，便想彻底从高滔滔的阴影中逃出来，想以最快的速度活出自己，给自己最大的发展空间，以施展自己的抱负。对于元祐大臣的憎恨之心，他也开始付诸行动了。他亲政以后，翰林学士范祖禹便连上几道奏折，请求皇帝能够支持元祐时期的政策。但赵煦根本不予理睬，并且不顾元祐大臣的反对，提拔了原先伺候他的几个宦官。正当赵煦为朝廷缺少和他意志相同的大臣而烦恼时，礼部侍郎杨畏上书说：“神宗更法立制以垂万世，希望能研究新法来继承。”于是，赵煦召见杨畏，问他先朝旧臣谁可以起用，杨畏就推举吕惠卿、邓润甫等人，并且讲了神宗建立新政的本意和王安石变法的益处。赵煦很是信服，当下就任命章惇为资政殿学士、吕惠卿为中大夫、李清臣为中书侍郎、邓润甫为上书右丞，这些任命全是哲宗直接发布的，连常规程序都没经过。

不久，赵煦就将元祐九年改为绍圣元年，正式打出了继承神宗事业的旗号，从此“绍述”之论大兴，国事从根本上改变了。十几日间，变法派分子接踵回到了朝廷。范祖禹由于反对章惇，被罢免翰林学士职，右相范纯仁辞官出任颍昌。章惇为相，蔡卞、蔡京、林希、黄履、来之劭等都入朝任要职；吕惠卿知大名府，又转知延安府备西夏。变法派在赵煦的大力支持下，再度掌握政权，展开了对保守派的反击。

绍圣元年（1094 年）七月，御史中丞黄履、张商英、来之劭等上疏，论司马光擅自更改先朝之法，实属叛道逆理，罪名昭著。于是，赵煦就追夺司马光、吕公著死后所赠谥号，还毁坏了为他们立的碑。而同属保守派的吕大防、刘挚、苏辙等人也被陆续贬官。随后，赵煦下诏：“大臣朋党司马光以下，各以轻重议罪，布告天下。”次年八月，赵煦又下诏：“吕大防等人永远不得任用及恩赦。”范纯仁上疏，请将吕大防等原放，赵煦非常生气，范纯仁因此落职，被迁徙随州。

绍圣四年（1097 年），赵煦再次追贬司马光、吕公著及王岩叟等已死诸官。吕大防、刘挚、苏辙、范纯仁等流放到岭南，文彦博由太师贬为太子少保。大抵在此几年间，新法只是恢复到王安石罢官后元丰时的状况。变法派虽然再起，但并没有能够朝着打击大地主、大商人的方向再向前进。而且免役法恢复时，规定各地豪强地主大户出免役钱在一百贯以上者，每一百贯减三份。像这样的变动，便对大地主有利了。

就像保守派一样，当失去了共同的政敌时，变法派内部也随之出现了分裂。这时候，宰相章惇又主张将文彦博以下三十人都流放到岭外。但这个主张刚一提出，就立即遭到中书侍郎李清臣的异议，以为实在是不妥，如果将累朝元老流放，将会使舆论振动，非常不利于朝廷和社会的安定。经过一番激烈的讨论，赵煦采纳了李清臣的建议，重罪数人，其余不再问罪。因为这件事，章惇心里一直耿耿于怀，和李清臣产生了内部矛盾。自此，章惇就开始在背地里找李清臣的麻烦，发动各种人来弹劾李清臣。刚开始赵煦还在想办法维护李清臣，后来弹劾李清臣的人多了，赵煦也就顾忌不了那么多，贬李清臣出任河南府。

此外，张商英与来之劭也发生不和。开封官府曾传出，张商英因为曾派人谋杀过来之劭，才被贬官外出。而御史杨畏在元丰时期是变法派，曾一度依附吕大防。高太后逝世后，他最先主张复新法。左正言孙谔说杨畏是“杨三变”。没过多久，杨畏也落职。孙谔论免役法，主张兼采元丰、元祐时期的政策。蔡京说孙谔想要给元祐大臣申辩。因为此事，孙谔也落得个被罢职的下场。

元符二年（1099 年），知枢密院曾布更进指责章惇、蔡京对元祐党人处理过分，说曾布是在公报私仇。因为曾布虽然在哲宗时期属变法派，但却反复无常，给朝廷造成了严重的影响。所以，这个时期的变法派并没有对宋朝起到有利的作用。所以，在哲宗初期，革新派和守旧派在态度上已经有所转变，当然除了司马光以外。在对神宗时期实施的新法上，守旧派代表人物苏轼曾在给朋友的书信中表露了的一些偏激言行的反思和自责，认为新法是有一定效果的。而革新派章惇等人也曾指出新法中的还是存在一些弊端，需要进一步改正。

由此可见，两派的一些人都已经看到了新法的利弊之处。如果两派能够消除矛盾、因势利导，那么北宋的政治也许会出现意想不到的转机。然而不幸的是，在守旧派控制朝政的这段时间里，两派的斗争更加激烈，没有了缓和的余地，终于在最后导致了革新派的反扑。

靖康之难中唯一幸免的传奇皇后

在中国历史上，有一位富有传奇色彩的女人，她的一生可以用“悲喜”二字来形容：她二度被废，又二度复位，并因祸得福，两次于国势危急之下被迫垂帘听政。她的经历如此离奇，实属罕见。她虽然半生逃难，却又为南宋再造立下了汗马功劳，她就是哲宗时期的孟皇后。

孟皇后，又称“元祐皇后”，洺州（今河北省永年县）人，是赵煦的第一任皇后。其实，她能够被册封为皇后，是高滔滔与元祐大臣们综合各方面的因素，反复权衡后的结果。孟氏出身世家，是曾任宋朝眉州（今四川省眉山市）防御使、马军都虞侯、赠太尉孟元的孙女。孟皇后的悲喜两重天，实际上是不同政权利益争斗的牺牲者和受益者的遭遇。

赵煦在幼年时就继承帝位，后来逐渐长大。元祐七年（1092 年），赵煦已到了成婚的年龄，高滔滔便替赵煦选了世家之女百余人入宫，孟氏就是其中之一。当年，孟氏才刚刚十六岁，因为她端庄幽娴、性情温和，深得高滔滔和向太后（神宗赵顼的向皇后）的喜爱，她们二人还亲自教孟氏宫中一切礼仪。随后，高滔滔谕宰执，“孟氏子能执妇礼，宜正位中宫”，将端庄贤淑的孟氏正式册封为皇后。

起初，赵煦和孟皇后的关系不太融洽。他们虽然在高滔滔等人的撮合下成了亲，但赵煦一直对孟皇后不太满意。他们成亲没多久，赵煦就另有所爱，他与孟皇后的关系就更加淡了。一年后，孟皇后替赵煦生下了一个女儿，名唤福庆公主。孟皇后得不到赵煦的宠爱，便将所有的希望都寄托在了女儿身上。当时，赵煦宠爱的是一个御侍宫女叫刘清菁，这个女子不仅美貌绝伦、姿色俏丽，而且能诗善文、才艺出众，深得赵煦的宠爱。当时只有刘清菁整天伺候在赵煦身边，奉承备至，遂得专房之宠，地位也逐步提高，由美人升为婕好。在后宫内，赵煦与她如胶似漆、形影不离，就连外出也时常把刘清菁带在身边。

绍圣二年（1095 年）九月，赵煦祭祀明堂，并把斋宫中的生活交由刘清菁侍奉。祭祀结束后，赵煦又带她去大相国寺游玩，并且用教坊奏乐，场面极其热闹，惹得汴京百姓纷纷出来观看。朝中那些趋炎附势的大臣们看刘清菁如此得宠，也想从中得到一些好处，便陆续前来拍马，蔡京就是其中之一。蔡京专门写了四首诗奉承她，内有“三十六宫人第一，玉楼深处梦熊罴”之语，意思既是盛称刘氏的美貌，又祝愿她早为皇上生个龙子。随后，宦官郝随也成了刘清菁的心腹。刘清菁恃宠成骄，开始神气起来，就连见到孟皇后，也不放在眼里了。然而，心地善良的孟皇后并没有怪罪于她，只是精心照顾福庆公主，其他事情她都不想放在心上。

绍圣三年（1096 年），不知道因为什么，福庆公主突然生了一场病。经多方医治，久久不见好转。孟皇后看到女儿痛苦的表情，心疼极了。情急之下，她想到自己的姐姐颇懂医道，便将她请来为公主看病。可是，其姐姐给公主连用几服药，公主的病还是没有任何起色。孟皇后觉得女儿的病不能再耽搁下去了，开始追问姐姐是否还有其他方法，医治女儿的病。姐姐看到妹妹为了女儿的病操碎了心，于是决定用道家治病符水入治公主。孟皇后吃惊地问：“姐姐不知道宫中禁严，与外面不同吗?”说完，立即命人收藏起来。等赵煦来后，孟皇后鼓足勇气向他详细解释了事情的原委。赵煦听后，说：“这也是人之常情，不必大惊小怪。”可是孟皇后依然觉得很不妥，于是当着赵煦的面把符烧掉，希望不会留下任何祸患。哪知背后还是有人鸡蛋里挑骨头，针对此事开始不断造谣。一时间谣言四起，郝随等人便伺机向赵煦进谗，说孟皇后的此举是在咒诅宫廷，理应治罪。其实身为父亲的赵煦，能够理解孟皇后作为母亲的心情，并没有因为此事追究孟皇后的责任。

不幸的是，福庆公主命小福薄，最终还是夭折了。孟皇后痛失爱女，精神上受到了巨大的打击，不免缺乏理智，竟然允许道士入宫大张旗鼓地为公主祈福。很快，这件事被多事、好事的刘清菁知道了，她便在这两件事情上做起文章来，在赵煦面前搬弄是非，称孟皇后欲用符咒诅咒皇帝。赵煦向来宠信刘清菁，听她这么一说居然信以为真，勃然大怒，立即命令梁从政和苏圭二人着手调查此事。在刘清菁和宰相章惇的暗中指使下，审讯官将孟皇后宫中的宦官、侍女统统抓了起来，对他们滥用酷刑，逼其招供，屈打成招。最后，在“证据”面前，赵煦下令废黜孟皇后，迁居瑶华宫。

刘清菁原以为只要孟皇后一倒台，中宫大位就会非她莫属，绝无她人。不料，赵煦却生怕自示偏心，不敢当即应允，只是把皇后的位子暂时空缺着，几年都未曾继立。对刘清菁只是晋封一级，升为刘贤妃而已。为此，刘清菁虽然十万个不乐意，但她也不敢多说什么，只好默默承受，继续等待时机，意图爬上皇后的位子。明眼人都看得出来，孟皇后被废，不仅仅是普通的后妃争宠，在这件事情的背后，还隐藏着激烈的党争。

元符二年（1099 年）八月，刘清菁果然为赵煦诞下一名皇子，取名赵茂，有“人丁茂盛”之寓意，赵煦高兴极了，于同年九月诏立刘清菁为皇后。刘清菁满以为这下该名正言顺了，不想又有臣僚抗疏谏阻，邹浩上奏说：“祖宗大德甚多，陛下不去遵行，却单单效法坏处，只怕少不了要遭后世谴责了。”赵煦听后脸色大变，但忍住未发火。第二天，章惇朝见，一个劲地斥责邹浩狂妄，赵煦也觉得邹浩多嘴，实在可恶，立即下令将他除名，羁管新州。这时候，尚书右丞黄履看不下去了，于是替邹浩说了句：“邹浩犯颜纳忠，不应发配死地。”赵煦龙颜大怒，一气之下也把他罢职，出知亳州（今安徽亳县）。朝中其他大臣见赵煦对于任何谏言都已经听不进去，只好暂时闭嘴，一切听从皇帝的安排。

同年八月底，赵煦便在御文德殿正式册立刘清菁为皇后，文武百官仪仗班列于庭。此时的赵煦既得龙子，又将自己心爱之人册为皇后。为此，他自然要欢天喜地和朝中大臣们庆贺一番。岂料，出生只有俩月多的小皇子赵茂却不幸染病，没过几天就夭折了。赵煦遭此打击，悲痛万分，竟然也生起病来，诸多太医前来诊治，也均觉无效。就这样一天天过去了，赵煦的身体非但没有好转，反而一天比一天糟糕。

元符三年（1100 年）正月初八，赵煦驾崩于福宁殿，终年二十五岁。赵煦的弟弟赵佶继位，是为宋徽宗。随后，旧党在向太后的支持下重新抬头，就连迁居在瑶华宫的孟皇后也时来运转，遂被复位。因其封后于元祐年间，所以孟皇后又被人们称为“元祐皇后”。

可是好景总是不长，元符四年（1101 年），向太后病逝，其后于崇宁元年（1102 年）又发生元祐党人事件，徽宗赵佶重新任用新党蔡京等奸臣，贬摘旧党（元祐党人），孟皇后再一次受到牵连，二度被废，再一次回到瑶华宫，加赐“希微元通知和妙静仙师”之号。这一次，孟皇后在瑶华宫一待就是二十多年。

靖康初年，徽宗赵佶与近臣商议，决定恢复孟皇后之位，并尊其为“元祐太后”。但是诏书刚刚写好，还未来得及下发，金人便攻陷了皇宫，赵佶在慌忙之中禅位于皇太子赵桓，是为宋钦宗。再后来，徽宗、钦宗二帝被掳，史称“靖康之祸”。当时，六宫有位号者都随徽宗、钦宗二帝北迁。就在此时，住在瑶华宫的孟皇后原先生活还算安逸，突然间瑶华宫起火，孟皇后只好搬到延宁宫居住。不料，靖康二年（1127 年）二月，延宁宫又发生了大火，也不能居住了，孟皇后只得自己步行来到相国寺的前面，到她的侄子通直郎、军器监孟忠厚家中居住。

这时，金兵已经攻占了开封皇宫，金军首领按照皇宫中的名册清点后妃的人数，凡是有位号的嫔妃，无一能幸免，都被抓做俘虏押送到北方。由于孟皇后是一位废黜的皇后，不在名册中。再加上当时的孟皇后居住在侄子家中，并没有居住在皇宫，金兵对这样一位废黜多年的皇后也不感兴趣。因此，孟皇后才免遭了被俘北上的命运，被幸运地留了下来。

后来，由于宋皇室唯一的漏网之鱼——康王赵构远在济州（今山东省巨野县），于是被金人立为楚帝的张邦昌接受吕好问建议，迎接孟皇后入居延福宫，上尊号为“宋太后”，接受百官朝拜。再后来，朝中开始不断有人出来弹劾张邦昌，说他有代宋自立的野心，实在不能重用。后来，朝中大臣胡舜陟、马伸等人又陆续上书，政事应取得太后之命令才能决定。张邦昌不得已，于是又恢复孟皇后“元祐皇后”的尊号，并请其垂帘听政。

之后，赵构在南京应天府（今河南省商丘市）即帝位，是为宋高宗。孟皇后撤帘不再听政，并被尊为“元祐太后”。不久，因其“元”字犯其祖父孟元的名讳，改为“隆祐太后”。由于汴京已不可守，孟皇后遂随赵构南渡至行在越州。建炎三年（1129 年）苗傅、刘正彦兵变，赵构被迫退位；因乱军所逼，孟皇后再度垂帘听政。后来，乱事平定，孟皇后再度撤帘，这就是孟皇后的悲喜一生。

浪子当朝，宠奸任佞

元符三年（1100 年）正月，年仅二十五岁的赵煦驾崩，由于没有留下任何子嗣，所以只能从他的诸位兄弟中选择一个人来继承皇位。在神宗赵顼的十四个儿子中，尚有五个在人世。其中，赵佶虽然是神宗的儿子，但并非嫡出，他是神宗的第十一子。按照宗法制度，他是没有资格继承皇位的。然而在赵煦去世当天，向太后哭着对宰相大臣们说：“国家不幸，大行皇帝没有儿子，谁来即位，事关重大，应尽早确定下来。”又说：“申王眼有毛病，不便为君，还是立端王佶好。”

身为宰相的章惇听完向太后这番话，当即提出反对意见。在他看来，“端王轻佻，不可以君天下”。按照嫡庶礼法，应该让楚王赵似来继承皇位。没想到的是，向太后一口否决了他的提议。于是，章惇又提出立年纪稍长的申王赵佖为帝。很显然，这两个建议都把赵佶排除在外了。尽管赵佶并不是向太后亲生的，但向太后还是十分看重赵佶。为此，向太后和章惇僵持不下。

这时候，知枢密院曾布也站出来附和向太后的意见，尚书左丞蔡卞、中书门下侍郎许将也相继表示赞同。向太后看到朝中有不少人支持她，于是语气更加坚定地说：“她自己本人没有生育孩子，所以所有的皇子都是神宗的庶子，不应该区别对待，其中楚王赵似排行十三，不应该排在其他人之前，而申王又有眼疾，不适合继承皇位，还是端王赵佶最合适。”当时的章惇因为势单力薄，知道辩解无用，于是不再争辩下去。就这样，赵佶被向太后、曾布、蔡卞等人推上了皇帝的宝座，是为宋徽宗，成为北宋的第八位皇帝。

赵佶，生于元丰五年（1082 年）十月初十，据说，在他降生之前，其父赵顼曾到秘书省观看收藏的南唐后主李煜的画像，“见其人物俨雅，再三叹讶”。随后，便生下了赵佶，“生时梦李主来谒，所以文采风流，过李主百倍”。虽然这种李煜托生的传说固然不足为信，但在赵佶身上的确有李煜的影子。之后，因赵佶生来健壮，赵顼才特意给他赐名曰“佶”，“四牡既佶”，取其壮健之意。他的母亲陈氏是开封人，出身于一个平民之家。陈氏自幼颖悟、庄重，十几岁的时候就被选入宫，成为赵顼身边的御侍。刚开始，陈氏并没有什么位号，直到生了赵佶后，她才有机会被晋封为美人。虽然赵顼对陈氏并没有那么好，但陈氏对赵顼的感情却极其深厚，对赵顼体贴有加。然而在赵顼去世没多久，她也随之病死，当时赵佶才刚刚四岁。后来，赵佶便交由向太后来抚养。

在赵佶四岁时，他就被授为镇宁军节度使，封宁国公。哲宗赵煦继位后，他又被晋封为遂宁郡王。绍圣三年（1096 年），赵佶又以平江、镇江军节度使被封为端王，并开始出宫就学。按理说，宗室亲王日常学习的主要内容是儒家经典、史籍，但是赵佶对这些丝毫不感兴趣，每天面对那些儒家经典，他觉得度日如年，一有机会就会逃出去干点别的。

突然有一天，他发现自己对笔墨、丹青、骑马、射箭、蹴鞠，对奇花异石、飞禽走兽产生了浓厚的兴趣，尤其在书法绘画方面，他更是表现出非凡的天赋。他首创的“瘦金体”在当时很受书法家们的重视和欣赏。他的绘画作品重视写生，尤其擅长画花鸟画，极强调细节，以精工逼真著称。因此，赵佶执政以后，不仅大兴土木，广建宫观庭院，而且还净搜天下珍奇好玩，并在京师筑“艮嶽”，以致劳民伤财。据说，他还曾派宦官童贯在苏杭设置造作局，役使数千工匠，制作象牙、犀角、金银、玉器、藤竹、织绣等物，每一件物品都是备极工妙、曲尽其巧。看得出来，赵佶不仅天资甚高，也颇有惊人的艺术天赋；唯一不足的是，他并没有从母亲那里继承来端谨、庄重的性格。相反，在周围环境的影响下，他逐渐养成了轻佻放浪的脾气。

当时，赵佶还结交了一位密友与他趣味相投，这个人名叫王诜。王诜，字晋卿，是英宗赵曙和高滔滔的女儿魏国大长公主的驸马。论起辈分，他应该是赵佶的亲姑夫。王诜这个人不仅放荡好色，而且行为极不检点，家中姬妾成群，他还不满足，常常出入烟花柳巷，公主根本管不住他。后来，公主得了重病，他竟然当着公主的面儿和小妾们胡闹，气得赵顼曾两次将他贬官。

有一天，王诜派高俅（徽宗时期的官员，初为苏轼书童，擅长蹴鞠）给赵佶送篦，正凑巧赶上赵佶在园中蹴鞠，高俅在旁候报之时，连声喝彩叫好。赵佶这才注意到他，并招呼他对踢。这下，高俅终于有机会在皇帝面前表现一番，于是他使出浑身解数，卖弄本事。赵佶看出高俅擅长蹴鞠，心中大喜，即刻吩咐仆人："去向王都尉传话，就说我把篦子和送篦子的人一同留下了。"从此，赵佶对高俅日见亲信，颇加重用。先是擢升高俅为殿前都指挥使。后来，高俅又被加至太尉，与蔡京等"六贼"专权用事，为时人所恨。可以说，高俅之所以能够飞黄腾达，也有王诜一半的功劳呢。

在朝中，赵佶虽然被章惇等人称作是浪子，然而在向太后眼里，他却是另外一种模样，对向太后极其敬重、孝顺。每天早朝一结束，他就会到向太后居住的慈德宫问安起居，没有一天间断过。也正因他的聪明伶俐、孝顺有礼，向太后对他钟爱的程度远远超过了其他诸王。直到哲宗病重期间，向太后对将来立谁为帝的问题才有了定论。赵佶被推上权力的顶峰之时，已是十八岁了。赵佶继位以后，章惇等人心中还是不服，他们认为这样一位轻佻、浮浪的新皇帝未必可靠，于是就奏请向太后"权同处分军国事"。向太后说皇帝年龄不小了，她真的不方便再干政。当时，赵佶对向太后推举自己为皇位继承人心存感激，也真心希望向太后能够继续助他一臂之力，于是哭拜在地，乞求不已。在皇帝的再三祈求下，向太后只好答应暂时垂帘朝政。

向太后在神宗时即是守旧派，当政后随即任命守旧派韩琦长子韩忠彦为执政。不久后，又升任右相，左相章惇、执政蔡卞等相继受攻击，蔡卞首先被贬任知府。同时，向太后又恢复被贬逐的守旧派官员的名位，守旧派官员接着相继上台。其时，赵佶对向太后言听计从，不仅出于对向太后的感激，更重要的是他需要取得各政治派别的广泛支持，来进一步稳固自己的地位。向太后垂帘听政六个月后，就主动还政引退了。向太后还政后不久，反对立赵佶为帝的左相章惇就被罢相，韩忠彦升任左相，曾布升任右相。当时守旧派与变法派的斗争日趋激化，也有官员认为元祐、绍圣均有失误，应该消除偏见，调和矛盾。次年，赵佶则继续调和革新和保守两派，改元建中靖国，以示“本中和而立政”“昭示朕志，永绥斯民”。但是新旧党争不仅没有停止，反而愈演愈烈。

在生活方面，为了能够改变自己轻佻、浮浪的不好名声，赵佶也做了一些尚俭戒奢的姿态：他不仅退还百姓王怀献给他的玉器，还放走了自己在内苑豢养的珍禽异兽。元符三年（1100 年）三月，赵佶还因即将出现日食下诏求直言，表示要虚心纳谏，俨然有一副励精图治的样子。建中靖国元年（1101 年）正月，向太后去世后，赵佶的“绍述先圣”重行变法的意向更加明确。不久之后，大奸臣蔡京就被赵佶召回朝廷，担任翰林学士承旨，再次受到重用。此时的蔡京开始恃宠若娇，趁机提出了一个大胆的建议：重修神宗朝的历史，为变法张本；恢复绍圣年间根究元祐大臣罪状的安惇、蹇序辰的名誉，为绍圣翻案。赵佶听完蔡京的建议后，一一表示同意。同年十一月，邓洵武首创徽宗应绍述神宗之说，攻击左相韩忠彦，并推荐蔡京为相，得到执政温益的支持，被赵佶所采纳。

建中靖国二年（1102 年），徽宗改元“崇宁”，即崇尚熙宁之意，正式打出了绍述的招牌。五月，左相韩忠彦首先被贬任知府，蔡京升任执政。随后，右相曾布也被贬任知州，蔡京升任右相，不久又升为左相，独相达三年之久。在赵佶认为，衡量官员的好与坏，关键看他的言行是否顺承符合自己的意旨。尽管他曾对手下人的吹牛拍马有过清醒的认识，他觉得一味说好话的不一定就是忠臣。

大观元年（1107 年），赵水使者赵霖从黄河中捕得一只长有两个头的乌龟，立即献给徽宗，并说它是一种祥瑞之物。蔡京也附和着说："这正是齐桓公小白所说的'象罔'，见之可以成就霸业。"资政殿学士郑居中却唱反调说："头岂能有二，别人看了都觉害怕，只有蔡京称庆，其心真不可测。"这一次，赵佶没有并听从蔡京的建议，而是命人将龟抛弃，说是"居中爱我"，遂提拔郑居中为同知枢密院事。

赵佶执政期间，重用童贯、王黼、朱勔、梁师成等人，然而他们各个都是极善谀媚的奸佞之徒。不过，赵佶却是一个昏而不庸的皇帝，他虽然宠信奸臣，但最高决策权却是一直牢牢掌握在自己手中，这点他丝毫不敢有任何疏忽。在这方面，他的确是继承了神宗皇帝管理朝政的一些办法，最突出的就是天下之事，无论巨细，全得秉承他的"御笔手诏"处理。原先负责讨论、起草诏令的中书门下、翰林学士都被他一脚踢开，凡事他都要亲力亲为。即便是蔡京等贵戚近臣要想办什么事情，或干求恩泽，也全得先请赵佶亲笔书写，然后才能颁布执行。除非有特殊原因，比如赵佶自己忙不过来时，他才会让宦官杨球代笔，号曰"书杨"。

对"御笔手诏"，百官有司必须无条件地执行，否则便是"违制"，会受到严厉的惩治的。政和以后，就连皇宫大内的事务，赵佶也要亲自过问。他在位期间，不时有正直的台谏官弹劾蔡京等，赵佶也曾多次将蔡京罢官。

后世学者王夫之在《宋论》里曾这样描述："君不似人之君，相不似君之相，垂老之童心，冶游之浪子，拥离散之人心以当大变，无一而非必亡之势。"此言可谓中肯。

人不堪命，宋江、方腊起义

徽宗时期，被人们称为“六贼”的蔡京、王黼、童贯、梁师成、李邦彦、朱勔，说不好听点，就是一伙骄奢淫逸、无恶不作的坏家伙。自北宋初年就存在土地集中、赋役不均的严重情况，然而“六贼”依然仗着赵佶对他们的宠信，一刻也没有放松过对农民土地的兼并与掠夺。他们以拓荒为名，不断掠夺农民的土地，最后使得许多农民纷纷破产。不仅如此，他们还以改革为名，致使名目繁多的苛捐杂税也日益增多，对百姓的盘剥日益加重。可以说，在他们的统治下，宋朝政治日益黑暗，阶级矛盾也进一步激化，最后使得走投无路的百姓纷纷举义，来反抗他们的剥削。而在众多起义中，最著名、声势最大的当属宋江起义和方腊起义。

宋江起义的导火线，就是宋廷为了解决财政困难的问题，特意下了这样一道命令：要将整个梁山泊（今山东东平南）的八百里水域全部收归公有。此外还特意规定：如果百姓进入湖中捕鱼、采藕和割蒲，就要依照船只的大小来上交重税。一旦发现有违反规定的，都以盗贼论处。如此一来，百姓的生活就更加苦不堪言，甚至连温饱问题都解决不了，又怎么能够交得起重税呢？终于，长期积压在胸中的对现实社会不满的怒火爆发了。以宋江为首的农民起义军开始凭借梁山泊易守难攻的优势，一次次阻杀前来镇压他们的官兵。到宣和元年（1119 年），这支农民队伍才正式宣告起义，并率先在河北起义。

宋江，原籍是山东郓城县宋家村，江湖人称“及时雨”，又号“呼保义”。因为他长相丑陋、面黄肌瘦，再加之个头矮小，人们都叫他

“黑宋江”。可是他于家大孝，为人仗义疏财，还会舞刀弄枪，人们皆称他为“孝义黑三郎”。同时，他出身文吏，熟读经学。他的母亲很早就去世了，父亲是宋太公，他还有一个兄弟，就是被人叫做“铁扇子”的宋清。宋江自幼与同在郓城县东溪村的晁盖是好玩伴。当时的宋江原本是郓城县押司，一个没有任何升迁希望的小官吏。

宋江先是拼命打出自己的名声，积累广泛的人脉，希望日后有所用处。没想到的是后来，不小心惹上了官司，知道自己在朝廷做官无望，于是追随梁山好汉晁盖留在了梁山。晁盖死后，宋江在众人的推举下，当上了梁山的“老大”。看到梁山队伍一天天壮大，他认为自己找到了一条晋升之路，自此，他更加不遗余力地发展梁山的势力，并数次带领梁山众人数击败朝廷的围剿。

据说，以宋江为首的起义军一开始只有三十六人，主要以打击惩罚贪官污吏为主。起义刚一爆发，徽宗赵佶就立即下令对其进行围剿。然而，宋朝军队由于久不征战，战斗力极差，很快就败下阵来。而宋江则凭借其过人的才智，带领着仅有的三十六名强悍、凶猛的属下，很快便取得了胜利。而宋朝军队的惨败，正好为宋江起义军制造了势头，使其声名远播。在此后的一年多时间里，宋江起义军并没有闲着，而是马不停蹄地转战山东、河北一带。在宋朝军队的围追堵截中，宋江率领众人采取机动作战的方式，相继攻打了河朔（泛指今黄河下游南北一带）、京东东路（今山东省益都）。后来，又转战于青、齐（今山东省济南）至濮州（今山东省鄄城北）之间，攻陷了十余郡城池，惩治贪官，杀富济贫，声势日盛。

宣和二年（1120 年）十二月，宋江等人开始攻打京西以及河北等地。赵佶得到消息后，十分惊慌。在如此紧急的时刻，亳州知州侯蒙向徽宗上书，说：“宋江仅仅三十六个人就能横行河朔、京东一带，而官军拥有数万之众却没有敢抵抗他们的，由此可以说明宋江确实有卓越的才能。不如下诏赦免他们的罪责，对其进行招降，让他带领军队去讨伐方腊，或许还能平定东南之乱呢!”赵佶听了很是高兴，当即采纳了侯蒙的建议，下诏给海州知州张叔夜，让他想办法招降宋江。

后来，赵佶又得到侯蒙去世的消息，此事也就暂时放一边了。但是，宋江等人虎视眈眈的架势让赵佶颇为担忧，立即派遣歙州知州曾孝蕴率军征讨。这一次，朝廷派出的讨伐军队声势十分浩大，宋江等众显然已经在人数上处于下风。宋江决定不拿鸡蛋跟石头去碰，决定暂时避其锋芒，从青州南下，在沂州（今山东省临沂）与官军进行周旋。

当时，朝廷负责招安的是北宋名将张叔夜，他这个人不仅倔强，而且也略有计谋。他向来看不起诸如宋江这些起义军，认为他们不过是一群草寇，实在不足为惧。这一次，他之所以去招安，是因为朝廷给他下了命令。当张叔夜找到宋江时，宋江正在集中精力攻打海州。其实，和宋军的每一次战斗，宋江都是经过深思熟虑的，而不是一时起兴。宋江先是考察了城防的实际情况，最后才决定从海上进行突破。果然如他所想，起义军取得大胜，还意外俘获了数艘大型船只。

当张叔夜得到军败的消息之后，决定亲自上阵剿杀起义军。他立刻组织了一千多人的敢死队，先是命他们在海州附近进行埋伏。另外，又派出了一小队士兵去跟起义军作战，并趁着兵乱之际在海边埋伏了一批精兵。双方展开交战以后，小队士兵故意装出一副怯战的样子，刚一开战就回撤，把宋江起义军引到了埋伏圈。这时候，伏兵突然一拥而上，一举烧毁了宋江的船只。宋江起义军虽然勇猛之极，但也敌不过突如其来的袭击。情急之下，宋江命令立即撤退。但谁曾想在撤退的时候，他们又遭受到了另外一支伏兵的掩杀。一时间，起义军乱成一团。张叔夜看到大局已定，于是下令三支部队齐头并进，把宋江等人全部包围起来。宋江在重兵包围之下，知道自己大势已去，不得已之下率领起义军接受了朝廷的招降。

宋江起义失败以后，宋廷就开始集中力量对付方腊起义了。方腊，又名方十三，是歙州（今安徽歙县）人，后来迁居到睦州青溪县（今浙江淳安）。为了能够维持生计，他只好在地主家里当长工。说起青溪这个地方，曾被人们称为是重灾区，为什么呢？原来是因为“花石纲”的不断骚扰。因为这一带盛产竹木漆茶等经济作物，当时的赵佶荒淫骄奢，痴迷奇花异石，还专门设立造作局。所以，他总是不断派人来搜罗竹木花石，当时负责搜罗的是大太监童贯，一有机会他就对百姓进行敲诈勒索。久而久之，百姓忍受不了这种残酷的剥削和压迫，怨言不断。对此，方腊看在眼里，常常和一些贫苦农民到山谷深处的帮源峒集会，亲自策划起义。

宣和二年（1120 年）十月初九，方腊在帮源峒的漆园里召集贫苦农民一千多人，号召群众起来反抗。他愤怒地说：“国和家，道理都一样。如果小辈一年到头辛勤地耕田织布，积了一点粮食布匹，却全给父兄拿去用光，父兄稍不称心，还要把小辈毒打辱骂，甚至虐待处死。你们说，能不能甘心忍受？”

农民们异口同声地说：“不能！”

方腊又说：“如今我们受冻挨饿，连一顿饱饭都吃不上。你们说，该怎么办？”

农民们激动地高喊说：“听你的命令！”

这时候，群情激昂，都表示愿意追随方腊起义。在方腊的极力号召下，一次农民大起义就这样爆发了。方腊起义的消息刚一传开，附近各县的贫苦农民便纷纷响应，集体起义；短短的几天时间，方腊的起义队伍就发展到了几万人，这样的效果实在是惊人。

到十一月初，方腊便开始建立政权，自称“圣公”，定年号为“永乐”。这样一来，起义军的声势就更大了，一时间震动了整个东南。随后，方腊率领的起义军在青溪县全歼两浙路常驻军五千余人，并在战斗中斩杀了宋军兵马都监察颜坦。紧接着，方腊起义军还攻陷了青溪，俘获了县尉翁开。十二月初，方腊起义军又相继攻克睦州，占据寿昌、分水、桐庐、遂安等县。不久，起义军又向西攻下歙州，全歼宋东南第三将“病关索”郭师中部，东进攻克富阳、新城，直趋当时“花石纲”指挥中心的杭州。当时的杭州，不仅是两浙路的首府，又是造作局所在地，聚集着大批官吏和富商、地主。处州霍成富、陈箍桶等人也都加入战局，衢州摩尼教的组织也起兵响应。方腊起义军在极盛之时，还建立了包括江苏、浙江、安徽、江西的六州五十二县在内的政权，对宋朝的威胁极大。

同年十二月二十九，起义军成功攻入杭州，并杀死了两浙路制置使陈建、廉访使赵约，知州赵霆逃走。这时候，积怨已久的群众开始在杭州四处捕捉官吏，不仅挖掘了蔡京父祖的坟墓，还把骨骸暴露出来，大有挫骨扬灰的架势。从很大程度上来看，方腊起义军的节节胜利，激励了其他地区民众发起反抗，例如湖州归安县的陆行儿，婺州兰溪县灵山峒的朱言、吴邦，永康县方岩山的陈十四，处州缙云县霍成富、陈箍桶等，纷纷领导当地农民参加起义。一时间，各地起义如雨后春笋般大量涌现出来，台州仙居县吕师囊，越州剡县裘日新，衢州郑魔王等也开始领导当地摩尼教秘密组织起兵响应。湖、常、秀等州农民也“结集徒众”，准备攻打州县。

方腊起义军的迅猛发展，不仅切断了北宋朝廷的经济命脉，也着实吓坏了以赵佶为首的统治集团。当时的宋朝其实并不是没有仗可打，他们已经与金人达成了联合攻辽的协议，而且早已经集结好了各路的精兵，准备伐辽。但是，当宋廷得知方腊起义的消息后，立即停止了对辽的作战，转而派童贯为江浙宣抚使，谭稹任两浙路制置使，率领十五万大军南下镇压起义。与此同时，赵佶还罢免了朱勔的官职，撤销了“应奉局”，停办了“花石纲”，希望以此来欺骗方腊起义军，从而使其在内部产生动摇，进而分化瓦解。

宣和三年（1121 年）正月，在童贯的大军出发之前，赵佶哭丧着脸，对童贯说："东南的事情，全靠你了。"随后，童贯、谭稹兵分两路，由王禀、刘镇等分别率领，向杭州和歙州两个地区进发，企图在睦州会合。方腊派遣方七佛领兵北伐，一举攻下了崇德县，进而开始围攻杭州东北的秀州，并分兵进入湖州境内。这时候，正好碰到王禀率领东路宋军从北而来，于是方七佛便率军迎战。但由于宋军人多势众，方七佛战败，被迫退守杭州。此时，方腊率领的主力军继续南征，相继攻下了婺、衢两州，而另一支部队则挥师北上，相继攻下了宣州宁国县，后来又包围了广德军。这次的调兵征战，使起义军先后攻下了六州、五十多个县，包括今浙江省全境和安徽、江苏南部以及江西东北部的广大地区。但是，起义军在秀州的战败却使杭州失去了屏障。

同年二月，宋军开始包围杭州，并与起义军展开激战。由于粮草不足，援军也没有及时赶来。经过一番苦战，起义军最终还是被迫退出了杭州。杭州的失守，起义军的形势开始急转直下。到了三月初的时候，起义军再次进攻杭州，却以失败告终，反而宋军的杨可世、刘镇所率领的军队在歙州大获全胜，王禀所率领的部队也在同一时间攻破了睦州。

同年四月，宋军相继攻克衢州、婺州、青溪县，起义军的许多将领也都被斩杀。方腊在被逼无奈的情况下，不得不率领起义军退守到帮源峒。而这时候，王禀、刘镇等各路宋军已经会合完毕，并开始对帮源峒实施包围。四月二十四，宋军开始对方腊起义军发动猛烈的进攻，腹背受敌的起义军奋起抵抗，七万多人壮烈牺牲。方腊和他的妻子邵氏、儿子方毫和丞相方肥等五十二人在梓桐峒的石涧中被俘虏，并于八月二十四在开封英勇就义。就这样，方腊起义也被宣告结束。

“光复”燕云十六州

自从北宋建国以来，辽国就开始虎视眈眈地盘踞于宋朝的北方，随时准备挥军南侵。如此一来，就形成了宋辽南北对峙的局面。其实在澶渊之盟以后，宋、辽两国维持了长达一百年的和平时间，因为双方都没有消灭对方的实力和能力，只好暂时保持和平状态。

直到政和五年（1115 年），在女真人领袖完颜阿骨打的带领下，女真族开始起兵反抗辽国的统治，并统一了女真族的各个部落，建立了金国。紧接着，又在很短的时间内攻打下了辽国的北方首都上京。就这样，金辽之间爆发战争。宋朝得到这一消息后，朝野上下均认为金国会取代辽国，辽国势必会走向灭亡。于是，宋廷决定联合金国，攻打辽国。这样不仅可以向金国示好，还可以趁机收复失去已达两百年的燕云十六州。

宣和元年（1118 年），赵佶便派武义大夫马政由登州（今山东蓬莱）渡海出使金国，并向金太祖完颜阿骨打传达了宋朝想与其通好，并共同征伐辽国的意向。从此，双方开始频繁接触。宣和二年（1119 年），赵佶又派遣赵良嗣（本名马植，祖籍河北，世代为辽国大族）以买马名义再次出使金国，缔结联金攻辽的盟约。临行之前，赵佶给金国写了一封书信，信中这样写：“据燕京并所管州城，原是汉地，若许复旧，将自来与辽国银绢转交，可往计议，虽无国信，谅不妄言。”

其实，按照赵佶的本意是想要收回燕云十六州。但是在书信中，他却只提到了燕京所管辖的州城。现在看来，这种言辞无异于自缚手脚。因为在与金人谈判的过程中，虽然赵良嗣尽量扩大燕京的管辖区，要求将西京和平州、营州都包含进去，也就是收复长城以南的所有土地。但是金人却以此地不属于燕京管辖为由，断然驳回了这个要求，于是谈判陷于僵局。无奈之下，双方只好都做出了让步，即约定届时由金国攻取辽国中京（今内蒙古宁城西），宋朝攻取燕京一带。待取得胜利后，燕京所有地区均归宋朝所有，但是要每年赐给金国二十万两银、三十万匹绢给金。等赵良嗣回到京师复命的时候，朝廷才知道这是作茧自缚的结果。

于是，再次派出马政前去报聘。这一次，赵佶长了记性，在书信中特别注明了燕云十六州。没想到，金国的态度变得十分蛮横，并表示："如果宋朝一而再、再而三地提高要求，那么就只能解除约定。"对此，宋朝不好再继续闹下去，只好暂时忍气吞声，全力配合金国。

宣和四年（1122 年），金人联合宋朝一起攻伐辽国。这时候，辽国天祚帝耶律延禧已在金人的猛烈追击下，仓皇逃到了夹山之中。国不可一日无君，很快辽军又拥立耶律淳为天锡皇帝，苦苦支撑这一残局。而童贯由于成功镇压了方腊起义军，正踌躇满志。他天真地以为，只要宋军北伐，耶律淳就会望风迎降，幽燕故地也可稳稳进入囊中。于是，他信心满满地建议赵佶尽快派军队挥师北上。同年四月，赵佶任命童贯为河北河东宣抚使，令他率军挥师北上；五月，赵佶又任命蔡攸为两河宣抚使，与童贯共同率领大军。在童贯认为，这样的安排颇为完美，收复燕云之地也势在必得。

但是，当童贯到达河朔以后，看到的却是另外一个场面。由于这里多年不曾有过兵戈战乱，这里的驻军十分骄懒，根本没有一点作战的状态。而且就连当年为了阻挡辽国骑兵而构筑的塘泊防线也都水源枯竭、堤防废坏。但是兵已至此，童贯不能立即打道回府，只好硬着头皮继续进军。他先是派人前去劝降耶律淳，却被对方斩杀。劝降的策略不行，他又下令宋军张贴皇榜，宣传吊民伐罪的意图。

童贯率领的大军很快抵达高阳关（今河北高阳东），他立即命都统制种师道率领东路大军进攻白沟，辛兴宗率领西路大军进攻范村。种师道是西北地区的一位名将，在他看来，此次征伐辽国是乘人之危的不义之战，于是采取的完全是消极态度。当种师道得知前军统制杨可世在兰甸沟被辽军打败，后来又在白沟被辽军围攻败退的时候，他就有撤军的想法了。而这时候，辛兴宗也在范村被辽军击败。于是，种师道下令撤军雄州（今河北雄县）。此时的辽军趁势追击，在城下双方展开激战，宋军损失严重。赵佶听说这件事之后，立即转变了对辽军的态度，从一开始的蔑视转为畏惧，急忙下诏命令北伐大军班师回朝。而童贯为了避免承担责任，就把指挥无方的责任全部推脱到了种师道等人身上，致使愤怒的赵佶将这些人统统贬谪到了外地。

同年七月，耶律淳病死，其妃萧德妃以太后的身份开始主政。这时候，宋朝的宰相是王黼，他得知此事后，便鼓动赵佶命童贯、蔡攸再次北上伐辽，并用刘延庆代替了种师道的将位。金人得知宋军再次举兵伐辽，害怕宋军一鼓作气，率先攻取了燕京，他们就得不到宋朝的岁赐了。于是，立即派遣使者前去与宋军商约伐辽的战期。宋朝这边再次派遣赵良嗣出使金国，讨论双方履行约定的相关事宜。

因为有前车之鉴，刘延庆率领的十万大军并不急于作战，而是停滞不前。而这时候，辽国涿州的守将郭药师看到辽国朝不保夕的局势，开始为自己的前途做打算。郭药师率领常胜军八千人以涿州（今河北涿县）、易州（今河北易县）两座城池为条件归降宋军，被划归到刘延庆麾下。因为不费一兵一卒就得到了两座城池，赵佶就有点儿得意洋洋，忘乎所以了，不但重赏了郭药师，还亲笔把燕京改为燕山府，其他八个州县也都一一赐名，似乎一府八州已经唾手可得了。

这时候，童贯又派遣刘延庆和郭药师率领十万大军渡过白沟，攻伐燕京。大军在行至良乡（今属北京）时被辽军将领萧斡率领大军堵截，在卢沟以南屯兵扎寨。郭药师自荐表示愿意率领六千骑兵趁着敌后空虚之际，在夜晚偷袭燕京。但是，刘延庆需要派他的儿子刘光世率领部队前去接应。郭药师率领军队攻入燕京后，就与辽军展开了血战。然而，因为刘光世没有前去接应，最后导致郭药师的军士死伤过半，仅有几百个骑兵慌忙中逃了回来。

就在这个时候，辽将萧斡已经让人截断了宋军的粮道，并且扬言自己拥有三十万大军，将以举火为号，一鼓作气歼灭宋军。刘延庆看到这种阵势，顿时吓得不知所措起来，看到辽军中闪现的火光，就什么也不顾地自己烧毁了大营，仓皇向南逃去。第二天，宋军在白沟被追赶而来的辽军再次打败，无奈之下，退到了雄州以求自保。经此一役，宋军把王安石变法以来所积蓄的军用储备消耗殆尽，而由童贯所主导的两次北伐战争也在这次战斗中宣布破产。

那么辽国和金国呢？一个即将覆灭的辽国竟然能够在此次战争中大获全胜，金国也通过此次战斗彻底看清楚了宋朝在军事上的短处。这时候，金太祖完颜旻（阿骨打）已攻下了辽国的中京和西京（今山西大同）。到年底，阿骨打又御驾亲征，率领大军攻克了燕京。他看到宋军一再败退，所以在对待使者赵良嗣的态度上也是越来越傲慢、强硬。而赵良嗣在奉命与金国谈判履行约定交割地盘的相关事宜的时候，心里也知道金人得寸进尺，明显是想毁约，但是宋军那边节节失利，军事上根本强硬不起来，致使他在谈判桌上也就彻底没有了底气。最后，经过来来往往的几次讨价还价，金国下了最后的通牒，即金国只将燕京六州二十四县交割给宋朝，而宋朝每年除了向金国上交原来答应的五十万岁币以外，还必须补交一百万贯作为燕京的代税钱，如果半个月内宋朝这边没有答复的话，金国就将采取强硬的军事行动。

宣和五年（1123 年）正月，赵良嗣带着金国的要求回到京师复命。赵佶不得不答应了金国提出的全部要求，不过他还想让赵良嗣再次出使金国，要求归还西京；金国又趁机向宋朝敲诈了二十万两的犒军费，宋朝只好一一答应。更过分的是，金国虽然照单全收了银两，却拒绝交还西京。同年四月，双方进入交割阶段。首先是燕京，金国军队进城已经有半年之多了，而且知道这座城池最终是要归还宋朝的，便开始大肆洗劫财物，致使城中居民逃匿，十室九空，俨如一座空城。金军撤走的时候，又将富民、金帛、子女捆载而去。也就是说，童贯、蔡攸接收的完全是一座残破不堪的燕京空城而已。

其次是蓟（今河北蓟县）、景（今河北遵化）、檀（今北京密云）、顺（今北京顺义）、涿、易等六州，同样也遭受了相似的命运，而且其中的涿、易二州还是主动降宋的。尽管如此，赵佶君臣还是自我陶醉的，王黼、童贯、蔡攸、赵良嗣等人都被作为功臣加官进爵。除此之外，赵佶还下令让人撰写了《复燕云碑》，以此来为自己歌功颂德，因为在他看来，宋太祖、宋太宗没有完成的事业，在他这里总算完成了。

至此，宋金双方的海上之盟就算交割清楚了，但因为宋朝所得到的并不是全部的燕云故地。所以，总有些不甘心。后来赵佶又派遣宦官谭稹为两河燕山府宣抚使，前往负责收回，朔、应、蔚州的守将向宋朝纳款请降，而金国因为金太宗完颜晟（吴乞买）刚刚即位，辽天祚帝也在逃亡之中，根本顾及不到山后的九州，于是在十一月的时候，同意割让武、朔二州给宋朝。到了这个时候，宋朝实际控制的范围只有山后的四州，又因为金国的元帅完颜宗翰坚决反对交出山后的各个州城，宋朝也不敢再作交涉，此事只好作罢。

宣和六年（1124 年）三月，金国派人到谭稹那里索要二十万石军粮，说是赵良嗣已经答应过的。但是，谭稹却以空口无凭为理由，直接拒绝了金国的要求。这就致使金国上下恼羞成怒，再加上宋朝收留了张觉（原为辽国将领），他们更是对宋朝怨恨至极，如此便给金国留下了挥军南下的借口。同年八月，金国军队便攻下了宋朝控制的蔚州，宋金战争一触即发。

宦官王爷童贯

童贯，字道夫，开封（今河南开封）人。他的经历可谓是充满了传奇般的悲喜剧色彩。他是中国历史上第一位被册封为王的太监。跟历史上其他太监比起来，他真的不是一个普通的小太监，而是一个祸乱朝纲、误国误民的太监。

或许，人们对童贯的深刻印象，来自于四大名著之一《水浒传》。那时候，童贯官拜掌控朝廷军事大权的枢密使，对于围剿梁山草寇一事，他责无旁贷。然而，当他统领八十万大军前去梁山泊镇压宋江起义军时，却因为自己的疏忽大意，中了梁山好汉的十面埋伏，最后被杀得只身一人，仓惶逃回了汴京（今河南开封市）。

童贯这个人，不只外表上有优势，而且他出手也十分阔绰，给当时的人们留下了深刻的印象。不过阔绰对象只是对那些后宫嫔妃、太监，还有一些贴身宫女，以及那些能够接近到皇室的道士们、天子身边的近臣们。所以说，他是一个颇有心计的人，他之所以跟近臣们搞好关系，就是想通过他们的嘴向皇帝传达一些关于他的好话。童贯“心细如发”。他尤其擅长揣摩赵佶的心理，似乎具有极强的洞察力。赵佶的一举一动、一神一情，童贯都能够猜出一二。正因如此，童贯深得皇帝欢心，赵佶对他很是信任，认为他是一个颇懂人心又十分省心的太监。于是，赵佶决定把童贯留在自己身边做事。

其实，从时间上来推算，赵佶入继大宝时，童贯已经四十八岁。这个年龄，正是人生经验、阅历、精力臻于巅峰之际，童贯的确也达到了这个境界。当时，赵佶借着“内廷供奉官”的名义，特意指派童贯到杭州设金明局，收罗文玩字画，第一次为他打开了上升的通道。一般来说，内廷供奉官这个职位，就相当于皇宫的采购官，虽然不是一个高职位，但却是一个很有油水的“肥差事”，当时好多人都在惦记这个职位，其目的不言自明。但这个好差事终于还是落到了童贯手里，然而他却没有满足于捞取好处，他对这次机会的利用，称得上老谋深算、意味深长。也正是从那时候起，他才有机会和蔡京交往。当时人们称蔡京为“公相”，称童贯为“媪相”。

据说，蔡京能够进京任官，还要归功于童贯。刚开始的时候，他们二人在为官的道路上是互相帮扶，算得上是一对好搭档。蔡京担任宰相之后，也开始竭力向赵佶推荐童贯。对于攻取青唐一事，蔡京举双手赞成，并对赵佶说：“童贯曾十次出使陕右，熟悉那五路的情况与各将帅的才能。”很快，宋廷合兵十万，命王厚为统帅，童贯为监军。然而在宋军到达湟州之时，恰好宫中失火。赵佶便立即下手谕，由驿马传达诏令，想要阻止童贯出兵。童贯看过皇帝的手谕之后，沉默了半天，然后将其收入靴中。王厚满脸疑惑，就问他：“为何？”童贯回答说：“陛下希望出兵成功。”

之后，童贯出兵交战，顺利收复四州。赵佶念在童贯功大于过，也就没再追究他忽略手谕一事，并擢升他为景福殿使、襄州观察使。没过多久，童贯又被提拔为熙河兰湟、秦凤路经略安抚制置使，连续升官至武康军节度使。后来，童贯又接连讨伐溪哥臧征，收复积石军、洮州，遂被加官为检校司空。自此，童贯变得骄横跋扈，根本不把朝中其他官员放在眼里，仿佛朝廷上下，除了皇帝他就是最了不起的。渐渐地，他和蔡京的关系也没有以前那么好了，他们之间的矛盾也一天天在加深。

政和元年（1111 年），赵佶又加封童贯为检校太尉，命他出使辽国。蔡京立即站出来阻止说：“用宦官为使臣，难道国家没人了吗？”

赵佶说："辽国听说童贯打败羌人，因此想见他，以他为使臣，察看敌国，也是良策。"蔡京见皇帝心意已决，只好不再多言。童贯从辽国回来之后，似乎气焰更旺、权势更大，手中还握有朝廷内外军政大权。童贯再次请求出兵进驻西夏国横山，赵佶也立即同意了，并命他以太尉的身份为陕西、河东、河北宣抚使。不久，他又成为开府仪同三司，签书枢密院河西、北两房；不到三年，他又主管枢密院事。另外，他还统领武信、武宁、护国、河东、山南东道、剑南东川等九镇，为太傅、泾国公。可以说，当时的童贯仕途十分得意，是其他宦官想都不敢想的。

宣和四年（1122 年）三月，方腊起义军的余部被宋廷彻底消灭。童贯因镇压起义军有功，被迁为太师，改封为楚国公。宋军从出兵镇压到凯旋归来，前后一共用了四百五十天。之后，宋、金两国结成海上之盟，协议金攻辽中京，而宋攻辽燕京。当时，赵佶派遣童贯二十万军队北伐燕京，没想到失败而归。这次惨败，不仅严重暴露了宋兵的腐化，也为后来的靖康之难埋下了祸根。童贯乞金兵代取燕京，以百万贯赎燕京等空城而回，侈言恢复之功。不久，赵佶因童贯收复燕山有功，下诏解除他的兵权而为真三公，加封他为徐、豫两国公，又过了两月，宋廷命他退休，由谭稹代替他的位子。第二年，宋廷再次起用他，领枢密院，宣抚河北、燕山。

宣和七年（1125 年），赵佶遵神宗能收复全燕之地者赏以封地、给以王爵的遗训，下诏封童贯为广阳郡王，统率大军重镇边疆，驻扎太原。那时，金已灭辽，大举兴兵南侵。童贯先委派马扩、辛兴宗二人以访问为名，去试探金人的意图。金人指责宋廷收留张觉，并派使者下战书。童贯对金使厚礼相待，并说："这么大的事，怎不先告诉我呢？"金使劝童贯马上割两河之地向金人谢罪，童贯垂头丧气、无以应对，打算逃回京城。太原守将张孝纯谴责他说："金人背盟，大王应号令天下兵马全力抵抗，现在弃之而去，是把河东丢给敌人啊。河东一入敌手，河北怎么办?”童贯听后大发雷霆，吼道：“我童贯受命为宣抚，不是来守疆土的。你定要留我，还设将帅有何用?”张孝纯也不甘示弱，继续损他：“童太师一生威望甚高，事到临头却畏缩恐惧，抱头鼠窜，有何面目再见天子呢?”

然而，当童贯逃回京城的时候，赵佶已禅位于赵桓。赵桓下诏亲征，以童贯为汴京留守。童贯见宋廷大势已去，且不听钦宗令他留守汴京的命令，而是同赵佶一起南逃。当时，童贯手中还拥有一万亲兵。因为在西部边境，他曾招募诸多年轻人组成胜捷军，命他们守卫他的住所。在这关键时刻，他自然会让这支军队跟着他，保护他。可是，当赵佶经过浮桥准备出城时，那些士兵们紧随其后，有往桥上爬的，也有抱怨的，还有生怕被丢下而号啕大哭的。此时的童贯完全无所顾忌，他看到长长的队伍，实在担心会连累到自己。于是，他下了狠心，命身边的亲军射箭，有一百多人中箭而死，一时间哭声连天、惨不忍睹。朝中谏官、御史们听到童贯的这一恶劣行为，开始议论纷纷，都在指责童贯实在是罪大恶极。就在这时候，大学士陈东等人立即上书弹劾蔡京、童贯等六人为误国六贼，他们给童贯的主要罪名是“结怨辽金，创开边隙”。

靖康元年（1126 年），童贯被宋廷一连三贬。起初，他被贬为左卫上将军，连续降官；后来，他又被谪为昭化军节度副使，发配到英州、吉阳军；同年七月，童贯还没到任职的地方，赵桓又下诏历数他十大罪状，并命监察御史张澄沿他所走路线，到途中斩掉他。随后，张澄在南雄斩杀了童贯。童贯被杀后没多久，他的头颅就被张澄带回京城，第二日便悬首示众。

被迫禅位，异邦偷生

崇宁二年（1103 年），在蔡京等人的强烈建议下，赵佶又发动了一连串对西夏的战争，并攻占了许多地盘，逼得西夏低声下气地奉表谢罪。因为自从与西夏交兵以来，宋朝确实从未取得过如此赫赫的战果，所以此时的赵佶洋洋得意起来，为此他还特意遣官奏告天地、宗庙、社稷，轰轰烈烈地庆祝了一番。然而，宋、西夏边境的战火刚刚熄灭没多久，赵佶又打起了辽国的主意。可能是因为他刚刚尝到成功的甜头，还想要再有一次、两次甚至更多次这样的体会。于是，赵佶做出了这样一个决定：与金国联盟，一起夹击辽国。不曾想金国在占领燕京后，居然不顾搭档之情，狠狠敲诈了宋朝一笔一百万贯的“燕京代税钱”；到了第二年，金国才将燕云诸州几座空城陆续还给宋朝。而金国的矛头，接着就指向了宋朝。

宣和七年（1125 年）金国兵分两路，准备大举南侵。西路军以完颜宗翰（本名黏没喝）为主将，由大同进攻太原；东路军以完颜宗望（本名斡鲁补）为主将，由平州（今河北卢龙）进攻燕山，两路军计划在汴京会合。同年十月，东路军攻下檀州（今北京密云）、蓟州（今天津蓟县）；十二月，北宋边将郭药师叛变，金兵不战而入燕山。从此，金兵命郭药师做先锋，大踏步地南下。十二月初，西路军出兵，连续攻克朔州（今山西朔县）、武州（今山西神池）、代州（今山西代县）等地。十二月十八，金兵到达太原城下，开始进行围攻。

紧急军报像雪片一样陆陆续续飞进汴京，赵佶吓得心惊肉跳。此时的赵佶，已经丝毫没有风流洒脱的模样了，他整天愁眉苦脸，动不动就涕泗交流。表面看来，他好像要改过自新、奋发图强，准备抗金；实际上，他根本不敢担当起抗金的责任，只是在心里默默写了一个“走”字。为了方便逃跑，赵佶决定任命皇太子赵桓为开封牧，想让儿子以“监国”的名义，替他挡住金兵，自己好带着皇位向南逃命。于是，他传旨要“巡幸”淮浙，并派户部尚书李棁守建康（今南京），替他打前锋。太常少卿李纲不赞成赵佶的这一做法，刺破胳膊，上血疏说：“皇太子监国，本是典礼之常规，但如今大敌入侵，安危存亡在于呼吸之间，怎能仍旧拘泥常规呢？名分不正而当大权，又何以号令天下，指望成功呢？只有让皇太子即位，叫他替陛下守宗社，收人心，以死捍敌，天下才能保住！”

赵佶急于逃命，权衡一番利弊之后，终于下了禅位的决心。但赵佶不愿意给人们留下畏敌避祸、不光彩的印象，于是绞尽脑汁，找了个自以为比较体面的借口。同年十二月二十三傍晚，赵佶召宰执大臣到玉华阁，先是提拔吴敏为门下侍郎，命他辅佐太子。随后，赵佶要来纸和笔，写道：“皇太子可即皇帝位，予以教主道君的名义退居龙德宫。可呼吴敏来作诏。”过了一会儿，吴敏又把草拟好的禅位诏书拿来，赵佶又在结尾处补写道：“依此，很令朕满意。”第二天，皇太子赵桓在经过一番辞让后继位，是为宋钦宗，年号靖康；赵佶退位之后，号教主道君皇帝，称“太上皇”。

靖康元年（1126年）初，赵佶听说金兵已经渡过了黄河，于是扔下儿子，慌忙逃往镇江。其实，赵佶在退位的第二天就已明确表示：“除道教教门事外，其余一律不管。”但是，对于昔日的权威，还有他的那些宠臣，他依然是不甘心放弃的。在喘息稍定之后，赵佶就忘记了之前的许诺，开始以“太上皇帝圣旨”的名义发号施令了：东南地区发往朝廷的报告被他们截住不得放行；对勤王（指君主制国家中君王有难，而臣下起兵救援君王）援兵也要求就地待命，听候他们的指挥；纲运物资也要在镇江府卸纳。赵佶的那些宠臣把持着东南地区的行政、军事、经济大权，准备在镇江重新把赵佶捧上台。汴京的新皇帝赵桓听到此事后，十分生气，立即下诏说按照徽宗退位诏办理，不仅剥夺了他们的权力，还将童贯、蔡攸等人贬官。也就是在这时候，赵佶和儿子赵桓的矛盾被正式激发。

同年二月初，金兵从汴京城下撤退，赵桓接连几次派人请赵佶回京；赵佶也表示自己今后愿意“甘心守道，乐处闲寂，绝不再窥伺旧职，重当皇帝了”。如此看来，父子的矛盾似乎有一点儿缓和了。四月初三，赵佶顺利回到汴京，赵桓亲自到郊外迎接父亲。那一日，赵佶头戴栗玉并桃冠，身着销金红道袍，飘摇入城，住进了龙德宫。然而，此后几个月的太上皇生活，赵佶过得并没有那么得舒心痛快。这是为什么呢？原来他昔日的宠臣不是被赵桓一个个贬官，就是以各种借口赐死，就连十几个跟随他多年的贴身内侍，也都被赶出了京城。更让赵佶难以接受的是，就连自己的爱妾李师师（今河南省开封人，北宋末年青楼歌姬，深受赵佶的宠爱）的家财也被赵桓一道命令，统统充作对金国的赔款。可以说，赵佶的一言一行、一举一动，都在赵桓的严密监视之下。同年闰十一月二十五，金兵攻陷汴京。

靖康二年（1127 年），徽宗赵佶、钦宗赵桓二帝被金人俘虏，押往北方。这一批同行的有后妃、皇子、皇女以及宗室贵戚三千多人。当时正是四月天气，北方还很寒冷，徽宗、钦宗二帝和郑氏、朱氏二皇后的衣服都很单薄，晚上经常被冻得睡不着觉。为了取暖，他们只得找些柴禾、茅草燃烧。他们睡在地上，可是地面又湿又潮，破屋四面透风，活得像囚徒一样。这还不算，金兵每天只供给他们一次饭、水，饭还是发了霉的干饼和豆饼。行程不过半月，燕王赵俣就死于途中，赵佶为之大恸，以马槽敛尸葬于荒郊野外。同年十月，赵佶又从燕京被押到了大定府（今辽宁宁城西）。

金天会六年（1128 年）七月，赵佶又被押到了金国都城所在地的上京会宁府（今黑龙江阿城县南）。那天，赵佶穿着素衣，在乾元殿拜见了金太祖阿骨打的牌位，紧接着又拜见了金太宗完颜晟，金太宗封他为“昏德公”。过了没多久，徽宗和钦宗等九百余人，又被迁到了韩州；之后，金朝又拨给他们十五顷土地，令他们耕种自给。在以后的几年里，金人每逢丧祭节令，总要赏赐给赵佶一些财物酒食；每赐一次，又总要赵佶写一封谢表。后来，金人还把这些谢表集成一册，拿到设在边境的和南宋进行贸易的榷场一直卖了四五十年。

金天会十三年（1135 年）四月，赵佶被金国囚禁了整整九年，终因不堪精神折磨，在五国城去世，享年五十四岁；之后，金熙宗便将他葬于河南广宁（今河南洛阳）。直到绍兴十二年（1142 年）八月，赵佶的棺材才从金朝运到了临安，总算叶落归根了。

被强披龙袍的钦宗

钦宗，原名赵亶，后更名赵煊，又改赵桓，是徽宗赵佶的长子，母亲是显恭皇后王氏。王氏是赵佶的元配，赵佶即位后被册封为皇后。王皇后一向恭敬节俭，但因姿色一般，不会取悦于皇帝，虽然是正宫娘娘，却不受赵佶的宠爱。当时，赵佶宠幸的是贵妃郑氏，这个郑氏也就是后来的显肃皇后。

元符三年（1100 年）四月十三日，在赵佶继承皇位四个月以后，赵桓顺利诞生。他出生五个月后，还在襁褓中的他就被封为检校太尉，山东东道节度使，韩国公；翌年六月，他又被任命为开府仪同三司，封京兆郡王；崇宁元年（1102 年）二月，他又改名叫赵煊，八月始改名为赵桓。

大观二年（1108 年）正月的时候，赵桓又被进封定王，并出外就学，正式开始了他的读书生涯。他除了读些诸如《礼》《易》《尚书》等经典和《汉书》等史籍，再就是文章诗赋之类。说起赵桓的资质，虽然不是很鲁钝，却也算不上天资聪慧。每读一篇经文，他常常需要数日才能成诵。在此期间，他的确下了不少功夫；可以说，他在读书习作方面还是比较勤奋的。当然，在待人接物方面，他也做得谦恭有礼，给当时的人们留下了一个聪明、仁孝的好印象。转眼间，赵桓年满 20 周岁。待加冠之后，他就算长大成人了。

政和五年（1115 年），即位已有十六年之久的赵佶觉得应该效法先王，册立一个储君了，再加之立嗣长子是古今之通则，于是皇太子的名分就理所当然地落到了赵桓头上。或许是年轻，当时的赵桓为了保住这个地位，变得更加谨小慎微。为了表明自己的恭俭、谦退之举，在拜谒太庙之时，赵桓奏请不乘金辂，不用卤簿，只是常服骑马以往，他还请求官吏不要对他称臣。待他入居东宫之后，他又奏请宫中管事人员，吩咐他们务必要减少东宫的诸司局，节约廪食。另外，为了继续发扬自己的好学精神，他还特意请求每天除了问安寝食之外，只要稍有闲暇，不拘早晚请学官赴厅讲读。

尽管赵桓做得如此努力，他的太子之位坐得还不十分稳当，何出此言呢？因为赵佶一直以来最喜欢的儿子并不是他，而是三儿子郓王赵楷，所以无论赵桓如何努力、表现如何好，赵佶似乎都不放心上，不放眼里。

宣和七年（1125 年）冬天，随着金兵的大举南侵，赵佶对赵桓的态度才有所改变。十二月二十，赵佶降御笔封赵桓为开封牧时，有意一再表白这一任命不是根据左右大臣的建明，而是悉出宸断。当然，赵佶之所以这样做，只是为了显示自己对皇太子的信任，也是为了在朝臣面前表现他们父子之间并没有任何间隙。翌日，赵桓入朝问安时，赵佶又特意将只有皇帝才能佩戴的排方玉带赐给了他，这让失宠许久的赵桓有点受宠若惊，小心翼翼地收起了父亲赐予的礼物，深怕有一天由于自己的保管不慎，被父亲收回。

三天以后，也就是十二月二十三日，赵佶决定将皇位禅让给他的儿子，于是，他亟命宣召太子赵桓前来。赵桓在小黄门（低于黄门侍郎一级的宦官，后泛指宦官）的带领下，踏着碎步走进保和殿东阁，叩拜礼毕之后，赵桓才敢抬起头来看父亲。只见赵佶半卧榻上，宰执大臣环侍榻前，赵桓心中暗暗吃了一惊。还没等他反应过来，太师童贯和少宰李邦彦就走到他跟前，随即抖开一领御袍披在了他身上。赵桓突然神经质地浑身一颤，脸刷的一下白了。此时的他感觉身体完全不受自己控制，他双膝一软，再次跪倒在地，直着眼，没说一句话。

停留了半晌之后，赵桓才放声大哭，表示坚辞不受；他一边哭，一边举体自扑，将御袍甩到了一边。赵佶见状，脸色开始变得十分难看，似乎是对儿子的懦弱无能有点失望，也或许是自己身体的缘故。于是，他又命人拿来纸币，并在纸上写道："汝不受则不孝矣。"赵桓胆战心惊地接过一看，哽咽着说："臣若受之则不孝矣。"之后，又抬起泪眼，嗓子沙哑着说："父皇欠安，臣儿定难从命。"赵佶见僵持不下，不想再折腾下去，干脆命内侍扶赵桓前去福宁殿，马上即位。稍事停歇后，内侍就连拖带拉地将赵桓拥向前去。走到福宁殿的西庑门时，早就等候在那里跪拜称贺的宰执大臣也上前相帮，终于将赵桓拥到了殿内。人们原想就势扶赵桓升座即位，不料见他身软体酥，刚走进殿内就昏厥过去。无奈之下，宰执大臣们只好又七手八脚地将他抬到卧榻之上，待太子赵桓苏醒过来再做打算。

这时，天已逐渐黑了下来，大内殿宇笼罩在一片暮霭之中。而此时应召而来准备参加内禅典礼的文武众官早已在垂拱殿下班列成序。宰执大臣来到这里，商量再三，决定不等太子即位而先出宣诏，太宰白时中朗声宣读了禅位诏书之后，百官众口一词愿见新天子，没有退去的意思。“宰执措立殿上，莫知计之所出。”宦官梁师成从后宫来到，对众人宣布：“皇帝自拥至福宁殿，至今不省人事。”百官听到这样的消息后，议论纷纷，宰执大臣也面面相觑，更加没了主张，一时间慌乱了起来。刚才赵桓在保和殿不肯受命之时，少宰李邦彦曾建议急召赵桓素来亲熟的东宫官员耿南仲进宫侍候。这时，耿南仲已经来到，吴敏就拉他闯入福宁殿，拟诏宣御医，屏退群臣，道是今日天晚，别日御殿。

第二日，赵桓在经过又一次固辞之后，终于还是御垂拱殿，接受了百官的朝贺，当上了皇帝，是为钦宗，改年号为靖康，成为北宋的第九位皇帝。他即位后，立刻贬蔡京、童贯等人，然后重用李纲（抗金名臣，民族英雄），准备抗金。但因为他懦弱无能、优柔寡断，后来听从身边奸臣的一些谗言，罢免了李纲，向金求和，这才被金国钻了空子。

靖康二年（1127 年），金国趁此机会，南下渡黄河破宋京东京（今河南开封），史称“靖康之变”。可以说，赵桓是历史上最懦弱、无能的昏君。当金兵围攻汴京之时，他因无力抵抗，最终被金人俘虏去，废为庶人。

靖康之耻，亡国遗恨

从宋朝对辽作战的军事表现，以及宋金交涉交割燕云地区的过程中，金国似乎早已经看透了宋朝政治的腐朽和军事的无能，于是想要乘胜南侵宋朝。宣和五年（1123 年）五月，当时驻守平州的是张觉，他原来是平州所在的辽兴军节度副使，在辽国动乱的时候趁势控制了平州，在宋、辽、金三国之间待价而沽。金国军队攻下燕京后，改平州为南京。为了稳住张觉，才破例加封他为同平章门下事，判留守事。不过在另一方面，金国则是在暗地里寻找机会除掉他，从来不敢明着为难他。

同年八月，金太宗完颜晟即位，还下了这样一条命令：将辽国的降臣和燕京的居民迁徙到东北地区。这对当地的居民来说，的确不是一个好消息。他们当然不愿意背井离乡，于是在路过平州的时候，私下鼓动张觉背叛金国，向宋朝投降。张觉与翰林学士李石经过一番详谈，决定与金国公开决裂，并派遣属下迎接辽国天祚帝的儿子，企图匡复辽国；同时，他还派李石向宋朝表示愿意归降。当时赵佶为之心动，认为这样一来就可以借此机会收复平州了。但是，赵良嗣却认为宋朝不应该失信于金国，而应该立即斩杀李石，以谢天下。然而，当时的赵佶为了收复平州，没有听从赵良嗣的建议，而欣然接受了张觉归降宋朝的提议。于是，在张觉的带领下，平、营、滦等三州均归降宋朝。

然而，正当张觉准备出城迎接宋朝诏书和任命的时候，金国元帅完颜宗望率领大军前来讨伐。此时，张觉才知失了分寸，仓皇地逃到了郭药师的军中。不幸的是，张觉的母亲和妻子被金国军队俘虏而去。张觉的弟弟见到母亲被捕，于是转而向金国乞降，交出了赵佶赐给张觉的亲笔手诏。这下，金国就掌握了宋朝招降张觉的证据，正式向宋朝下了通牒，要求宋朝政府交出张觉，否则就挥师南下。这时候，赵佶心里还想着能够收复平州的事，一再下令燕山府安抚使王安中不得交人。在金人不断的催促之下，王安中瞬间生出一个主意，他杀了一个与张觉极其相似的人来顶替。然而，他自认为聪明的做法，很快被金人识破，并声称要举兵自取。胆战心惊的赵佶害怕金人会兴师问罪，于是秘密下令处死了张觉和他的两个孩子。郭药师对于宋朝廷出尔反尔的做法，心中很是不满，他愤恨地说："若金人索要我郭药师，难道也交出去吗？"

郭药师为什么会有如此大的反应呢？原来他本是辽国的大将，在抵抗金国入侵的战争中，辽国曾经组织流亡的辽东人为兵，称为“怨军”，后来改称常胜军，郭药师就是这支队伍的主帅。后来，在辽国大部分领土被金人占领的情况下，郭药师率领涿州、易州两州的士兵投降了宋朝。但是现在，宋朝对张觉这种卸磨杀驴的做法，让郭药师产生了一种物伤其类的情绪。于是，常胜军从此人心瓦解，不愿再为宋朝效力卖命了，这就为他在金人攻打宋朝时的反叛埋下了伏笔，以至于后来他刚跟金人交战，就义无反顾地投靠了金人的阵营。张觉事件不仅使宋朝失去了一员大将，而且还给了金人发动南侵宋朝的借口。于是，金国的第一次南侵宋朝就在这种堂而皇之的借口之下开始了。

宣和七年（1125 年）十一月，金太宗完颜晟下令发动两路大军，大举南侵宋朝，西路军以左副元帅完颜宗翰为主帅，率领六万大军从云中攻取太原，企图从太原直攻洛阳来阻击宋朝的援军；东路军以左建军完颜宗望为主帅，统兵六万从平州攻取燕山、真定，最后与西路军会合直逼宋朝都城开封，进而完成合围。由于宋朝对于金国的大规模入侵并没有做出多少准备，只能仓促应战。于是，金国军队不飞吹灰之力，就攻下了燕山府各地，并得到了郭药师归降后献上的万匹战马、五万甲胄、七万士兵的超级大礼。首战告捷，使得东路军气势更旺，在郭药师的带领下，金国军队开始向南进军，以开封为目标，先后攻下了保州、庆源、信德府，最后到达邯郸城。这时候的西路军，并不像东路军那样一帆风顺，在攻取太原的时候，就遭到了知府张孝纯、守将王禀的顽强抵抗，被阻挡在太原城下。

由于外敌入侵，而宋廷又节节败退，亡国的气氛压得民众透不过气来。在这种情绪的引导下，愤怒和仇恨终于爆发了。朝野上下纷纷揭露蔡京等人的罪恶，太学生也纷纷上述，力陈蔡京等人的滔天罪行，称蔡京、王黼、童贯、梁师成、李邦彦、朱勔为六贼，说“六贼异名同罪”，请求朝廷把他们处死，并昭告四方，以谢天下。被逼无奈，赵桓被迫罢免了王黼；后在吴敏和李纲的要求下，由开封府尹聂昌派武士斩杀了王黼。而其他人，例如李邦彦、梁师成也被赐死；蔡京、童贯在亳州被贬官流放。后来，蔡京在流放途中死于潭州，童贯、朱勔以及蔡攸由于朝中继续揭发其罪恶，在流放途中被处斩。残酷压榨、役使人民的人都遭到了铲除，使得朝野上下一片欢腾，同样也让濒临灭亡的北宋出现了一线生机。

之所以说北宋出现了一线生机，是因为开封军民在李纲的领导下，团结一致，再加上六贼除尽，军民士气激昂，最终使得金国东路军在开封城下也占不到什么便宜——毕竟开封是当时世界上最富庶、最坚固的大都市，而且人心开始凝聚，各路援军又陆续赶来。宣和八年（1126年）二月初九，在围困了开封一个多月的时间后，金国的东路军在得到赵桓给予的大量金银并答应割地赔偿求和以后，就率领大军撤退了。而西路军一部分继续围攻太原，另一部分则占领了高平。

随着金国东路军的撤退，北宋朝廷上下一片喜悦，赵桓下令让各路人马停止对开封的援救。片刻的安全使得主和派再次控制了政权，主张还用原来的办法，用金钱和土地来换取和平，并把李纲排挤出了京城担任宣抚使，让他带领一万多人去解救太原。后来，李纲又连续两次被贬谪。虽然此次并没有达到攻克开封的目的，但是，金人已经看到了北宋高层的懦弱与战和之间的反复无常，于是下定决心再次南下侵宋。

靖康元年（1126年）八月，金人再次卷土重来，而且还是原来的战术，即东路军有完颜宗望率领，西路军由完颜宗翰率领。从上次太原被金兵围困，而宋朝在解了开封之围以后，并没有派重兵来解太原之围，主和派反而起了割让太原三镇给金人的想法。最终，太原在被长期围困的情况下，内无粮草，外无援军，在九月被完颜宗翰攻破。从此，金国军队也就彻底打开了进攻开封的屏障，东西两路大军长驱直下，成功渡过了黄河，直逼开封。而这时候，北宋朝廷的主和派还想着卑躬屈膝地想用金钱和土地乞求暂时的安宁。但是，已经无法阻止和满足金国的野心了，由于此时的开封已经没有了李纲，各路援军也已经退回到了原来的驻地。

同年闰十一月，东西两路金军会师于开封城下，与城内仅剩的七万将士展开攻坚战。这次战斗双方损失都很惨重，最后，宋军只剩下万余人在苦苦支撑。赵桓方寸大乱，在开封城里招揽了一批神棍和市井无赖，临时组成了“神兵”加入守城队伍。然而，金军还是在靖康二年（1127年）一月初的时候，爬上了开封城楼。同年四月，开封失守，金军除了烧杀抢掠之外，俘虏了徽宗、钦宗父子，以及大量赵氏皇族、后宫妃嫔与贵卿、朝臣等共三千余人北上金国，东京城中公私积蓄为之一空。靖康之耻导致了北宋的灭亡。

下篇

南宋

第六章 壮志难酬，破败中也有国之栋梁

北宋灭亡一个月后，赵构在南京应天府即位，重建宋王朝，史称南宋。他在位期间，置爱国将领于不顾，重用投降派秦桧，一味向金朝投降，与金国签订了屈辱的合约。

宋孝宗赵昚励精图治，立志光复中原，收复河山，恢复名将岳飞谥号武穆，追封其为鄂国公，并肃清秦桧等余党。赵昚在位期间，涌现出了陆游、辛弃疾等大批爱国人士。

第六章
壮志难酬，破败中也有国之栋梁

宋室南迁

大观元年（1107年）五月，赵构在东京开封府（今河南开封）出生。他是徽宗赵佶的第九个儿子，钦宗赵桓的异母弟弟，母亲是显仁皇后韦氏。同年八月，徽宗赐名他赵构，并授予定武军节度使、检校太尉，封蜀国公。大观二年（1108年）正月，他被封为广平郡王。宣和三年（1121年）十二月，他又进封为康王。赵构天性聪明，又十分爱好读书，在他诸多的童年玩伴中，他是比较优秀的。年纪轻轻的他，不仅比别人懂得多，而且有着超强的记忆力。据说，他每日能读诵书籍千余篇，而且能够做到过目不忘，实在是非常难得。宣和四年（1122年），赵构行成人礼，随后便搬到了宫外的府邸去居住。

靖康元年（1126年）春天，也就是在金兵第一次包围开封府时，他作为赵佶的第九个儿子，并没有被金兵的阵势所吓住，而是以亲王的身份在金营中当了人质，不过只是短期。当年冬天，金兵再次南下入侵，他又奉父亲之命出使金国求和，在河北磁州（今属河北）被守臣宗泽劝阻留下，这才逃避了被金兵俘虏。当金兵第二次包围开封城时，宋廷又任命赵构为河北兵马大元帅，并命他率领河北兵马救援开封城。但是，他却转而把兵将屯扎在北京大名府（今河北大名），后来又转移到东平府（今属山东），以退为进，避开了敌军的锋芒。

北宋靖康二年（1127年）五月初，在徽、钦二宗被金兵俘虏后，赵构在南京应天府（今河南商丘）继位，是为高宗，并改元建炎，成为南宋第一位皇帝，宋朝第十位皇帝。因为南宋政权初建，根基还未稳，迫于形势，赵构起用抗战派李纲为宰相。但是没过多久，赵构便以各种不成理由的理由挤兑李纲，并把他同宠臣汪伯彦、黄潜善等奸佞小人一起放弃于中原，从南京应天府逃到了扬州。

南宋建炎三年（1129 年）二月，金兵又以大阵势奔袭扬州，赵构自知不能与其硬抗，便狼狈渡江，从镇江府逃到了杭州；随后，迫于朝廷的舆论压力，他不得不罢免汪伯彦、黄潜善等人。这时候，文臣吕颐浩、张浚和武将韩世忠、刘光世、张俊起兵“勤王”，赵构得以“复辟”。之后，赵构又继续派使臣向金国乞降，并哀诉自己逃到南方后，“所行益穷，所投日狭”“以守则无人，以奔则无地”，要求金国统治者“见哀而赦己”，不要再向南进军。对于抗金战争，他决定不再做任何有力的部署。九月，金兵渡江南侵，赵构率领臣僚向南逃去。十月，赵构逃到越州（今浙江绍兴）；之后，又逃到明州（今浙江宁波），并自明州到定海（今浙江舟山），漂泊海上，逃到温州（今属浙江）。

建炎四年（1130 年）夏，待金兵撤离江南后，赵构才又重新回到绍兴府（今浙江绍兴）、临安府（今浙江杭州）等地，后来还将临安府定为南宋的行在。这时候，金兵暂停南侵，赵构便想趁此机会，抽调一批精兵，想用他们来镇压荆湖、江西、福建等路的农民起义军和盗匪，以巩固自己的统治。面对形势多变、危机四伏、帝位不稳的局面，在防御金兵方面赵构也做了一些精密部署，他任命岳飞、韩世忠、吴玠、刘光世、张俊等人分区负责江、淮防务，但又把军事部署作为乞降的筹码，始终没有收复失地的打算。后来，他又对金国派到南宋进行诱降活动的秦桧予以重用，并任其为宰相，同秦桧加紧进行投降活动，开始竭力压制岳飞等将领的抗金要求。

绍兴二年（1132 年），在温州漂泊了四个月以后，赵构意识到南宋的国力衰微，完全没有能力招架金兵的进攻。逼迫无奈之下，赵构只能各种逃命，最后迁都杭州，暂时安定下来。南宋朝廷初步在东南站稳了脚跟，在赵构看来，或许几年后就可以与金军抗衡了。虽然在建炎的前三年，赵构一直被金军追杀，一路南逃，过着十分不安分的生活。但在建炎四年（1130 年）七月的时候，韩世忠率领八千余人，成功围堵了金兀术的十万大军。正是那场黄天荡之战，大大挫伤了金军的士气，使其不敢贸然渡过长江。

绍兴十年（1140 年），当各路宋军在对金战争中节节取胜时，赵构却依旧觉得心里很不踏实。为什么呢？原来他一直在担心会有两件事发生：一来，他担心将领功大势重、尾大不掉；二来，他害怕迎回钦宗赵桓后，自己就要被迫宣布退位。于是，他下令各路宋军立即班师回朝，这只是为了达成他自私的想法。

绍兴十二年（1142 年），面对国内社会、经济、政治不景气的情况，两浙转运副使李椿年建议实行“经界法”。什么是“经界法”？即南宋清查与核实土地占有状况的措施。赵构看完李椿年的奏章后，立即下诏，任命李椿年专办此事。在李椿年的建议下，赵构设立了经界所，负责打量步亩，造鱼鳞图。经界所首先从平江府开始，逐渐推广至两浙地区，然后再推广到其他地方。

经界法这样规定：“南逃汉人（归正人）可以在朝廷领到耕地，再贷款买到耕牛，本金八年还清，前三年免除租税；一无所有的流民（被虏之家）则可以在朝廷贷款，去买种子、买农具、安家置业，绍兴三十年前免除一切租赋。”也就是说，终高宗一朝三十五年，始终未对这些流民收取租赋。由此，南宋的轻工业、文化产业、外贸、金融逐渐地繁荣起来。

苗刘兵变

赵构继位没多久，在主和派的建议和支持下，他决定放弃中原，准备南逃。但是，由于李纲等人的强烈反对，他只好先护送“隆祐太后”（即哲宗孟皇后）南渡，自己另找机会南下。建炎元年（1127 年）八月，李纲被罢去宰相一职；同年十月，南宋小朝廷便从南京应天府全部逃往扬州。当时，宋廷陆续出现了一批奸佞小人，比如内侍省押班康履等宦官，依仗赵构平日里对他们的宠信，开始骄奢作乱，引起人们的不满。此外，还有一个人因为在赵构任天下兵马大元帅时护驾有功，得到赵构的信任，这个人就是王渊。在赵构的恩宠之下，王渊很快就当上了御营都统制及枢密使；后来，他又与宦官勾结，节节高升。王渊这个人聚敛钱财，总是背着赵构，干一些见不得人的勾当，大肆搜刮民脂民膏。

建炎三年（1129 年）二月，金兵进攻时，王渊在慌忙之下，建议从应天府逃到扬州，再到镇江，最后再护送赵构逃到杭州。他还主动提议自己负责断后，表面看来，他似乎是大公无私，在替皇帝做事。其实，他的目的并不那么单纯，他只是想利用战船，来运送自己搜刮的那些财宝。此举致使数万宋兵及战马失陷敌营。在行军的过程中，康履等宦官也开始作威作福，强占民宅。他们的所作所为，让随军的苗傅看在眼里，对此愤恨不平。看得出来，在关键时刻，真心护卫赵构的只有苗傅的军队，韩世忠、张俊、杨沂中、刘光世等都分守其他要害，这就为兵变埋下了伏笔。

按常理，王渊所做的那些离谱的事，本应受到严厉的处罚。但因他与宫中宦官有交情，赵构又十分宠爱这些宦官，为了让彼此下台，只是罢免了王渊枢密使的职位，改任同签书枢密院事，而并没有给予其他严厉的处分。毫无疑问，赵构如此不公平的举动，激起了许多军官及士大夫的不满。同年三月，赵构下令允许王渊再次掌管枢密院事务，并对他开了先例，告诉他不必呈书报奏皇帝。禁卫军司令苗傅实在是看不下去王渊的所作所为，愤恨地说："汝辈使天下颠沛至此，犹敢尔耶！"

当时，不满王渊的还有威州刺史刘正彦，虽然他是王渊一手提拔的，但却不满王渊征召他的士兵。于是，两人便在军中散播不满情绪。由于军中大多数是华北人，也十分厌恶那些宦官。所以，他们的反抗情绪也得到了很多人的响应。随后，苗傅与幕僚王世修，还有王钧甫、张逵、马柔吉等人率领的"赤心军"议定，商量先杀王渊，再除去那几位宦官。计划终于开始了，他们告知王渊临安县境有盗贼，希望王渊同意他出动部队。

这时，宦官康履的侍从不知道从哪里得到密报，有一张疑似欲兵变造反的文书，上面还有"统制官田押，统制官金押"的签名字眼，"田"就是"苗"，"金"就是"刘"的代号。康履得到消息后，立即密报赵构。赵构觉得不可思议，于是立即召宰相朱胜非进宫，与其一起商议此事。同时，又命康履去通知王渊。康履说，他发现苗傅等人近来总是聚集在天竺寺附近，现在看来他们真的是有所企图。之后，他又把苗、刘拿"郊外有贼"的借口，让士兵出外的事情告知了王渊。当天晚上，王渊埋伏五百精兵于天竺寺外，城中一时惊慌，居民都紧闭大门，不敢随便出入。

同年三月二十六，那一天，恰好是神宗赵顼的忌日。按照惯例，文武百官都需要行香祭祀。祭祀完毕之后，文武百官都要进入朝堂。苗傅和刘正彦的计划照常进行，他们先命令王世修在城北桥下埋伏兵士，等王渊退朝之际，他们将其拖下马，然后宣称他勾结宦官谋反。趁乱之际，刘正彦将王渊亲手杀死。随后，他们又包围了康履的住处，开始大肆捕杀宦官，并把王渊的首级悬挂在城外，这才率军进围皇宫，兵临城下。

这时候，赵构也得到了苗、刘叛乱的消息，可是已经来不及了。因为把守拱门的中军统制吴湛早已经与叛军私通，为叛军打开了城门，高喊：“苗傅不负国，只为天下除害。”

杭州知州康允之等人见情况危急，便立即请求赵构登上城楼，来稳定军民，否则将无法制止这次叛乱。赵构登上城楼以后，询问苗傅叛变的原因。苗傅见到赵构后，立即下跪行拜。跪拜完毕后，便指责赵构说：“皇上信任宦官，赏罚不公，将士有功却不加赏，而结交宦官的却能得到高位。黄潜善、汪伯彦昏庸误国却并没有被流放，王渊遇到敌军不能有效抵抗，却因为结交康履而获得枢密的高位。但是，臣自皇上登基以来，立功很多，至今还在偏远的地方做团练。现在，臣已经把王渊斩首了，在外面的宦官也一并诛杀了，臣希望皇上能够斩杀康履、蓝珪、曾择三人，以谢三军。”赵构回答说：“内侍有过，当流海岛。卿可与军士们归营。”

本来，赵构希望兵变就此平息，但是看到城下的叛军并没有退去的意思。苗傅说道：“今天的事情都是臣一人所为，与其他人没有关系，希望陛下以天下苍生为重，杀掉那些危害的宦官，如果不杀掉他们，我们绝不回去。”赵构说道：“朕知道将军们忠义，现在就任命苗傅为承宣使及御营都统制，刘正彦为观察使及御营副都统制。其他军士一律无罪。”苗傅高喊：“如果我们只想升官，只要联络宦官就好了，何必来此？”于是，赵构就询问身边大臣的意见。这时候，浙江安抚司主管时希孟说：“现在宦官之患已经到达了极点，如果不能把宦官全部除去的话，恐怕天下就会大乱了。”军器监叶宗谔也说：“陛下何必珍惜一个康履呢？暂且用他的人头来安抚三军吧。”赵构听完二位大臣的建议后，只好用竹篮将康履垂吊下城，交给了苗傅。苗傅则一不做二不休，立即腰斩康履，深怕会有变。

紧接着，赵构下令让苗傅等人回营。苗傅等人说：“皇上本来不该即位，将来如果徽宗和钦宗回来，你该怎么办呢？”赵构察觉出苗傅等人实在难以对付，就派宰相朱胜非下城和苗傅谈判，苗傅等人则请求隆祐太后来垂帘听政以及与金国议和。赵构只好答应，当即下诏请隆祐太后垂帘听政。但是，苗、刘二人听诏竟拒绝下拜，并要求赵构退位，册立年仅三岁的皇太子赵旉（赵敷）为帝。张逵说道：“民为贵，社稷次之，君为轻，望陛下今日之事应以社稷百姓为重，况且已有徽宗的先例。”当时群臣议论纷纷，有的支持赵构接受退位的条件，有的则大力斥责苗傅。当时天气寒冷，赵构坐在城楼上的没有被褥的竹椅上，派颜岐去请太后时，就楹立一侧而不就坐，百官请他上坐，他则表示“我已经不配坐这个座位了”。

过了一会儿，隆祐太后出来了，但是她不愿意登到城楼上，希望能够直接出城安抚苗傅等人。百官认为这样太冒险了，担心苗傅会挟持太后，只有朱胜非认为对方必定不敢这样做，并请求自己跟随太后一起出城，并借此看出叛军的企图。苗傅等人在城外见到太后以后，便下拜说：“百姓们是无辜的，现在生灵涂炭，希望太后能出来主持朝政。”太后说：“自徽宗以来，任用蔡京、王黼等奸佞之人，随意更改祖宗法度，才养成了今日之祸，这与当今皇上无关啊。更何况，皇上圣明孝廉，只不过被黄潜善、汪伯彦所误，现在已经把他们流放了，难道你们不知道吗?”苗傅说他们已经商量好了，不能犹豫。太后说：“既然如此，那我就与当今皇帝共同执政。”但是，苗傅却执意要废除赵构，立太子赵旉为皇帝。太后说：“现在皇子才三岁，我一个妇道人家抱着一个幼儿怎么能让天下信服呢?如果一旦让敌国知道了，岂不是更加不把朝廷放在眼里了。”苗傅等人软硬兼施，最后竟然威胁说三军有可能会当场生变。这时候，颜岐前来对太后说，皇上已经同意了苗傅等人的请求，请太后现在就下旨。

隆祐太后回去后，赵构知道此时已经无法挽回了，只好同意禅让君位。于是，他命令朱胜非向苗傅约定四件事：一是要像对禅位的徽宗一样对待让位的赵构，供奉需丰厚；二是让位之后事情要听太后及即位的

幼君处置；三是下诏完毕后就和部队回到营区；四是约束军士，不可抢掠纵火、骚扰百姓。如果遵从约束，赵构当即就下诏让位，并让兵部侍郎李邴起草诏书，说："朕自即位以来，强敌侵凌，远至淮甸，其意专以朕躬为言。朕恐其兴兵不已，枉害生灵，畏天顺人，退避大位。朕有元子，毓德东宫，可即皇帝位，恭请隆祐太后垂帘同听政事。庶几消弭天变，慰安人心，敌国闻之，息兵讲好。"写好诏书后，赵构便派朱胜非下城去宣读。朱胜非询问苗傅的手下王钧甫，王钧甫说："苗刘二人忠心有余但是学问不足。"宣诏完毕，苗傅军立即退去，在喧闹的市集大喊道："天下太平了！"

第二天，隆祐太后垂帘听政，并大赦天下，尊赵构为"睿圣仁孝皇帝"，并将显忠寺改名为睿圣宫，只保留宦官十五人，其余都编遣解散。苗傅等人还是不肯放心，专门派人前往探查，他们担心赵构会多留内侍。苗傅等人当政以后，想要改元并迁都到金陵。在苗傅等人的逼迫下，隆祐太后只好答应改年号为明受，但是却以金陵靠近江北难以防御金兵为由，婉拒了迁都的要求。

宰相朱胜非知道苗、刘见识短浅、不难对付，便周旋于苗傅等和太后之间，迷惑苗傅，使自己取得了单独面见太后的权利，又企图策反苗傅的手下王世修、王钧甫等。苗傅掌权后不久，贬宦官曾择、蓝珪到岭南，并派杀手在半路上追杀曾择。并企图以所部士兵代替禁军守卫睿圣宫，甚至想邀赵构游览南方，都被朱胜非技巧性的阻止。

几天后，驻防平江的张浚接到大赦的旨令，知道情势有变，于是通知驻防吴江的张俊、驻防江宁的吕颐浩等人起兵讨伐。张浚在平江起兵，约刘光世和吕颐浩率兵到此会合，同时派冯轓到杭州规劝苗、刘等人让赵构复位，迷惑叛军。同时，还派人到刘光世和韩世忠的军中宣传起兵的消息。韩世忠和刘光世先后率兵至平江，听候张浚调遣。之后，张浚和刘光世、张俊、韩世忠联名传檄天下"勤王"，从平江大举出发声讨苗、刘。苗、刘闻讯大为惊恐，被迫接受朱胜非和冯轓的提议，率百官奏请赵构复辟。

建炎三年（1129 年），“太后下诏还政，皇帝复大位”。赵构还宫后，诏尊太后为隆祐皇太后，并恢复了苗傅策立的幼君赵旉为太子，且故意任命苗傅为淮西制置使，刘正彦为淮西制置副使，将他们引出朝廷，隔天下诏恢复年号建炎。苗、刘二人担心赵构伺机报复，于是提了一个大胆的要求：希望赵构能够赐予他们一张免死“铁券”，赦免并不再追究他们兵变的责任。赵构知道这两个人学识一般，就想糊弄他们一番。于是，他毫不犹豫地在铁券上写了“除大逆外，余皆不论”这样一句话。然而，苗、刘二人并没有察觉到这是赵构的计谋，以为已经安全了。当天，勤王军队到达临平，大破叛军，挺进北关，苗、刘二人率领精锐两千人，并拿着赵构所敕赐“铁券”逃出杭州。不曾想，在去往杭州的路上，他们二人被韩世忠俘获并斩杀。其实，这些事情都是赵构一手安排好了的。

此次兵变，可以说是南宋抗金斗争的一个转折点。它不仅打击了主张和支持皇帝南逃的主和派势力，同时，也促使南宋朝廷进行整顿吏治，从而缓解了当时的内部矛盾。

钻钱眼儿的将军张俊

张俊，凤翔府成纪（今甘肃省天水市）人，爱好射箭。因为他出身于群盗之中，十六岁时就已经成为三阳（今天水西北）乡的一名兵弓箭手。徽宗宣和年间，在与西夏作战及镇压山东、河北农民起义的战斗中，他被升为下级军官。北宋末年，他曾跟随名将种师中支援太原地区。后来，在康王赵构任兵马大元帅时，他率部将跟随。赵构继位后，先是建立了御营司，随后就任命张俊为前军统制。

南渡初期，赵构被苗傅、刘正彦所废。张俊和韩世忠受张浚节制，平定事变后，张俊被升为御前右军都统制，拜节度使。政和七年（1117年），随从征讨南方少数民族，转任都指挥使。宣和初年，张俊随从进攻西夏仁多泉（今青海门源东南），开始授予为承信郎，成为入品的最低的武官。后平定郓州贼盗李太以及河朔、山东武胡群盗，数他的功劳最大，被晋升为武德郎。

其实，在南宋的众多将领中，凭战功而论，张俊是浪得虚名的；而以捞钱和寻欢作乐来说，则无人能比得了张俊。说夸张一点儿，这位张俊将军并不是靠杀敌报国来著称于史的，而是靠贪婪和他占据的巨大财富而闻名于世的。据说，他的家财数额在南宋众多将领中是最多的。张俊，有好几个“头衔”。他与岳飞、韩世忠、刘光世等人一起被人们称为“中兴四将”。他既是南宋将帅中最受皇帝恩宠的一位，也是最享福的一位，又是古往今来罕见的“大财主”。从他后来陷害岳飞的事情来看，他还是一个见利忘义、心狠手辣的小人。

北宋靖康元年（1126年），金兵发动数万骑兵合围榆次（今属山西），宋军主帅不幸殉难。随后，张俊率所部数百人力战突围，且战且退，斩杀追兵五百余人。从那以后，张俊声名大震、崭露头角。同年，张俊又在东明县城（今河南兰考北）抗击金兵，以功升至武功大夫。五月，赵构命令制置副使种师中率部前往增援，并驻扎在榆次。张俊当时是队将，率队进击，杀伤敌人甚多，缴获马匹一千匹，请求乘胜追击敌人。种师中认为，时日不利于作战，急忙下令后退到榆次自保。金军侦察到张俊的计谋不被采纳，于是发动全部兵力包围榆次，发起了更加激烈的进攻。很快，榆次被金军攻破，种师中也不幸战死。在如此紧急的情况下，张俊率所部数百人突围南逃。

北宋靖康二年（1127年），金兵攻破开封，掳走徽、钦二宗，北宋灭亡。张俊以其敏锐的政治洞察力，果断拥立康王赵构为皇帝，并称

“大王皇帝亲弟，人心所归，当天下，不早正大位，无以称人望”。从此，张俊便因拥立有功，又被授命为御营前军统制，成为赵构的亲信。紧接着，张俊驰骋江淮，相继平定了淮宁、镇江、杭州、兰溪、秀州等地，为南宋朝廷开辟了一席回旋之地。此后，张俊不负赵构之所托，为南宋南征北战，立下了不少汗马功劳。

南宋建炎三年（1129 年）末，在著名的明州之战中，张俊率领部下殊死抗战，击杀了五千金兵，金军的士气被挫，而且又是孤军深入，于是不得不下令向北撤军。在撤军途中，又遇到了驻守在镇江的韩世忠，两军交战，终被韩世忠围困于镇江，这就是著名的“黄天荡之役”。南宋绍兴三年（1134 年），金兵再次南下入侵，朝廷上下惊恐万分，张俊主张与之决一死战。在他看来，已经没有可以逃避的地方了，现在只有继续进攻，或许能够脱险。绍兴四年（1135 年），张俊率军打败前来犯境的金兵，退敌十万人。在此后的几年里，张俊与韩世忠分守江防，使金人不敢窥江而渡，为南宋争得了休养生息的宝贵时间。

绍兴十年（1140 年），金人再次犯境，岳飞、韩世忠、张俊等人英勇抗敌，大败金兵，收复了大片失地，几乎可以直接攻入金人的都城了。然而，赵构却无心再战，下令让宋兵退回江南，最后导致已经收复的失地又被金兵夺了去。绍兴十一年（1141 年），金人为了使南宋屈服，于是再次出兵南犯，刘锜、杨沂中等将领率军救援淮西。刘锜先到柘皋，列阵以待；后来，杨沂中、王德等军也相继到达，几路军马与金兵展开激战，宋军奋勇争先，大败金兵。虽然张俊并没有直接参加战斗，但参战的王德是他的部下，所以，张俊也算是这次战斗的主力之一。

同年四月，在犒赏功臣的时候，张俊自然就成了其中之一。他和韩世忠被升任为枢密使，岳飞为副使。其实，张俊知道，赵构和秦桧担心将领手握重兵，会给他们造成威胁，于是第一个站出来请求收回其宣抚司的兵权。赵构正好借机收回了张俊的兵权，顺带也收回了韩世忠和岳飞的兵权。由于张俊是第一个交出兵权的，再加之他又力赞和议，与赵构和秦桧为首的最高统治集团保持高度一致，所以很快就得到了赵构的信任，并对他言听计从。凡是他所推荐的士大夫，都得到了很高的官职，而他自己也一再被升官晋爵，“加太傅，封广国公，寻进益国公”。

张俊被解除兵权以后，又被封为清河郡王。由于深得皇帝恩宠，他开始了规模空前的“占地运动”，成为了古今罕见的大地主，号称“占田遍天下，而家积巨万”。据说，张俊家共有良田一百多万亩，每年收租米六十万石以上，相当于南宋最富庶的绍兴府全年财政收入的两倍以上；而且通过巧取豪夺，张俊还占有了大批园苑、宅第，仅所收房租一项，每年就多达七万三千贯钱。张俊的子孙曾经一次捐献给南宋朝廷十万石租米，清单上分别开列了江东和两浙路六个州府所属十个县，共计十五个庄的租米数额。

据说，有一日，赵构在宫里宴请群臣，席间还安排了戏子演戏。有个戏子上台后，说：“只要是世间的贵人都对应了天上的星象，他只要拿一文钱对贵人看一下，就能知道这个人在天上对应的是何种星象。”随后，戏子拿出一枚铜钱，先对着赵构照了一下，说他是帝星，然后又对秦桧照了一下，说他是相星。当戏子对着当时已经被封为郡王的张俊看时，他左右看了半天，说没有看到任何星象。众人就催促戏子再看仔细一些。于是，他又反复看了一会儿，说：“我还是看不到星，只是看到郡王坐到钱眼里而已。”话刚说完，除张俊之外，在场的群臣和赵构就笑得前俯后仰。由此可见，张俊嗜钱如命的性格在当时可谓是家喻户晓、朝野共知了。

以刘豫为首的伪政权

刘豫，永静军阜城（今属河北）人。因为他出身在一个务农家庭，自幼缺乏教养和德行。有人说，他小时候还偷过同学的白金盂、纱衣，的确有点不可思议。北宋元符年间，他顺利考中进士。政和二年（1112年），他被任命为殿中侍御史。但任职没多久，因多次上奏涉及礼制局事，惹得徽宗赵佶大发雷霆，讽刺他说："刘豫是河北的种田人，怎懂礼制？"遂贬刘豫为两浙察访。宣和六年（1124年），他又出任河北西路提点刑狱。金军大举入侵时，他为了保命丢弃官职，逃往仪真（今江苏仪征）避乱。

南宋建炎二年（1128年），经由熟人枢密使张悫的推荐，朝廷又任命他为济南知府。为此，他高兴了许久。但当他得知当时山东的局势十分混乱，到处都是抗金武装和盗贼时，又有点退缩了。胆小怕事的他居然跟朝廷讨价还价，要求调到江南任职，被朝廷拒绝。无奈之下，他只好硬着头皮到济南上任。据说，刘豫在任济南知府期间，曾下令在历城华不注山以南筑堰，引导泺水沿济南以下济水故道单独流入渤海，称"小清河"。如此一来，便利了济南水运。

第二年冬天，金军开始大举进攻济南。当时济南城中有一员猛将名叫关胜，这个人善用大刀，曾多次出战击退金军。当金军探听到刘豫是一个没有胆识的知府，遂遣人以利引诱刘豫。果然如金人所料，刘豫背信弃义，居然设计杀害了抗金将领关胜，遂率众降金。金军为了稳住他，便于以后继续利用他，就封他为京东、西、淮南安抚使。过了一些时日，完颜宗弼（即金太祖第四子）率军南下侵宋，又封刘豫为东平府兼诸路马步军都总管，节制河外诸军。不仅如此，金军还封刘豫的儿子刘麟为济南知府，将金军控制下的黄河以南所有地盘都交给了他。金将完颜昌（晋朝宗室，阿骨打的叔父盈哥之子）则屯兵要地，进行监视和支援。

其实，金人在攻破汴京、掳走徽、钦二帝之后，最初想要册立的皇帝是张邦昌，僭号“大楚”。金军去了之后，张邦昌考虑到自己没有军队，担心日后民众会聚集起来杀他。正好他的部下吕好问也好言相劝，让他多方面考虑一下，而不要急于继位。经过再三考虑，他决定将“帝号”取消，迎奉当时还是天下兵马大元帅的康王赵构回京，仍立赵氏为主。没想到的是，赵构继位没多久，就违背了对张邦昌既往不咎的诺言，将其贬官赐死。张邦昌死后，金朝觉得此时还没有做好统治华北的准备。于是，他们准备继续将这片土地作为缓冲区，并物色一个傀儡皇帝进行统治。

建炎四年（1130）三月，完颜宗弼决定停止对南宋小朝廷的追击，歇息一段时日。但是在回军途中，他们却遭到韩世忠和岳飞的痛击，大败于黄天荡，损失十分惨重，甚至有点伤元气。经过一番折腾，完颜宗弼终于安全回军。回军之后，金朝便开始商议立傀儡的相关事宜。其实，当时金朝已经有两个合适的人选，分别是折可求和刘豫二人。先来说折可求，他是折克行之子，政和年间继其兄折可大任府州知州，累立战功，被徽宗赐以忠勇之旗，的确是个不错的人选。再来说刘豫，他本是宋朝的高级将领，降金之后，手里掌握着一部分伪军，论起政治资本，他的确比折可求更合适，更有完颜宗翰在金太宗完颜晟面前力挺刘豫，金将完颜昌也在保奏刘豫。显而易见，折可求已被淘汰出局。

同年九月初九，刘豫就被金朝册封为皇帝，国号“大齐”，定都大名（今河北大名），册文有“世修子礼”等语。先用金天会年号，不久后，奉金朝的命令，又改元阜昌。刘豫继位没多久，就册封张孝纯为宰相，弟刘益为北京留守，儿子刘麟为尚书左丞相、诸路兵马大总管。此时的宋朝廷对伪齐颇为畏惧，居然以敌国之礼相待，在国书中称刘豫为

“大齐皇帝”。刘豫的宰相张孝纯等人的家人都在宋朝，宋廷也是以礼相待，不敢有丁点儿怠慢。

绍兴二年（1132 年）四月初五，刘豫迁都于汴京（今河南开封）。随后，刘豫把祖先的灵位奉于宋朝太庙，尊他的祖父为徽祖毅文皇帝，父为衍祖睿仁皇帝，亲自祭祀天地。那一天，刘豫在汴京大赦，与百姓相约说：“自今起不滥赦，不用宦官，不度僧道。文武杂用，不限资格。”当时，在河、淮、陕西、山东都驻扎着金兵，在河南、汴京分别设淘沙官，使这两京的冢墓被发掘殆尽，一时间，赋敛烦苛、民不聊生。然而让人奇怪的是，刘豫建立伪齐政权后，宋金之间的确没怎么发生战争，倒是伪齐和宋朝，打了不少战争。刘豫当然知道，伪齐其实就是宋金之间缓冲的屏障，只有不断找宋朝的是是非非，才有其存在的意义，否则也只是有名无实。因此，他一称帝就公开与宋朝为敌，收编了许多流寇和宋廷叛将，不断引诱金军南侵。

绍兴三年（1133 年）正月初四，襄阳镇抚使李横率军北攻伪齐，攻占颍昌府，直逼汴京。刘豫看到情况危急，就向金朝发出求救。完颜宗弼居然答应了刘豫的求救，亲自率军支援。其实，宋朝廷对义军出身的李横并没有那么信任，而刘光世和韩世忠也只是嘴上说要支援，却按兵不动。李横孤立无援，一路败退到洪州（今江西南昌）。伪齐军乘势收复旧地，还顺手占领了襄阳府等六郡之地。此时的伪齐，似乎达到了自己势力的顶峰，既可以西向攻巴蜀，又可以顺流而下取吴越。在此期间，刘豫的“表现”也算不错，他配合金军，向华北各地迁移屯田军，在各地征乡兵十余万作为“皇子府十三军”，对南宋构成了巨大的威胁。

绍兴四年（1134 年）五月，赵构命岳飞出师收复襄汉，出发之前，还命令岳飞只许收复李横的旧地，如果越界到伪齐领地，就“虽立奇功，必加尔罚”。不到三个月时间，岳飞连败金齐联军，收复六郡。不久，岳飞被宋廷封为清远军节度使。年仅三十二岁的他，成为了南宋第五个建节的武将。同年九月，刘豫再次南侵，金将讹里朵和完颜昌率五万金军支援。赵构早已经做好了逃跑的准备，张俊和刘光世也畏敌不前。这一次，刘豫特意避开了岳飞，选择安徽进行攻打，但又被移师扬州的韩世忠在大仪镇打了个埋伏，最后惨败而归。十二月，金军转向进攻淮西，又被赶来支援的岳飞大败。年底，金太宗完颜晟病危，金军北归，刘豫失去了金军这个支撑点，孤掌难鸣，不得不退兵。

绍兴六年（1136 年）十月，刘豫又征发大军三十万三路攻宋，刘麟统领中路军，刘豫之侄刘猊统领东路军，孔彦舟统领西路军进攻两淮；结果，又被韩世忠、杨沂中二人击败。此后，伪齐兵开始厌烦打仗，再加上兵败，他们更加无气势。在接下来的战争中，刘豫一再失利，引起了金朝的强烈不满。金朝廷认为，大齐政权不仅没有起到最初预计的对金的缓冲屏障作用，反而成为了金国的一个“大包袱”，再加之伪齐的存在，对金朝廷的集权统治也形成了障碍。考虑再三之后，金朝廷有了废豫之心。

绍兴八年（1138 年），宋军捉到一个完颜宗弼派来的间谍，岳飞巧使反间计，故意将他认作是刘豫的使者，责问他说：“刘豫曾送信给我，答应到冬天把完颜宗弼引诱到清河（进江苏淮阴东大清河口）和我共同夹击，诱杀金邦四太子，为什么到现在还没有动静?”间谍听完岳飞的这番话，怕岳飞杀他，不管三七二十一，先认错再说。随后，岳飞要他再给刘豫送信，信中主要叙述谋杀完颜宗弼的事情，他嘱咐间谍说：“我饶恕了你，这回你一定要守秘密，把信送到。”这个间谍以为既保住了性命，又窃得了重要情报，心中窃喜。回到金国后，他立即把信献给完颜宗弼。完颜宗弼一看，勃然大怒，一气之下斩杀了这个间谍。

同年十一月，刘豫又派遣使者到金朝，请求立刘麟为太子，并乞师南侵。这时，完颜宗弼与金熙宗完颜亶定谋，伪称济师，轻骑突入汴京，擒拿了刘豫。次日，完颜宗弼召集伪齐文武百官宣诏废刘豫，改封蜀王，徙居临潢府（今内蒙巴林左旗）。在汴京设立行台尚书省，命张孝纯权行台左丞相，直接对华北进行统治，胡沙虎为汴京留守，李俦为副，诸军悉令归农，听宫人出嫁，且纵铁骑数千，围住皇宫，抄掠一空。伪齐前后延续了整整八年，就这样被消灭了。

绍兴十一年（1141 年），金朝赐刘豫钱一万贯、田五十顷、牛五十头；绍兴十二年（1142 年），又改封曹王，赐田使他居住。绍兴十六年（1146 年），刘豫死于流放地。刘豫的儿子刘麟在随刘豫流放后不久又被起用，授北京路转运使，历中京、燕京路都转运使、参知政事、尚书左丞，复为兴平军节度使、上京路转运使，开府仪同三司，封韩国公，后降二品以上官封，改赠特进息国公。

钟相、杨么起义

钟相、杨么起义，是一次大规模农民义军抗击官军的水上攻防战。建炎四年（1130 年），金兵攻占了潭州，抢掠了一番后撤退了。接着，有一个被金兵打败的宋朝团练使孔彦舟，又带着一批败兵残卒在那里趁火打劫、催粮逼租。当地百姓实在忍无可忍，在钟相的带领下举行了起义。

钟相，是鼎州武陵（今湖南常德）人，在金兵南下的时候，他曾经组织过抗金民兵，但却没有得到朝廷的支持。绝望之下，他回到了家乡，决定亲自组织农民自卫。在家乡，他宣称：“法分贵贱贫富，非善法也。我行法，当等贵贱，均贫富。”这是一种农民要求财富上平均、社会地位平等而提出的政治主张，比北宋初期王小波主张的“均贫富”思想又进了一步。钟相深受群众拥护，还被人们称为“老爷”或“天大圣”。很快，周围的贫苦农民都纷纷加入了钟相的组织，一些士大夫也到这里来避乱。在此后的二十多年里，其影响扩大到洞庭湖周围各县。

北宋靖康二年（1127 年）初，金军再次入侵，钟相组织民兵三百人，命长子钟子昂率领北上“勤王”。但是，还没有等到这支队伍与金兵接触，就被继位没多久的赵构命令立即遣返。无奈之下，钟相只好暂时撤回。可是他实在不甘心就这样放弃，有一天他终于下定决心，要以这支队伍为基础，自己筹划一次起义，那样他就再也不用被人指手画脚。不久后，金兵渡江南犯，那些官兵和溃兵似乎已经彻底失去了理智，一逮着机会，就到处烧杀抢劫、横征暴敛、政繁赋重，南方人民陷于水深火热之中，在江西、福建、荆湖各地先后爆发了农民起义。

南宋建炎四年（1130 年）二月，金兵攻陷潭州（今湖南长沙）。经过一番掳掠后，屠城而去。在如此危急的时刻，为了保卫自己的家乡，钟相率众起义，建国号楚，年号为天载，并自称楚王，立其长子钟子昂为太子，设立官属。在钟相的带领下，起义军“焚官府、城市、寺观、神庙及豪右之家，杀官吏，儒生、僧道、巫医、卜祝及有仇隙之人”，并占据了地主的土地，归为己有。他们还把斩杀官吏等称为“行法”，把平分这些人的财产称为“均平”，斥宋朝国法为“邪法”。相反，对于“执耒之夫”和“渔樵之人”，他们则会加以保护，给予特殊对待。另外，钟相还做出了一些规定：凡是参加起义军的，一律免除赋税差科，不受官司法令的束缚。这些主张和行动受到人民的热烈拥护，认为这是“天理当然”。

钟相发动起义后，又相继占领了鼎、澧、荆南（今湖北江陵）、潭、峡（今湖北宜昌附近）、岳（今湖南岳阳）、辰（今湖南沅陵）等州的十九个县。之后，钟相又派出一支农民军攻打桃源县城。那儿的知县是一个叫钱景持的人，这个人除了会吹牛，似乎没有什么本领；他看到起义军来袭，就立即率领保甲兵丁来镇压起义。果然不出所料，他是一个十足的草包，农民军很快斩杀了钱景持，大败宋兵。两天后，钟相又率领起义军攻克澧州，斩杀了宋朝守臣黄琮，顺利进入州城。钟相起义来势如此迅猛，一时间震撼了南宋王朝。

就在这时，孔彦舟叛军与鼎州的地主豪绅相互勾结，想要一举占领鼎州。赵构任命孔彦舟为荆湖南北路捉杀使，让他去镇压钟相起义军。同时，又派遣宣抚司访察使李允文驻守鄂州，派遣统领官安和统步兵入益阳，统制官张崇领战舰入洞庭湖，张奇统水军入澧口，兵分四路分别镇压起义。孔彦舟看到战况依然不容乐观，便另生诡计，向起义军散布谣言说，“爷（农民军称钟相为‘爷’）若休时我也休，依旧乘舟向东流”，伪装出一副无意决战、堕落不堪的样子。不仅如此，他还派人到钟相处，请求“入法”，想要趁机打入起义军内部。钟相因为一时糊涂，没能识破孔彦舟的诡计。就这样，农民军中混入了内奸。

建炎四年（1130 年）三月，孔彦舟军大举进攻，因为有奸细作他们的内应，起义军不幸兵败，钟相、钟子昂父子在山谷中遭到了地主的偷袭被捉住。孔彦舟的阴谋终于得逞了，他立即将钟相父子押送朝廷处死。钟相发动起义仅仅一个多月，便英勇牺牲了。

钟相被害后，起义军又强烈推荐杨么当他们的首领，继续和官军作战。杨么，原名叫杨太，因为他年纪最轻，当地的群众就亲密地称他为杨么。起义军在杨么的带领下，在洞庭湖周围建水寨、造战船，并实行“兵家相兼、陆耕水战”的战略方针，使起义军得到迅速的发展。平日里，他们从事生产；发生战事时，他们便登舟作战。在很短的时间里，他们从武陵、龙阳到沅江县的沅水西侧建立水寨二二十所，尤以上沚江（今汉寿县内）的夏诚、刘衡二寨最为险要。此外，他们还充分利用河港交错的地形和自己善于操舟的特长，采用水陆两栖的战术与官军进行周旋。

赵构依旧不甘心，又派遣程昌寓担任镇抚使，镇压杨么起义。程昌寓到达鼎州之后，不惜工本制造了大批车船，每船可装载水军一千人，由人踏车就可以使船进退。有一次，程昌寓指挥水军使用车船攻打起义军水寨。没曾想，水寨滩头水浅，车船开进港汊，搁在浅滩里动弹不得。起义军便趁势发起猛烈的攻击，官军兵士只好丢弃车船，狼狈逃走。他们辛辛苦苦制造的车船就这样全部落在了起义军手里。随后，杨么起义军在洞庭湖建立了据点，很快队伍发展到二十万人，占领的地区也越来越广。

绍兴三年（1133 年）四月，杨么起义军重建楚政权，自称“大圣天王”，并拥立钟相的儿子钟子仪做太子。此时的起义军已经控制了北达公安，西及鼎、澧，东至岳阳，南抵长沙之界的广大地区。为此，南宋朝廷惊恐不安，视之为心腹大患，遂遣军往讨。绍兴三年以来，南宋都陷入恐慌，为了能够早日过上踏实的生活，朝廷多次派遣军队前往镇压，但都大败而归。

这一年冬天，赵构又派遣禁军将领王燮率兵前往镇压，他从上游的鼎州水陆并进，对沅水沿岸的起义军水寨发动攻击，并在下游埋伏大量水军，企图一举消灭起义军。没想到，杨么早就有所准备，他已经提前将上游的主力及家属转移，让宋军扑了个空。之后，杨么又发车船数只，偃旗息鼓，交横顺流而下。而埋伏在下游的崔增、吴全水军以为是起义军败下的空船，全队争先入湖，大小数百只舟船都被起义军的车船撞沉，崔、吴二人也葬身湖底。短短一天的时间，起义军歼灭南宋水军上万人。不仅如此，起义军还多次揭穿了南宋朝廷“招安”的阴谋。

听到起义军节节胜利的消息，在襄阳的伪齐官员李成实在按捺不住了，于是立即派人带着金帛文书，到杨么大寨去游说。李成说：“只要起义军联合进攻宋朝，一旦攻占了州县，就封你们做知州知县。”李成的话音还未落，就被起义军婉言拒绝了。可李成还是不肯死心，又派遣三十五个人带着官诰、金带、锦袍等来诱降，这一次，起义军把三十五名伪齐使者用酒灌醉后全部杀死。南宋王朝和伪齐政权依然死缠烂打，想要“围剿”诱降，结果都没能使杨么屈服。

直到绍兴五年（1135 年）春，也就是起义进行的第六个年头，赵构又派遣宰相张浚亲自督战，又从抗金前线抽回了岳飞军队。他们在湖区各要道屯驻重兵，不仅缩小包围圈，加紧经济封锁，并在夏季进兵，蹂践禾稼，造成起义地区严重的经济困难。同时，又大力开展政治诱降活动。黄佐、杨钦二人首先叛变投敌，起义军内部分化瓦解。杨么力战不屈，最终没能逃过，以致被俘牺牲。

杨么牺牲后，黄诚、周伦二人力屈投降，夏诚则继续抵抗，但因为人力、物力过于单薄，小寨很快就被攻破了。而在澧州的起义军，则在雷德进、雷德通兄弟的率领下，一直坚守着小寨，又坚持了一年多，才被攻破。这次起义前后一共持续了六年半之久。它以洞庭湖地区为根据地，因为一直坚持斗争，为后来的农民起义提供了丰富的战斗经验。

采石矶大捷

绍兴三十一年（1161 年），在采石矶发生了我国历史上宋、金两国长期对峙局面下的一场大规模的水陆大战，这就是著名的“采石矶之战”，又称“采石矶大捷”。当时，金国的第四位皇帝完颜亮（海陵王）经过长期谋划，遣兵六十万，并兵分四路南下，欲图一举灭亡南宋。就在南宋社稷危在旦夕之际，南宋抗战派官员虞允文挺身而出，率领不到两万人的宋军与金兵决战。没想到，他居然以弱胜强、以少胜多，于采石江面大败完颜亮，粉碎了完颜亮渡江南侵、灭亡南宋的计划，加速了完颜亮统治集团的分割和崩溃，从而使南宋权利得以延续。然而，谁又能想到，这场战役的指挥者虞允文居然是一介文官。

虞允文，隆州仁寿县（今四川仁寿县）人，自幼天资聪慧。据说，他七岁的时候，就已经出口成章了。绍兴二十四年（1154 年），他顺利中进士，并先后出任彭州等地的地方官。按理说，他是一名文官，边防的事情跟他没有多大关系。但是，他却一直在关注着边防的事情。当赵构派成闵去荆襄防御部署时，虞允文发表建议说：“荆襄并非金兵进攻的重点，臣觉得成闵应该去淮西。”赵构只是听听，并没有采纳他的建议。当完颜亮定都开封，南下渡淮之势十分明显的时候，虞允文再次向赵构提出建议：“应该让成闵的军队在池州的就驻守池州，在九江的就驻守九江，而不要去荆襄。如果金兵从上游进攻，就可以援救上游；如果金兵从淮西进攻，则可以援助淮西。”事实证明，他的这个设想是完全正确的，只不过当时并没有引起朝廷的重视罢了。

后来，虞允文在采石矶听闻这样一则消息：北岸有金兵四十万，战马八十万匹。他忍不住发出叹息：“危及社稷，吾将安避至？今日事有进无退，与其坐以待毙，不如战死沙场，捐躯报国正是我平生志向。”于是，他决定与将官时俊、盛新等人商量对付金兵的对策。经过商议，他们决定采用水、陆配合，以水战为主的战法，让步兵与骑兵埋伏在江岸高地之后。水军分为五队，各以海鳅船和战船组成，一队泊大江中流，为主力；两队分东西两翼，成犄角之势；另两队隐蔽于姑溪河与锁犀河中，以袭击敌船和援助前阵。采石矶的宋军，经虞允文一番整治和调拨，原来的散兵游勇瞬间变成了一支同仇敌忾的生力军。

金兵似乎能掐会算，宋军这边刚刚部署完成，他们就已经按捺不住了，顺风鼓噪渡江。金兵将领蒲卢浑进谏说：“宋军舟船很大，行驶速度很快，我们这边船太小，而且速度非常慢，不善水战，恐怕不能速战速决。”可是完颜亮听完谏言后，先是对蒲卢浑一顿斥责，紧接着命令军队立即前进。完颜亮先让一小部分水军试探宋军虚实，不过宋军也不傻，他们看出这是金军的手段，并没有进行反击。这时候，完颜亮率领数百艘战船从杨林渡口出发，顺水向东岸冲去。谁曾想，金兵刚刚靠近岸边，周围就响起了号角声。宋军从两头隐藏处冲杀了过来，与金兵厮杀成一团。宋军的这种气势，让金兵有些措手不及。他们想要后退，可是逆风逆水。所以，他们只能选择仓促上岸，但也只是一少部分而已。看到金兵上岸，虞允文便对勇将时俊说：“你的胆量，天下闻名，此时立在阵后做甚？”时俊只是笑而不语，随后挥舞双刀冲向金军。大队宋军也跟着冲出去。一会儿工夫，那些上岸的金兵就被宋军全部消灭了。

首战的失败，让完颜亮很是不甘心。于是，他决定把剩下的船只重新集结起来，准备再次发起进攻。这个时候已经是傍晚了，恰好有一支从光州撤下来的宋军经过采石矶。于是，虞允文让他们从山后到江边来回击鼓走动，充当疑兵。一时间，采石矶东梁山沿着江堤坡岸响起了连绵不绝的鼓声。完颜亮以为宋军的援军到了，于是慌忙下令撤兵。虞允文料到完颜亮虽然战败，但决不会就此善罢甘休，肯定还会卷土重来，于是连夜进行部署，命令把战船秘密驶向林河口，并封锁金军出入的水道。另外，他又派了一支海鳅船队停在林河口的上游地带，船上装满火箭与霹雳炮，还安置了一大批射手，想要用火器击杀敌人。

果然不出虞允文所料，心急的完颜亮在失败的第二天，又一次发动了进攻。当完颜亮率军到达林河口一带时，宋军的战船早已在那里等候多时了。还没等金军反应过来，宋军的射手就开始进行射击了。乱箭火器如下雨般飞向金军，金兵纷纷应箭而倒，上岸逃命的也被射死在水里。完颜亮的战船经此一役，损失大半。至此，金军在淮西的主力基本上被消灭了。完颜亮惨遭战败，心中很是不平，心生一计，想要用离间之计，打入宋军内部。于是，他亲自写了一封信，送到宋军营中。收信人是谁呢？这个人正是与完颜亮有过来往的王权。

当这封信传到宋营中时，在场的将士们都闻之变色。但是，虞允文却十分淡定地告诉大家说：“这不过是反间计罢了。”这时候，都统制李显忠也刚好从芜湖赶过来。他看到信后，就对虞允文说：“应该告诉完颜亮朝廷已经罢免了王权。”虞允文点了点头，给完颜亮回信说：“王权临阵脱逃，才让你如此嚣张。现在，朝廷已经罢免了他的官职，这里的统兵已经换成李显忠了，你难道不知道他的名字吗？如果你从瓜洲渡江，我定会在那里与你一决雌雄。”完颜亮看完信后，听说是李显忠在驻守南岸，心生惧意。一怒之下，他斩杀了劝他渡江的梁汉臣以及造船者二人。明眼人都看得出来，他这是在拿自己人泄愤，实在没出息。

可是，完颜亮为何如此惧怕李显忠呢？据说，李显忠原名叫李世辅，他的父亲李永奇曾经是南宋延安巡检使。在李显忠十七岁时，就已经跟随父亲上阵杀敌了。后来，金兵攻陷了延安，打算收降他们父子二人，并许诺给他们高官厚禄。李永奇断然不会答应，他告诉儿子李显忠说："我身为宋臣，断不会为金人所用。"金兵拿他们父子没办法，这件事也就暂时搁置一边了。直到绍兴九年（1139 年），当金兵得知李显忠要率军归宋时，一气之下，居然斩杀了李永奇一家三百口。自那以后，李显忠就发誓一定要替家人报仇，于是他开始招兵买马，很快就聚拢了近万人。他告诉自己，一旦抓住自己的杀父仇人，一定要碎尸泄愤。

无意之中，李显忠与四川宣抚使吴玠相识，吴玠看出李显忠是一个将才，就把他送到临安面见赵构。赵构对李显忠也是一见如故，于是赐名曰显忠，并任命他为都统制。后来，李显忠奉赵构的命令，率领两百骑兵攻打安丰，击败金兵五千余人。一次次的冲杀，从早上到中午，"杀获甚众，掩入淮者不可计"，那场面实在是惊悚之极。由此看来，完颜亮惧怕李显忠，真的是有一定原因的。

完颜亮自和州去淮东后，决定到扬州渡江，这也是虞允文所预料到的。于是，虞允文就以刘锜卧病在床，而成闵还没有接任为由，建议李显忠调拨一些兵士给他，由他前去增援镇江。镇江原来是由老将刘锜防守。那时候，刘锜已经病得不能起床了。李显忠听完虞允文的建议，当即就拨出步兵一万六千人和部分水军船只，归虞允文指挥。他自己则率万余人渡江收复淮西州郡。

虞允文到达镇江后，没有着急去军营，而是先去探望刘锜。只见刘锜一脸憔悴躺在床上，握着虞允文的手，有气无力地说："想不到朝廷养兵三十年，大功反出于你这样一个儒生，真叫我们武将羞死。"虞允文安慰了他一番后，就立即返回军营。他先是把马船改为战船，由兵士驾驶，在江边的金山周围巡逻，来回像飞一样。北岸的金兵看到这一幕都震惊了，赶快将此事报告给了完颜亮。完颜亮听后大发雷霆，居然把气撒到了报告人身上，狠狠打了这个人一顿板子。

这时候，金兵由于打了几次败仗，都对作战产生阴影了。一些胆小的将士在一起闲聊，有的甚至商量着要逃走。完颜亮发现后，立即下令，“士兵逃跑就杀了将领，将领逃跑就杀死主将”，并宣布“明日全军渡江，后退者死”。金军将士对这种残酷的统治再也无法忍受了，于是密谋“进攻则被宋军杀死，后退将被完颜亮杀死，”不如“杀完颜亮与南宋讲和，然后各自回家，这是唯一的生路”。当天夜里，有一批将士冲进完颜亮的营帐中，杀死了完颜亮，并用衣襟裹住了尸体，一把火烧为灰烬了。完颜亮一死，金兵就撤军了，并派遣使者与南宋议和。完颜亮南侵之计，最后以宋军采石矶大捷和其毙命而结束了。

可以说，采石矶大捷，是一个文弱书生因势利导、利用灵活多变的战术而克敌的例子。这一战，充分发挥了水军的水战优势，创造了以少胜多的著名战役。它不仅阻止了金军南渡，保住了长江防线，也使金国攻灭南宋的计划最终彻底破产，为南宋保住了一个长时间的偏安局面。

“追王三代”的吴皇后

在历史上，执政时间较长的皇帝有很多，但是在位时间较长的皇后却很少，而赵构的吴皇后却是其中少有的一位。细细算来，她在宫中整整生活了 69 年。她在绍兴十三年（1143 年）被册封为皇后之后，先后辅佐了高宗、孝宗、光宗、宁宗四位皇帝，在皇后和皇太后的位置上呆了 55 年之久，是历史上在后位最长的皇后之一。可以说，在整个两宋时期的诸位皇后中，吴氏是少数对政治有较大影响的皇后。

吴氏出生于北宋政和四年（1114 年），是开封人氏。他的父亲吴近在吴氏入宫后，父以女贵，深得皇上宠幸，官至武翼郎。吴氏是何时进宫的呢？在她刚过十四岁生日时，她就被选入宫中。当时赵构还是康王，还没有继承皇位，吴氏一进宫就被安排去侍奉康王。说起这个吴氏，她出生在一个武术世家，因为受家庭的影响，她从小就跟着父亲习武，年纪轻轻的就练就了一身高强的武艺。赵构继位以后，吴氏就经常穿着戎装，侍奉在皇帝左右。

据说，赵构继位没多久，有一次，宫廷卫士因不满宦官的胡作非为，突然发生兵变，包围行宫，准备诛杀宦官。闯进宫内的士兵质问道："帝王何在？"吴氏虽为一名女子，却依然一副不惊不慌的样子，用她的智慧和胆略哄骗了那些士兵，才帮赵构躲过一劫。可以说，吴氏之所以能够得到赵构的宠爱，不仅仅是因为她英姿飒爽、颇有胆略，还在于她的知书明理、口才极佳。

又有一次，金兵南征，赵构与群臣在海上航行，突然有一条鱼跳进了赵构的船中，吴氏不失时机地说："此周人白鱼之祥也。"因为当时北宋刚刚灭亡，金兵又大举南下，恐慌之极的赵构只好乘船入海，以躲避敌军的追击。这一避就是四个月之久，其窘状可想而知。此时，赵构听了吴氏的话，心里自然十分高兴，当即就册封吴氏为"和义郡夫人"。回到"越"地后，赵构又进封吴氏为"才人"。

吴氏不仅胆识过人，而且还通今博古、颇有文采。因为宋朝自太祖皇帝开始就确立了"重文抑武、强干弱枝"的基本国策，朝廷上下文人气息十分浓郁。到了赵构这一代，更是有过之而无不及，他们把太祖皇帝的"祖宗家法"运用得更是淋漓尽致。赵构见吴氏能文又能武，自然对她另眼相待、疼爱有加，更是把她当作了自己的知己，所以，吴氏晋升得也很快。没过多久，她就被封为"婉仪"，继而又被册封为"贵妃"。

说起吴氏的品行，那也是无可挑剔。她对赵构的母亲韦太后（宋徽宗的韦贤妃，显仁太后）十分孝敬。韦太后从金国还朝后，赵构便让吴氏亲自伺候母亲。当时吴氏已经被册封为贵妃，对太后的起居照顾得无微不至。吴氏如此体贴周到，“顺适其意”，即使是性格严肃的太后，对她也是相当满意。还有一个细节，体现出吴氏的确是一个聪明的女子。她曾经“绘画《古烈女图》置坐中为鉴”，同时，“取《诗序》之义”，还在自己后宫的居所挂了一块“贤志”的牌匾。这前后两件事，都让韦太后深感欣慰。因为韦太后曾以“亡国之妃”遭金人掳掠，心里有很多的难言之隐。吴氏能够在宫中挂上“烈女图”以明志，使“忍辱偷生”的韦太后心中宽慰了不少。因此，宪节皇后（赵构的原配夫人）去世后，朝臣便请“累表请立中宫”，毫无置疑，吴氏成为最佳人选。在册立的过程中，韦太后也帮着吴氏说好话，力挺吴氏。于是，到绍兴十三年（1143 年）的时候，吴氏被正式册立为皇后。此后，“追王三代，亲属由后官者三十五人”。

其实，在吴皇后还是才人的时候，由于赵构唯一的儿子病死。再加之金国不断来袭，赵构在逃亡途中受到惊吓，便给赵构留下了严重的后遗症，他从此失去了生育能力。而吴皇后也因为自己没能生育子嗣，于是奏请赵构收养宗室赵伯玖（后更名赵璩）和赵伯琮（后来的宋孝宗，更名为赵昚）为养子，赵伯玖为吴皇后抚养，赵伯琮交由张贤妃来抚养。后来，赵伯琮的养母张贤妃不幸病逝，吴氏便将赵伯琮一并收养。吴皇后对待这两个养子都是一视同仁，并没有亲疏之别。

后来，赵构和吴皇后发现赵伯琮不仅恭俭勤敏，而且聪慧好学，因此十分喜欢他。随后，赵构就封他为普安郡王。后来，在吴皇后的积极说服之下，赵构做出了一个重要决定：立赵伯琮为太子，并改名为赵昚。紧接着，赵构又让赵伯玖迁到绍兴去居住。

也正是因为吴皇后的大度和大气，才赢得了子孙后代的无比尊重。吴皇后的一生真可谓淡泊名利。虽然她在宫中居住多年，但却只做自己分内之事，除了相夫教子，就是孝敬韦太后。她向世人证明着她作为一代红颜武侠，终不愧为一国之母。庆元三年（1197 年）十月，吴氏病逝，时年八十三岁。

秦桧神秘南归

秦桧，出生在江宁（今江苏南京）一个地主家庭。他的父亲曾经当过静江府古县（今广西永福县境）令，这在宋朝统治阶级中只算得上一个小小官吏。所以说，秦桧的家庭情况着实一般。在这样的家庭环境中，秦桧自然不可能在短时间内飞黄腾达，只能寻找机会，慢慢往上爬。起初，他也十分落魄，只是一名普普通通的教书先生。很显然，他对这个职业很不满意，他曾这样说："若得水田三百亩，这番不做猢狲王。"其实，他的要求并没有那么高，只要不让他当"童子师""孩子王"，不再靠束修自给，他就心满意足了；如果能够有幸拥有几百亩好田，他就觉得生活已经十分美好了。但是，自从他考进士后，他就扶摇直上，对自己的要求也就越来越高了。

北宋政和五年（1115 年），秦桧进士及第，中词学兼茂科，初任太学学正。钦宗朝时，他历任左司谏、御史中丞。靖康二年（1127 年），他因多次上书金帅反对立张邦昌为帝，随徽、钦二帝被俘至金朝，为完颜昌重用。建炎四年（1130 年），他逃回临安，力主宋金议和。南宋绍兴元年（1131 年），他被擢升为参知政事，随后拜相。次年，他又被同僚弹劾以致落职，直到绍兴八年（1138 年）时，他才再次拜相。第二次拜相期间，他极力贬斥抗金将士，阻止恢复。同时，他结纳私党、斥逐异己、屡兴大狱，成为中国历史上著名的奸臣之一。

靖康元年（1126 年），金兵进攻宋朝京城汴京（今河南开封），并向徽宗赵佶提出了一项割让三镇的无理要求，三镇包括太原、中山（今河北定县）、河间。在这关键时刻，身为职方员外郎的秦桧，也提出了四条较为重要的意见：一是金人贪得无厌，千万不能轻易满足他们的要求，否则日后会没完没了。如果一定要割地，只能给燕山一路；二是金人阴险狡诈，即使我方同意割地给他们，他们也不一定会感恩。对于金军，必须要加强守备，不能丝毫的松懈；三是要召集百官来朝，针对此事做一番详细的讨论，选择正确的意见后，然后再写进盟书中；四是要把金朝派来的代表安置在外面，绝对不能他们进朝门、上殿堂。之后，秦桧就以割地代表的身份，同金人进行谈判。在此次谈判中，秦桧一直坚持上述意见，并没有临时改变主意，这让金人有点出乎意外。没过多久，他就被宋廷升为殿中侍御史、左司谏。

在徽宗、钦宗被俘后，女真贵族主张立张邦昌为傀儡皇帝，而时任御史中丞的秦桧却不发一言，不知道他在等待什么。女真贵族的主张刚一传出，御史马伸等人就立即上书，表示强烈反对立张邦昌，并要求秦桧也在上面签名。刚开始的时候，秦桧迟迟不肯表态。但是，看到朝中数十名官员先后签名，再加之马伸的再三“固请”，无奈之下，秦桧只得签名。当时在上书者中，数秦桧的官职最高。在靖康二年（1127 年）的时候，金人就以秦桧反对立张邦昌为由，将他捉去。一起被抓去的还有他的妻子王氏以及一些侍从等。秦桧担心金人会对自己家人不利，就想用厚礼贿赂完颜宗翰。没曾想，完颜宗翰根本不吃那一套，秦桧只好乖乖地待在金朝，不敢有任何过分的举动。后来金太宗完颜晟把秦桧送给他弟弟完颜昌任用。

建炎四年（1129 年），完颜昌带兵进攻淮北重镇山阳（今江苏淮安），并要求秦桧与他同行。令人困惑的是，金国那么多大将，为什么偏偏要求秦桧同行呢？原来这是完颜昌的策略。在完颜昌看来，如今的秦桧只不过是一个互利品罢了，不用白不用。原来他是想利用秦桧，引诱宋朝和议，内外勾结，才能致南宋于亡国之境。而这个“内”，只有秦桧可用。而当时秦桧投靠女真贵族的秘密，在南宋朝野还没有彻底暴露。所以，金朝统治者就把秦桧作为最合适的人选了。因此，南行前，秦桧还与妻子王氏密商计议，演了一出戏。秦桧演戏的目的，无非只有一个，那就是希望能够与自己的妻子同行。

那一天，王氏故意大喊大叫地说：“家父把我嫁给你，当时有资财二十万贯，要你我同甘苦。现在大金国信用你，你就把我丢在路上。”秦桧与妻子的争吵声，惊动了完颜昌的妻子一车婆。一车婆把王氏请到自己家中询问究竟，王氏便把实情告诉了一车婆。之后，一车婆又把秦桧夫妻的事情说给完颜昌听。没想到完颜昌还很通情达理，同意王氏以及侍从同秦桧一起南行。

山阳城被攻陷后，金兵纷纷入城。秦桧等人则登船而去，行到附近的涟水（今江苏涟水）。不料，被南宋水寨统领丁祀的巡逻兵抓住，并声称要杀他，秦桧故作镇定地说：“我是御史中丞秦桧，这里有没有秀才，应该知道我的姓名。”当时，旁边正好有个卖酒的，人们都叫他王秀才。这个人虚荣心很强，明明不认识秦桧，却装作一副认得秦桧的样子，马上上前作了个大揖说：“中丞劳苦，回来不容易啊！”如此一来，旁边的人都以为王秀才认识秦桧，就不杀他了，而是以礼相待，还把他们送到了行在临安（今浙江杭州），秦桧得以逃过一劫。

秦桧南归后，当人们问起他是如何逃出来时，他自称是杀死监视他们的金兵夺船回来的。臣僚们听完他的叙述，随即提出一连串问题：一是秦桧是与孙傅、何粟、司马朴、张叔夜等官员一起被俘的，为什么唯独他一人能逃归；二是从燕山府（今北京城西南）到楚州两千八百里，楚州至京又有千里之遥，肯定要跋山涉水，难道这一路上就没有碰到盘查询问他的人，幸而一帆风顺地南归；三是如果金人只是命令秦桧随军，金人再有意放纵他，但也要把他的家眷作为人质扣留，怎么可能让他们夫妻同行？所有这些疑问，只有他的密友、宰相范宗尹和李回为他辩解，并竭力举荐他始终忠于赵家皇朝。

即便如此，秦桧的南归有诸多可疑之处，再加上他专权后力主议和，并提出了“南自南，北自北”的主张，签订了丧权辱国的“绍兴和议”，向金纳币称臣，完全不以国家、民族利益为重。如此一来，人们都认为，秦桧是“完颜昌纵之使归”“俾得和议为内助”的。秦桧神秘南归，只有他自己清楚是怎么一回事，对于其他人来说，或许是一个永远无法解开的谜。

功不可没的岳飞

岳飞，出生在相州汤阴县（今河南安阳汤阴县）一个普通家庭，世代务农，父亲岳和，母亲姚氏。传说岳飞出生的那天，有大禽若鹄、飞鸣室上，当地的人们都觉得这是一种奇怪的现象。为此，他的父母给他取名为飞，字鹏举。少年时代的岳飞虽然平日里沉默寡言，不爱跟同伴们玩耍，但是在读书方面，他却十分勤奋，喜读《左氏春秋》《孙吴兵法》等书。不仅如此，他还先后向周同、陈广等人学习射箭、枪技，没过多久，成为了全县武艺最高强的人。但因家境贫困，他后到相州（今河南安阳），“为韩魏公（琦）家庄客，耕种为生”。

宣和年间，因童贯、蔡攸二人兵败于辽国，河北官员刘韐于真定府（今河北正定县）招募“敢战士”以御辽。岳飞听到这个消息后，高兴极了，毫不犹豫地参加了招募，并顺利通过了选拔。随后，他就被任命为“敢战士”中的一名分队长。虽然只是芝麻大小的官职，但岳飞并没有嫌弃，依然尽职尽责。就这样，二十岁的岳飞开始了他的军戎生活。可惜好景不长，对于岳飞而言，这一年是多事的一年。他刚参军没多久，就得到了父亲病故的消息，岳飞只好暂时离开军队，赶回汤阴为父亲守

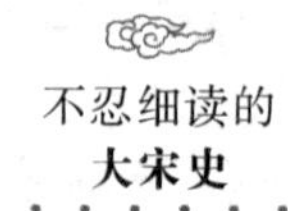

孝。直到宣和六年（1124 年），河北等路发生严重的水灾，岳家生计艰难。为了能够继续维持生活，不让自家老小受冻挨饿，岳飞又到河东路平定军（今山西平定县）投戎，被擢升为偏校。

靖康元年（1126 年），金兵大举入侵中原，岳飞再次投军，开始了他抗击金军、保家卫国的戎马生涯。在相州城里，武翼大夫刘浩负责招募义士、收编溃兵。在投军的路途中，岳飞亲眼目睹了金人入侵后，老百姓惨遭杀戮、奴役的情形，怒火在心中燃烧。他一刻也不想等下去了，此时此刻，他脑子里只有一个念想：投军，投军。可是当他考虑到家中老母亲年迈，妻儿又力弱，在兵乱中实在难保安全，又有点犹豫不决了。岳飞的母亲姚氏，是一位深明大义的妇女，他看出儿子的担忧，一个劲给他宽心，最后岳飞终于狠下心，决定去投军。临走之时，其母姚氏还在岳飞的后背上刺了“尽忠报国”（后世演义为精忠报国）四个大字，这成为岳飞终生遵奉的信条。

靖康二年（1127 年）二月，岳飞随军转战曹州，他挥动双锏，身先士卒，直贯敌阵。宋军以白刃近战打败金军，追奔数十里。岳飞因屡立战功，被宋廷迁武翼郎。同年五月，赵构起用了抗战派名臣李纲为左相，但对投降派黄潜善、汪伯彦等人还是颇为器重，并没有因为有李纲的存在而冷落了他们一群人。之后，赵构又采取了黄潜善等人主张的“避战南迁”的政策，预备南行“巡幸”，欲退避到长安、襄阳、扬州等地。那时候，岳飞刚刚二十五岁，当他得知这个消息后，不顾自己官卑职低，披肝沥胆、大胆进言，向赵构“上书数千言”。然而，他的耿耿丹心却只换得“小臣越职，非所宜言”八字批语，并且被革除军职、军籍，逐出军营。

即便如此，岳飞还是不肯放弃，他又改投河北都统张所，担任中军统领一职，在太行山一带抗击金军，屡建战功。后来，他复归东京留守宗泽，以战功转武功郎。从军中的这些年里，岳飞虽然处处受打压，他的建议也屡次被朝廷拒绝，但他抗金的决心却从未动摇过。因为他有一个原则，只要自己还有一口气，就要为百姓做一点事，为朝廷贡献一分力量。

同年八月，岳飞渡河北上，奔赴抗金前线——北京大名府，经过河北西路招抚使干办公事赵九龄的极力推荐，他拜见了当时“声满河朔”，正多方收揽英才抗金的招抚使张所。算来，这是岳飞第四次从军了。张所听闻岳飞的从军遭遇后，十分同情，便留他在“帐前使唤”。由于岳飞的非凡见识、高超武艺，张所决定破格提拔他。先是“以白身借补修武郎”，继而又升为统领，后来又升为统制，分隶于名将王彦部下。可以说，自从归入张所手下做事，岳飞才享受到了一个军人应有的待遇。

建炎三年（1129 年），金将完颜宗弼率金军再次南侵，出乎岳飞意料的是，开封府留守杜充居然在关键时刻率军弃开封而南逃，只留下岳飞一人孤军奋战。无奈之下，岳飞也只好随之南下。这年秋，完颜宗弼继续南侵，改任建康（今江苏南京）留守的杜充，这一次他没有逃跑，而是选择了不战而降，让金军占了很大一个便宜。金军不费一兵一卒，就顺利渡过长江天险。很快，金军又攻下临安、越州（今绍兴）、明州等地，赵构被迫流亡海上。

在如此混乱的局势下，只有岳飞率孤军坚持敌后作战。他先是在广德攻击金军后卫，六战六捷。紧接着，岳飞又在金军进攻常州，率部驰援，四战四胜。次年，岳飞在牛头山设下埋伏圈，大破完颜宗弼，成功收复建康，金军被迫北撤。自那以后，岳飞的威名传遍大江南北，声震河朔。七月，岳飞被升任通州镇抚使兼知泰州，并拥有万余人马，建立起了一支纪律严明、作战骁勇的抗金劲旅“岳家军”。

绍兴元年至三年，岳飞又先后剿灭了游寇李成、张用、曹成和吉、虔州的叛乱，升任神武后军统制。赵构这才意识到，岳飞的确是一个难得的将才，特赐御书“精忠岳飞”锦旗给岳飞。后来，赵构又将牛皋、董先、李道等所部拨归“岳家军”。很快，“岳家军”的兵力得到扩充。次年四月，岳飞挥师北上，击破金傀儡伪齐军，收复襄阳、信阳等六郡，遂擢为清远军节度使。同年十二月，岳飞又败金兵于庐州（今安徽合肥），金兵被迫北还。

绍兴五年（1135 年），岳飞率军镇压了杨么起义军，从中收编了五六万精兵。如此一来，他的“岳家军”实力便大大增强。到了第二年，岳飞再次出师北伐，并相继攻占了伊阳、洛阳、商州和虢州，继而围攻陈、蔡地区。很快，岳飞意识到自己是孤军深入，既无援兵，又无粮草，考虑到自己“岳家军”日后的发展，他不得不暂时撤回鄂州（今湖北武昌）。打了这么多仗，唯有这次北伐，让岳飞觉得着实遗憾。为此，他还写下了一首千古绝唱的名词《满江红》。

绍兴七年（1137 年），岳飞被宋廷升为太尉。对于北伐一事，岳飞一直放在心底，他曾不止一次建议赵构继续兴师北伐，一举收复中原。但都被赵构忽视或者婉言拒绝了。绍兴八年（1138 年）二月，岳飞还军鄂州，依然坚持“戮力练兵”“日夜训阅”。赵构为了“屈己求和”，进一步重用秦桧，并令其与金接通关系。对于和议一事，韩世忠、岳飞等人一直持反对意见。在临安朝见时，岳飞对赵构说：“夷狄不可信，和好不可恃，相臣谋国不臧，恐贻后世讥议。”赵构不肯听劝。十一月，金廷派出江南诏谕使张通古、萧哲，并携带诏书，来同南宋“讲和”。

绍兴九年（1139 年）正月，赵构和秦桧经过一番密议，最后决定与金议和，并表示甘心向金称臣纳贡。宋廷宣布大赦天下，庆贺与金人“和议”成功。岳飞得到这个消息后，简直要气炸了，他上表要求“解罢兵务，退处林泉”，以示抗议。然后，在接到赦书之后，立即让幕僚张节夫起草了一份《谢讲和赦表》，表明自己不趋附和议，并发誓要“唾手燕云，复仇报国”。不仅如此，对于朝廷给他加封的开府仪同三司官衔，岳飞都不肯接受，他在辞书中这样说：“今日之事，可危而不可安，可忧而不可贺。可训兵饬士，谨备不虞；而不可论功行赏，取笑夷狄。”

可是仅靠岳飞一人的力量，实在难以说服赵构，而且，赵构还特下“温诏”，岳飞只好暂时放弃，不得已受之。其后，岳飞又自请随宋使至西京洛阳谒扫先帝陵墓，以趁机窥探金国的虚实，但都被拒绝了。再后，岳飞又上两份札子，要求解除自己的军职。从他的字里行间看出，他对“和议”之事有诸多不满。起初，赵构、秦桧对岳飞的种种举止都不予理睬，后来直接告诉岳飞，他的所有批示都不会得到允许的。

然而，让宋军怎么也没想到的是，金军居然如此心急。消停了不到一年，完颜宗弼就撕毁和约，再次大举南侵。绍兴十年（1140 年）五月，完颜宗弼再次发动政变掌权，要求废除对宋和议。很快，完颜宗弼亲统大军，以山东聂儿孛堇和河南李成为左右翼，取道汴京向两淮进军；右副元帅完颜撒离喝统帅西路军，从同州（陕西大荔县）进攻陕西。到了五月下旬，金军已经兵临顺昌（今安徽阜阳）城下，顺昌告急。这时候，赵构才意识到跟金军谈和议，简直是浪费时间。起初，赵构还不同意岳飞出兵。后来，他看到顺昌危在旦夕，如果不及时救援，就会被金军据为己有。经过了一番思想斗争，赵构才决定派岳飞发兵，前去救援。

岳飞不计前嫌，依然服从命令，相继收复郑州、洛阳等地。更可喜的是，岳飞还在郾城大破金军精锐铁骑兵“铁浮图”和“拐子马”，并乘胜进占朱仙镇，距开封仅有四十五里。完颜宗弼再次吃了败仗，被迫退守开封，金军士气沮丧，发出了“撼山易，撼岳家军难”的哀叹，不敢再出战。

绍兴十一年（1141 年）正月，完颜宗弼再度领军南下。二月，岳飞领兵第三次驰援淮西，这也是他最后一次参与抗金战斗。金国在无力攻灭南宋的情况下，准备再次与宋议和。宋廷便想趁机打压那些手握重兵的将领，尤其是坚决主张抗金的岳飞、韩世忠二人。虽然他们在抗金战斗中发挥了重要作用，但是宋廷却还是容不下他们二人。完颜宗弼在给秦桧的书信中也特意强调：“必杀岳飞，而后和可成。”四月的时候，张俊、韩世忠、岳飞三名大将就被调离军队，到临安枢密院供职。五月，岳飞回朝后，又遭到秦桧党羽万俟卨、罗汝楫等人的弹劾，他们诬蔑岳飞援淮西“逗留不进”、主张“弃守楚州”，并要求免除岳飞枢密副使之职。八月初九，岳飞被罢枢密副使，充“万寿观使”的闲职。

可以说，此时的岳飞如同废人一般，既无兵也无权，但是秦桧对他的迫害却从未停止过。在秦桧的再三授意下，再加之当时“岳家军”发生了内部矛盾，秦桧终于有机可乘，他开始威逼利诱都统制王贵先出面首告张宪“谋反”，继而牵连岳飞，并向张宪严刑逼供。毫无结果之下，竟捏造张宪口供“为收岳飞处文字谋反”。当时岳飞在江州居留，为时甚短，就接到了宋廷命令，召他回“行在”临安府。十月十三日，岳飞被收入大理寺（原址在今杭州小车桥附近）狱中，此前其长子岳云也已被逮捕入狱。可见，这一切都被一些人提前计划好了的。

面对审讯，岳飞依旧义正言辞，并没有丝毫惧怕。在主审官面前，他袒露出背上母亲为他刺的“尽忠报国”四个大字。主审官何铸看到此景，心中不免有所动心，觉得岳飞真的是一个有勇有谋的人才，便想替他洗刷冤屈。很快，何铸就查出岳飞是被冤枉的，并把此事如实禀告给了秦桧。秦桧却说：“此上（赵构）意也!”随后，秦桧改命万俟卨来主审此案。万俟卨这个人不像何铸那样廉洁，他这个人十分阴险狡诈，为了能够逼迫岳飞招供，他用尽了所有残酷的手段，但最终也无法使岳飞三人屈招一字。岳飞宁死也不自诬，甚至以绝食与其抗争，幸好有儿子岳雷的精心照顾，他才勉强支撑了下来。

同年十一月初七，宋金“绍兴和议”达成：由宋向金称臣，将淮河以北的土地全部划归金国，并每年向金贡奉银绢各二十五万两。和议虽已达成，但岳飞始终未能被释放。万俟卨看逼供不成，为了坐实冤狱，他又为岳飞罗织搜刮了所谓“指斥乘舆”“坐观胜负”等数条罪名，想要将岳飞一举定为死罪。大理寺丞李若朴、何彦猷等人也一致认为，岳飞是无罪的。因为此事，他们与万俟卨展开了一场激烈的争议。但就因为他们力保的是岳飞，不久之后他们均被罢官。布衣刘允升也曾上书为岳飞申冤，也被下大理寺处死。就连赋闲多日的韩世忠也因岳飞入狱之事，去质问秦桧，但仍没能改变岳飞的命运。

同年十二月二十九日，秦桧以“莫须有”的罪名，将岳飞毒死于临安风波亭。那年，岳飞才三十九岁。其子岳云及部将张宪也没能逃过一劫，在岳飞死不久后也被害死。在岳飞的供状上，只留下八个鲜明的绝笔字：“天日昭昭，天日昭昭！”

岳飞的死讯刚一传出，当地的百姓们都为他流泪哭泣，在大街上排队为他致哀。很快，金国那边也得到了岳飞被杀的消息。为此，金国上下酌酒庆贺，并说：“和议自此坚矣！”就在岳飞被害后没多久，狱卒隗顺冒着生命危险，偷偷将岳飞的遗体背出杭州城，埋在钱塘门外九曲丛祠旁。隗顺临终之前，特意将此事告知其子。直到绍兴三十二年（1162年）孝宗赵昚继位，岳飞的冤案才被平反。

忠臣义士韩世忠

韩世忠，是延安（今陕西省绥德县）人，出身于一个普通的农民家庭。他与岳飞、张俊、刘光世合称南宋“中兴四将”。他向来行侠仗义、不慕功名，深受当地人们的喜爱。在韩世忠十六七岁时，他的身材就已经长得魁梧高大，再加之他勇力过人，所以家乡有人就劝他说：“有如此好的功夫，应该去当兵为国效力。”就这样，年仅十七岁的他就参军当了一名士卒；到了十八岁，他便应募从军。也正因为他的英勇善战、胸怀韬略，在抗击西夏和金的战争中，为宋朝立下了汗马功劳，而且在平定各地的叛乱中也作出了巨大贡献。

当时，韩世忠所在的部队驻守在西北地区，这里总是有西夏军队来骚扰。因此，他入伍没多久，就参加了战斗。因为他作战勇敢、胆识过人，没过多久，他就由士卒升为小队长，手下领导着十几个人。虽然他领导的那些士兵都比他年纪大，但他们并没有因为韩世忠年纪小，而不服从命令。或许正是因为韩世忠处事公道正派，说话正直在理，那些士兵们都愿意服从他的管理。韩世忠下的每一道命令，他们从不说一个“不”字。

有一次，韩世忠奉朝廷之命，率兵攻打西夏的一座城池。然而，这座城池易守难攻，久攻不下。韩世忠杀红了眼，情急之下，他只身一人爬墙冲进去，不费吹灰之力就割下了守城敌军的头颅。宋军看到敌军的首领已经被拿下，顿时一涌而上，很快就攻下了城池。又过了不久，西夏王的监军驸马亲自率领西夏军，准备向宋军反击，以报上次之仇。韩世忠听闻是监军驸马来袭，并没有出动所有兵马，而只是带了几名敢死士卒冲入敌阵。在敢死士卒的掩护下，韩世忠冲入敌阵，直奔驸马营帐。还没等西夏兵反应过来，韩世忠就已经将西夏监军驸马的头颅砍了下来，扔到了营帐外。这下，西夏兵看到驸马已经丧命，他们没有了精神支柱，又怎么能够继续作战，一个个争相奔逃。

接连两战，韩世忠都没有给敌军还手的余地，速战速决，赢得十分漂亮。经过此役，他手下的士兵对他更是心服口服，更加信赖于他。士兵们纷纷称赞他说：“他年纪虽小，却是个不可多得的将才。”因此，经略使上报朝廷，请求破格提拔韩世忠。可是，当时主持边事的宦官却以小人之心度君子之腹，居然怀疑汇报的真实性，只同意给韩世忠升一级。韩世忠知道此事后，只是笑而不语，他手下的士兵只能在心底里为他抱不平。

宣和三年（1121 年），宋军派出的部队与金兵在燕山南战斗，一会儿工夫，这几路兵马就被金兵打败了。韩世忠率五十余骑巡逻于滹沱河上，不巧的是，他们与金兵两千人的骑兵主力撞上了。试想下，如果换成其他主帅，以五十人对战两千人，早已经乱了方寸，不知道如何应对。而韩世忠遇事冷静、果断，他告诉士兵说："慌乱就等于死，不要乱动，一切听我安排。"之后，他就让一个叫苏格的担任小队长，让他带领部分人抢占高坡，列阵其上，观而不动。紧接着，又派出十余个骑士，把在河准备抢渡的散乱宋军组织起来，让他们列阵击鼓呐喊。他自己则率领几名敢死骑士，径直冲入金兵队阵之中，专砍打旗的金兵。连杀几个之后，其余举旗的纷纷将旗放倒。这时候，河边的宋军士卒便击鼓高喊："金兵败啦！金兵败啦！"顷刻间，金兵大乱。苏格见时机已成熟，于是带领占据高地的骑兵自上而下杀来。金兵被宋军的阵势吓住了，立即丢下上百具尸体，纷纷向北逃去。韩世忠命人追了一段路程，才下令撤兵。

靖康元年（1126 年）十月，金兵举兵数万攻打宋军，当时韩世忠正在滹沱河一带担任防守任务，没有预料到金军会在如此短的时间内发出攻击。在数万金兵的紧逼下，韩世忠只好暂时退入赵州城内。眼见着敌兵围城数重，城中兵少粮乏，军心日渐不稳。就在这关键时刻，有一个士卒站出来提议"弃城而遁"。韩世忠得知后，立即传令下去，"有敢言弃城者斩"。没想到这招还挺管用，士兵们即使心里再有想法，也不敢再多言。当天夜里，天突然降起了大雪，韩世忠挑选了三百名精壮士卒，趁着夜色悄悄出城，偷偷混进了金兵围城主帅的营帐，杀死了主帅；然后又偷袭了金兵驻地，挑起金兵内部互相攻杀。那一夜，金兵死伤过半。后半夜的时候，当金兵得知主将被杀的噩耗后，无心再战，纷纷溃散退去。自此，韩世忠的威名震慑金兵。

建炎三年（1129 年），金兵再次举兵南下，他们在很短的时间内就成功突破长江天险，并攻破了建康（今南京）等重要城镇。躲在杭州的赵构听说宋军败阵，又要准备逃跑。就在这时候，韩世忠面见赵构，慷慨陈词：“国家已丢失河北、河东、山东诸地，再把江淮丢掉，还有何处可去？”可是无论韩世忠说什么，赵构都听不进去，在他认为保住性命才是最重要的。赵构看韩世忠这么爱打仗，立即任命他为浙西制置使，并拨给他八千人马去防守镇江，自己则跟随投降势力逃到了海上。区区八千兵马，又怎么能够抵挡住数万的金兵呢？韩世忠向来做事沉着冷静，当然不会选择硬碰硬，决定以静制动。

金兵在江南抢掠一阵之后，陆续退去。当时，韩世忠驻守于松江、江湾、海口一带，听到金兵撤退的消息后，立即下令分兵把守要地，准备乘机斩杀金兵。据说在那一天，埋伏的宋兵差一点儿就活捉了金兵元帅完颜宗弼。

完颜宗弼，是金朝出了名的好战之将，听闻韩世忠是宋朝难得的将才，就给韩世忠下了战书，约期会战。韩世忠很爽快地答应了完颜宗弼的邀约，他们的会战地点是在江中。为什么会选择在江中作战呢？原来，韩世忠知道金兵不习水战，他是想利用敌人这一弱点，封锁长江。经过几次交战，韩世忠大败金兵，活捉了完颜宗弼的女婿龙虎大王。完颜宗弼这才意识到，自己被韩世忠算计了，于是不敢再战，率十万兵马退入黄天荡，想要从这里过江北逃。

殊不知，黄天荡是江中的一条断港，早已废置不用，只有进去的路，根本没有出去的路。韩世忠见金兵误入歧途，又想到一个好主意。他眼睁睁看着金兵进去，随后他就率兵封锁住了出口。如此一来，完颜宗弼的军队就被围困在了黄天荡内，进退无门。金军在里面叫天天不应，叫地地不应，这一困就是好几日。眼见十万士兵要被活活饿死在黄天荡中，完颜宗弼决定做出一次大让步。于是，他派使者与韩世忠讲和，讲和的条件是：他们愿意把抢掠的财物全部送还，并向韩世忠献宝马，换条退路。然而，韩世忠一概不答应。完颜宗弼见讲和不成，只好重金悬赏求计。

完颜宗弼真的用重金从一个汉奸那里买来了良策：黄天荡内有一条老鹳河，直通建康秦淮河，因年久不用而淤塞，派人挖通即可从水路逃出。完颜宗弼得到良策后就立即行动，一夜之间，他们就挖通了此河，企图从水道入建康。眼见快要逃出来了，他们在途经牛头山时，又撞上了收复建康的岳飞军驻扎在此。岳飞军见敌人从这里出来，立即调集大军发出猛烈攻击。无奈之下，完颜宗弼只好再次退回黄天荡，另寻他法。

而此时韩世忠也准备置敌于死地，他立即派人打制铁索和铁钩，一遇敌船，定要消灭。完颜宗弼被围困在黄天荡数日，看到士卒们一个个满是负面情绪，自己都有点失去信心了。然而，就在他们无计可施、只有等死的时候，又有一个汉奸向金兵献策：可以乘宋军扬帆行船之时，集中火箭射船帆，烧毁宋军战船，这样便可逃出黄天荡。完颜宗弼听后，依计而行，果然有效。宋军的船只被烧毁许多，金兵乘机冲出黄天荡，向北逃过长江，撤回黄河以北地区。这一次，宋军虽然没能将完颜宗弼部彻底斩杀，但也够金军难受一阵子了。在黄天荡战役中，韩世忠以巧制敌，仅用八千军队，就把十万金军围困在黄天荡四十八天，歼敌万余，其威武雄姿传遍了江淮地区。

绍兴四年（1134 年），韩世忠升任建康、镇江、淮东宣抚使，并驻扎在镇江一带。这时候，伪齐主刘豫派人向金乞援，金太宗完颜晟又命完颜宗弼率军五万，与伪齐军联合，自淮阳（今江苏邳县西南）等地，兵分两路，准备南下攻宋。他们的攻占计划是这样的：先以骑兵下滁州（今属安徽），步兵克承州（今江苏高邮），而后渡江会攻临安（今浙江杭州）。同年九月，金军开始攻打楚州（今江苏淮安）一带，韩世忠军自承州退守镇江（今属江苏）。宋廷见情况危急，急遣工部侍郎魏良臣等赴金军乞和，并命韩世忠自镇江北上扬州，以阻金军渡江。十二日，魏良臣一行路过扬州，韩世忠故意出示避敌守江的指令，佯作回师镇江姿态。待魏良臣走后，韩世忠立即率精骑驰往大仪镇，在一片沼泽地域将兵马分为五阵，设伏二十余处，准备迎击金军。

绍兴十年（1140 年），在金兵大肆南侵的形势下，韩世忠率领为数不多的军队，包围了被金兵占领的淮阳，然后大败金兵主力于泇口镇。在这个时期，抗战派略占上风，韩世忠因功被封为太保，封英国公，兼河南、河北诸路讨使。正当韩世忠招兵买马、扩大队伍准备大干之时，形势急转直下，投降派势力获得了赵构的支持。在赵构的支持下，秦桧收了韩世忠、岳飞、张俊三位抗金大将的兵权。一日之内，秦桧连发十二道金牌，并强令处在抗金最前线的岳飞罢兵回临安。韩世忠也因曾经对赵构有救驾之恩而被升为枢密使。表面看来，韩世忠被升了官，实际上是剥夺了他的兵权。

岳飞父子被捕下狱之后，秦桧独霸朝政、一手遮天，朝野上下敢怒不敢言。但是，韩世忠却不管这些。他面见秦桧，当面指斥道："岳飞父子何罪？为何将其关押？"秦桧回答说："飞子云与张宪书，虽不明，其事体莫须有。"韩世忠继续质问道："相公，'莫须有'三字能服天下吗？"好友劝他不要与秦桧直言相撞，如果得罪了秦桧，日后肯定难逃报复。而韩世忠却说："今吾为己而附和奸贼，死后岂不遭太祖铁杖？"韩世忠见岳飞父子被处死，大好的抗金形势白白丧失。再加之如今的他无权无兵，便毅然辞去了枢密使的官职，最终于绍兴二十一年（1151 年）忧愤而死。

隆兴北伐与隆兴和议

赵构于绍兴三十二年（1162 年）五月，下了一道诏书，正式册立赵昚（赵伯琮）为太子，诏书中这样说："朕德薄能鲜，历经艰难，依赖天地祖宗庇佑，得以继承大位，如今三十六年，宵旰忧勤，不敢懈怠。只因邦国多难，未能从容卸却重担，退保康宁，如今边鄙粗安，干戈稍息，真是天遂人愿。皇子老成持重，神器有托，朕心稍安。现在立皇子为皇太子，改名为眘，敕命有司择日备礼册命。”

同年六月，赵构再下御诏说：“皇太子贤圣仁孝，闻于天下，周知世故，久系民心……皇太子可即皇帝位，朕称太上皇帝，迁德寿宫，皇后称太上皇后。”接着，赵构在紫宸殿行内禅之礼，赵眘正式登基，是为宋孝宗，成为南宋第二位皇帝，宋朝的第十一位皇帝，而赵构则自称太上皇帝。赵眘在继位第二个月后，就为岳飞案平反，并对秦桧构陷的其他冤案做出了更进一步的处理。可见，赵眘是南宋最想有所作为的君主，也是南宋唯一志在收复河山的君王。

海陵南侵之后，赵构重新起用了废黜近二十年的主战派代表张浚。张浚是西汉留侯张良的后代，是南宋名相、抗金名将、民族英雄。政和八年（1118 年），张浚考中进士，历任枢密院编修官、侍御史、知枢密院事、川陕宣抚处置使、尚书右仆射同中书门下平章事兼知枢密院事都督诸路军马等职。赵眘继位以后，张浚又被任命为江淮宣抚使，入京共商收复河山的大计。

隆兴元年（1163 年）正月，赵眘又任命张浚为枢密使，都督江淮军马，史浩为右相，陈伯康为左相。金朝方面，金世宗完颜雍（乌禄）已经掌握了政权，并成功扫清了那些反动势力。完颜雍试图与宋讲和，但却遭到了南宋方面的拒绝。之后，完颜雍便派遣仆散忠义为都元帅坐镇开封，统一指挥黄河以南各路金军，对南宋采取以战压和的政策。四月，为了防止反对派干预，赵眘径自绕过三省与枢密院，直接向张浚和诸将下达北伐的诏令，隆兴北伐正式开始。张浚在接到北伐诏令之后，立即调兵八万，号称二十万，并兵分两路：一路由李显忠率攻取灵璧（今安徽宿州），一路由邵宏渊指挥攻取虹县（今安徽泗县）。

五月，李显忠顺利攻下灵璧，而邵宏渊却久攻虹县不下。为了能够尽快向朝廷交差，李显忠遂派灵璧降卒前去劝降，虹县守将这才放弃抵抗。而邵宏渊则以虹县战功不出于己为耻，对李显忠心怀怨恨。李显忠建议乘胜进攻宿州（今安徽宿县），而邵宏渊却按兵不动。李显忠意识到不能完全指望邵宏渊来支援他，于是决定率部独自攻克宿州，邵宏渊眼见城破，才率领部下投入战斗。他之所以这样做，只是为了不落下话柄。

对于攻克宿州一事，赵昚深受鼓舞。为了鼓励李显忠，赵昚升李显忠为淮南、京东、河北招抚使，邵宏渊为副使，这让邵宏渊内心有点接受不了，他觉得地位低于李显忠，实在是一件可耻的事情。于是，邵宏渊向张浚表示，拒绝接受李显忠的节制。没想到，张浚居然迁就了邵宏渊的这一要求。之后，在宿州府库赏赐的问题上，李显忠与邵宏渊再次产生纠纷。当时南宋军队都是吃饱喝足的骄兵悍将，根本经不起挑唆，一经挑唆，人心就立刻变得浮动起来。

而在这时候，金将纥石烈志宁率先带部队万余人攻打宿州，不成想却被李显忠击败。随后，金军十万主力赶来支援，李显忠仍然奋力苦战，而邵宏渊却在一旁说风凉话："这大热的天，摇着扇子还嫌不凉快，何况在大日头下披甲苦战。"一时间，军心涣散、无复斗志。深夜的时候，邵宏渊部中军统制周宏自为鼓噪，扬言金军来攻，宋军遂不战自溃，金军则乘虚攻城。李显忠杀敌两千余，终于难阻溃败，他叹息说："老天未欲平中原耶？何苦阻挠如此。"无奈之下，李显忠只好率部撤退。但还没走多远，宋军就全线崩溃，军资器械丧失殆尽。值得庆幸的是，金军不清楚宋军的底细，没有采取贸然追击的方式。宋军这才有了喘息的机会，才在淮河一线站住了脚跟。因为宿州的旧郡名是"符离"，所以史称这场溃败为"符离之溃"。

"符离之溃"之后，对赵昚的雄心给予重大打击，他开始在战与和之间摇摆不定。六月，赵昚让主和派代表汤思退复出。七月，任命汤思退为右相。同时，主战派大臣张焘、辛次膺和王十朋等相继出朝。八月，恢复张浚都督江淮军马的职务，并采纳汤思退的建议，派淮西安抚使干办公事卢仲贤前往金军大营议和。十一月，卢仲贤带来了议和条件：宋帝与金帝改为叔侄关系，宋朝归还备战的海、泗、唐、邓四州，归还降宋的金人，补纳绍兴末年以来的岁币（因海陵南侵，南宋停止了对金朝的岁币）。南宋方面对战和展开了激烈的争论，最终赵昚决定继续议和。十二月，陈伯康因病辞相，汤思退升为左相，张浚为右相。

隆兴二年（1164 年）正月，金朝方面再次来函，但因为要价太高，口气太大，遭到了宋朝方面的拒绝。赵昚在主战派的鼓动下，将卢仲贤以擅许四州的罪名除名，编管郴州，改派胡昉出使金营，表示宋朝拒绝归还四州。和议就这样陷入僵局。在这种情况下，赵昚令张浚巡视两淮，全力备战，准备与金军决一雌雄。汤思退及其同党却攻击张浚“名曰守备，守未必备，名曰治兵，兵未必精”。赵昚最终于在四月召张浚入朝罢相。四个月后，张浚死在离京途中。至此，赵昚完全倒向了主和派一方。

同年六月，赵昚命令湖北京西制置使虞允文放弃唐、邓两州，没想到却遭到虞允文的拒绝。一气之下，赵昚撤了虞允文的职，降其为知平江府。七月，海、泗两州宋军撤退。九月，赵昚命汤思退都督江淮军马，命副都督杨存中（即杨沂中，被赵构赵构赐名“存中”）协助对军事一窍不通的汤思退。出乎意料的是，汤思退早已经与金人有勾结，要求金军重兵迫和。十月，仆散忠义挥师南下，轻而易举地突破了宋军两淮防线；十一月，楚州、濠州和滁州相继失守，长江防线再度告急。汤思退主张放弃两淮，退守长江，尽快与金议和。

而此时的赵昚听说金人议和的条件后，觉得他们实在是贪得无厌，便义愤填膺地说：“有以国毙，也不屈从。”抗金呼声再次高涨。那一月，赵昚还罢免了汤思退，并把他贬至永州居住。就在他最落魄的时候，太学生张观等七十二人纷纷上疏："请斩汤思退及其同党王之望等。"汤思退在流贬途中听到这个消息后，伤心而死。而在汤思退罢相的同时，陈伯康再次被任命为左相，主持大局。但是，宋军一再处于劣势，赵昚不得不再派王抃为使者与仆散忠义议和。金朝见以战迫和的目的基本达到，便暂时停止进攻，重开议和。

隆兴二年（1164 年）年末，宋金正式达成和议，史称"隆兴和议"。其主要条款有：宋金世为叔侄之国；"岁贡"改为"岁币"，银绢各为二十万两匹；南宋放弃所占海、泗、唐、邓、商、秦六州，双方疆界恢复绍兴和议时原状；双方交换战俘，叛逃者不在其内。与绍兴和议相比起来，南宋在隆兴和议中的地位有所改善。皇帝也不再称臣，岁贡改为岁币，数量也有所减少，这是金朝最大的让步。而南宋在采石矶大捷以后，把收复的海、泗等六州悉数还给金人，这是宋朝最大的让步。

第七章 庸碌无道，南宋朝廷的内忧外患

宋光宗赵惇，在即位的第二年，就患上了精神疾病，无法理政。因病情的不断加重，他只得宣布退位。

南宋第四代皇帝，宁宗赵扩时期，外戚专权严重，政事全由韩侂胄一人决断，滋长了朝廷的腐败。宁宗后期，大臣史弥远又一手遮天、干预朝政，宁宗完全被架空。南宋财政危机日益严重，百姓苦不堪言。

第七章
庸碌无道，南宋朝廷的内忧外患

绍熙初政，不孝子登基

孝宗赵昚继位没多久，就发动了对金的“隆兴北伐”。虽然北伐取得了一定成功，但并没有从根本上改变南宋的不利局面。为此，赵昚又在南宋内部建立了一系列的改革举措，只可惜由于北伐失败的打击，加之许多政令实施不利，成果都不大，以致赵昚对政事产生了厌烦心理，甚至有了禅位的念头。赵构去世不久，赵昚也打算效仿赵构，退居到幕后。因此，他便匆匆忙忙将皇位传给了儿子赵惇，即光宗，成为南宋第三位皇帝，宋朝第十二位皇帝。

其实，说起光宗赵惇的皇帝之路，并非一帆风顺。赵惇是孝宗赵昚的第三子，母亲是成穆皇后郭氏。赵惇于绍兴十七年（1147 年）出生在孝宗藩邸。绍兴二十年（1150 年），赐名赵惇，授右监门卫率府副率，转荣州刺史。赵昚继位后，他被拜镇洮军节度使、开府仪同三司，封恭王。

乾道三年（1167 年），庄文太子（初名赵愉，后改名赵愭，孝宗的嫡长子）突然患上疾病，病情逐渐加重，不久后便去世了。这就给赵惇提供了绝好的机会，他暗下决心，准备在皇位争夺中获胜。他在太子死后，立刻像换了一个人，每日习文练武不辍，并在王府中与侍讲的官员评论历代王朝的功过得失，还时常发表惊人的见解，大有语不惊人死不休的架势，就连侍讲官员也都自叹不如。但是，赵昚此时仍在不断考察诸位皇子，并没有马上确立太子。按理说，太子病故，赵昚的第二子赵恺依次当立为太子，但赵昚觉得赵恺为人过于厚道，也不太合适。所以，立储之事就暂时这样搁置了。

又过了几年，太史呈报说天象变化，应及早确立太子。这时候，宰相也趁机请求皇帝尽早确立储君。乾道七年（1171 年），恭王赵惇就被册立为太子。淳熙十四年（1187 年）十月，赵构驾崩，孝宗赵昚悲痛欲绝，欲为赵构守孝三年。再加上此时的赵昚对政事心生倦怠，于是打算禅位给儿子赵惇。淳熙十六年（1189 年）二月，赵昚禅位于太子赵惇。赵惇继位后，赵昚并不甘心完全放弃对朝政的内控。在赵昚禅位之前，他特意安排了自己信得过的老臣周必大出任左相。为了不得罪其他老臣，他又安排赵惇替邸旧臣留正为右相。然而赵惇一上台，不愿再受太上皇的摆布，立即提拔留正推荐的何澹为谏议大夫。何澹上任之后，为了彻底扫清自己的权力道路，曾多次弹劾周必大。赵惇便顺水推舟，将周必大罢相，升任留正为左相。

在赵惇继位的第二年，改元绍熙，史称绍熙初政，后世评其“宜若可取”，实际情况却是言过其实。赵惇虽然多次下诏求言，但却只做听众而缺少行动。当时，朝中有一位大臣实在看不下去了，一针见血地评价他说：“受言之名甚美，用言之效无闻。”在任用台谏上，出于私心，他选用了何澹。之后，他又严加甄选，任命了刘光祖、彭龟年等人，可谓正邪并用。至于薄赋缓刑，见诸本纪的“下诏恤刑”“后殿虑囚（审问囚犯）”，不过是虚应故事；减税、节用、理财之举，或杯水车薪，小惠未遍，或有始无终，言行不一，总体上无甚可取。

另一方面，赵惇初政，不洁身自好，有违明君之德的嗜好也逐渐暴露了出来。对优伶歌舞、市井段子，他都似乎很感兴趣。对他而言，只要每天能够观看演出，就是他最开心的时刻。起初，他只是一边看演出，一边嗜酒。到后来，他就变得更加放肆，左抱右拥、饮宴无度。虽说这是他的后宫生活，但是世上没有不透风的墙。很快，他做的那些不光彩的事情让太学生余古知道了，就趁着下诏求言，以酒池肉林的商纣王和宠溺伶官的唐明皇作为类比，进行劝谏。然而，此时的赵惇已经彻底走火入魔，根本顾不得维护纳言好谏的形象。他一怒之下，将这个太学生押送筠州。

登上帝位的赵惇，不仅后宫生活不检点，甚至觉得自己再也没有必要装出一副“孝子”的模样，来讨赵昚的欢心了。因为在他继位之初，也曾效仿赵昚侍奉赵构的先例，每月四次朝见重华宫，偶尔也会陪赵昚宴饮、游赏。但是，没过多长时间，他就开始找借口回避这种例行公事。慢慢地，他们父子间的隔阂就显现了出来。赵昚也清醒地意识到，这个儿子，已经不是当初那个儿子了，心中不免有些心寒。但当时他已经患有疾病，除了在心底里责怪儿子不孝，实在不能再做些什么了。

绍熙五年（1194 年），赵昚被病魔缠身，甚至失去了自理能力，就连下床也很困难。按理说，父亲病了，作为儿子的赵惇应该常来探视，可是赵惇却一次也没有入宫探视，更别说在榻前守候父亲了。亲生儿子冷落自己到这种地步，赵昚心中充满了失望与忧伤，病情急转直下。同年五月，赵昚病重。而此时的赵惇竟然还在后宫玩乐，对于父亲的病情，他一个字都没有过问。太学生们实在看不下去了，便写了一篇《拟行乐表》，其中两句是这样说的：“周公欺我，愿焚《酒诰》于康衢；孔子空言，请束《孝经》于高阁。”很明显，他们这是在讽刺赵惇的不孝无德。为此，朝中大臣们也不止一次劝谏赵惇，但他不听从劝谏。

一些大臣实在忍无可忍，于是纷纷上疏自求罢黜，居家待罪，“举朝求去，如出一口”。即便如此，赵惇依然无动于衷、我行我素，统统下诏不许。丞相留正等大臣也再三恳请赵惇入宫探视赵昚的病情，赵惇非但不听，反而拂衣而去。情急之下，留正拽住了赵惇的衣襟，经过一番苦苦进谏，赵惇仍然不为所动，自回内宫。看到这一幕，群臣只得恸哭而退。赵惇的所作所为，也引起都城百姓的强烈不满。一开始，他们只是将不满藏在心底，或者私下里讨论。到了后来，百姓开始“勃勃然怒形于色矣”“嚣嚣然传于道矣”。

同年六月，赵昚驾崩，赵惇仍然不顾百官的再三奏请，他甚至过分到连父亲的丧事都不愿意主持。最后，朝中大臣只能请太皇太后吴氏（赵构的皇后）代其主丧。为什么会这样呢？赵昚父子之间究竟发生了什么，没有人知道。人们只知道，即使有再大的隔阂，赵惇也不应该弃父亲于不顾。实际上，在赵惇内心深处，一直对赵昚有所畏惧。他不相信赵昚已死，以为这是一个篡夺自己皇位的圈套。所以在赵惇病危那一刻，他安居深宫、宴饮如故，不为赵昚服丧。更不可思议的是，都到那个时候了，他还时时刻刻只想着自己，为了免遭暗算，他连睡觉都佩剑带弓。然而，正在这位不孝的皇帝，终日提防自己父亲的时候，他却万万也没有料到，自己的皇位也在被儿子悄悄取代着。

“凤娘”李皇后

李凤娘，是河南安阳人。她的父亲李道是官庆远军节度使、赠太尉李道。虽然宋朝是重文轻武的，但再怎么说，李道也是个司令员，还和三军总司令同一个级别。因此，李凤娘的家庭条件应该还算不错的。至于李凤娘这个名字，表面看来似乎没什么特殊之处，但是这个名字却是有一定来历的。在她出生那天，有好几只黑凤凰聚集在李道营前的石头上，徘徊不去。李道看到这一幕时，惊讶至极，认定自己的女儿非同凡响。于是，他就给新出生的女儿取名为凤娘。

据说，宋高宗赵构在位时，韦太后患了非常严重的眼疾，看过好多名医都没有效果。经人举荐，一位叫皇甫坦的相士来到宫中，替韦太后看病。神奇的是，韦太后的眼疾很快就被治好了。自那以后，皇甫坦就获得了赵构的信任。有一次，皇甫坦来到庆远节度使李道家中，李道早就听闻皇甫坦是个了不起的相士，于是请他为自己的三个女儿相面。皇甫坦刚一见李凤娘，就大惊失色道："此女当母仪天下，请务必妥善抚养。"后来，皇甫坦得到赵构宠幸，谈笑间偶然提及了李凤娘。当时，恭王赵惇还没有娶亲，赵构便替赵惇做主，纳李凤娘为恭王妃。赵惇被封为太子后，李凤娘也被晋为太子妃。

然而，这个李凤娘虽然姿色艳丽，却十分喜欢搬弄是非。她当上太子妃后，就开始不断在高宗、孝宗和太子赵惇三宫之间搬弄是非。为此，赵构对她十分不满，甚至到了厌恶的地步。赵构曾对吴皇后说："是妇将种，吾为皇甫所误。"意思是说，自己当年真是受到皇甫坦道士的蒙骗，才会招惹上这个李凤娘。李凤娘的种种举动，也让孝宗赵昚看在眼里，有些气不过，就狠狠训斥她道："你应该学太上皇后的后妃之德，若再插手太子事务，朕宁可废掉你！"可是，赵昚的劝诫并没有起到震慑作用，反而在李凤娘心中播下了怨恨的种子。

有一次，一位宫女端着盥盆，准备递给赵惇时，赵惇见这位宫女手生得如此嫩白，不禁喜形于色，于是说了一声："很好。"没想到这一切，都被李凤娘看在眼里。意外的事情发生了，第二天一大清早，李凤娘便派人给赵惇送了一盒点心。赵惇揭开盖子一看，发现里面装的竟然是那位宫女的两只手，吓得赵惇心脏病突发。一个宫女，因为手白而得到赵惇的好感，李凤娘都不能够容忍。可见，李凤娘的心肠是有多狭隘、歹毒。

淳熙末年，孝宗赵昚召集宰执大臣商议国事，表示自己欲行内禅之举。大臣们听后，纷纷表示赞同，只有知枢密院事黄洽站在那里一言不发。赵昚觉得十分奇怪，就特意征询他的意见。黄洽回答说："太子可负大任，但李氏不足以母仪天下，望陛下三思。”尽管赵昚对太子妃有所不满，但如此直言不讳，心里还是有点难以接受，毕竟李凤娘是自己的儿媳妇，家丑怎么可以外扬呢？对于此事，黄洽心知肚明，他接着说道：“陛下问臣，臣不敢不答。他日陛下想起臣的这番话时，恐怕再也没有机会见到微臣了。”退朝后，黄洽便主动请求辞去官职。此时，赵昚以为李凤娘虽然刁蛮骄横，但还不至于祸乱朝政，凌驾于皇帝之上。未曾想，一切被黄洽言中。李凤娘当上皇后后，强烈的权力欲日益迸发，甚至想要凌驾在皇帝之上。光宗赵惇继位后，李凤娘成为皇后，变得越发肆无忌惮。面对强悍的妻子，懦弱的赵惇真是又惊又怕，又无可奈何。他除了默默忍受，似乎拿李凤娘没招儿。

有一年冬至，李凤娘发现赵惇对后宫一位妃子很是宠爱，顿生嫉妒之心，就想杀之而后快。于是，便趁着赵惇出宫主持祭祀大典之际，竟然设计将那位妃子杀害。赵惇祭祀回来后，看到那位妃子的尸体后，吓得后退了几步，随后问及死因。李凤娘恶狠狠地回答：“暴病而亡！”于是，赵惇不敢再多问半句，只能暗自悲戚，内心也受到了很大的刺激。自那以后，赵惇的精神就变得不太正常了。

当时，赵惇的后宫只剩下两位妃子，她们见李凤娘如此恶毒，实在不敢在宫中待下去了，于是苦苦哀求赵惇，将她们贬为平民。对于这件事，李凤娘当然求之不得，很爽快地就答应放她们出宫。从此，李凤娘便与赵惇过起了“一夫一妻制”的生活，这可是历朝历代的皇帝后宫罕见的事。然而，此时赵惇的身体很明显不太正常了。每次想到父亲对他的百般猜忌，再加上宫内还有一个彪悍的妻子，他便觉得每一天都是那么漫长，身心备受折磨，心理压力很大。不久后，赵惇就得了一种怔忡病。

赵昚听说儿子生病后，毕竟血浓于水，就命人送来了药丸，希望能尽快治好儿子的病。然而，宦官却趁机兴风作浪，挑动李凤娘说：“太上官家合药，欲待皇上前去问安，即令服饮。倘有不测，岂不贻宗社之忧么?”李凤娘知道后，哪肯放过，就对赵惇说：“我说得没错吧，太上皇就是想用药慢慢毒死你，然后让魏王或他的儿子接替你。”或许孝宗赵昚与光宗赵惇的隔阂，就是从那时候开始的吧，李凤娘在中间起了很大作用。

又有一次，赵昚召赵惇家宴，李凤娘不知道心里打的什么算盘，并没有把家宴的事情告诉赵惇，而是独自一人去了重华宫。宴会结束后，她便当面向赵昚提出，要求立自己的儿子赵扩为太子。赵昚听后沉默不语，李凤娘按捺不住，竟然责问赵昚说：“古人有言，立嫡以长，我是六礼所聘，赵扩又是我亲生的，为什么不能立为太子?”李凤娘的这番话，惹得赵昚勃然大怒，但又不好跟儿媳争论什么，只好拂袖而去。李凤娘回去后，一边向赵惇哭诉自己的委屈，一边还添油加醋地说了合药一事。更过分的是，她居然跟赵惇说，说赵昚有废立之意。傻傻的赵惇居然信以为真，此后的一年多时间里，他就再也没有去给父亲请安。

绍熙四年（1193）九月初九，正好是赵昚的生辰，文武百官联名上奏，请求赵惇前去重华宫，为孝宗贺寿。给事中谢深甫说：“父子至亲，天理昭然，孝宗钟爱陛下，亦犹陛下钟爱嘉王（赵扩）。孝宗春秋已高，千秋万岁后，陛下何以见天下?”赵惇似乎有些被打动了，于是答应过宫。他正准备要去时，李凤娘突然从屏风后出来，拉住了赵惇的手，并以天冷为由，要赵惇陪她喝酒。无奈之下，赵惇只好跟李凤娘回去。这时候，中书舍人陈傅良看不下去了，便拉住赵惇的衣服，希望赵惇能够跟他走。李凤娘便借机发怒，狠狠斥责了陈傅良一顿，陈傅良大哭而出。

后来，李凤娘又派宦官去问陈傅良哭泣的原因，陈傅良说：“子谏父不听，则号泣随之，此语曾载入礼经。臣犹子，君犹父，力谏不从，怎得不泣?”宦官回去后，就把原话告知了李凤娘。李凤娘大怒，竟然传旨永远不再见太上皇。

绍熙五年（1194 年），孝宗赵昚一病不起，想要在临死前见儿子赵惇一面，顾视左右，却又说不出口，只好无奈地流下泪。消息传入朝中，丞相留正等大臣再三恳请赵惇过宫探视孝宗病情，赵惇执拗不过，最后只同意由嘉王赵扩前去探视。六月，赵昚带着遗憾，崩逝于重华宫。后来，由于赵惇称病不出，朝中一时间骚动起来。尚书左选郎官叶适向宰相留正建议立嘉王为太子。宰相留正也表示同意，于是拟奏上报皇帝。过了六天，赵惇才传出批示："历事岁久，念欲退闲。"

最后，由太皇太后吴氏主持下诏，光宗赵惇退位，其子赵扩即位，也就是后来的宁宗。浑然不知的赵惇和李凤娘听到诏令后，立刻傻了眼。不能继续干政的李凤娘，只能陪着当时已经半疯半癫的赵惇，在深宫的静室中事佛。庆元六年（1200 年），有一个算卦的人告诉李凤娘说她会有灾厄。于是，李凤娘穿上道袍，虔心事佛。同年六月，李凤娘咽下最后一口气，终年五十六岁。

有德无才的傀儡皇帝

乾道四年（1168 年）十月十九日，赵扩出生于恭王府邸，他是光宗赵惇和李凤娘所生的第二子。据说有一天晚上，赵扩的母亲李凤娘做了一个很奇怪的梦，她梦见一个大太阳坠落到自家庭院里，她用手托住了它。没过多久，她就怀有身孕。到赵扩出生的当天夜晚，瑞气祥光绕室。因此，李凤娘就认定，她的这个儿子将来肯定会有一番大作为，也一直把他视为心肝宝贝。

乾道五年（1169 年）五月，赐名赵扩。淳熙五年（1178 年）十月，授予明州观察使，封英国公。淳熙十二年（1185 年）三月，封平阳郡王。淳熙十六年（1189 年）三月，进封嘉王。绍熙五年（1194 年），被正式册立为太子。同年七月，赵扩便正式登上皇位，是为宋宁宗，成为南宋第四位皇帝，宋朝第十三位皇帝。

据说，赵扩继位那一幕，颇有一番戏剧风味。赵扩继位的过程大概是这样的：当时，太皇太后吴氏命赵扩穿上黄袍时，赵扩看到黄袍后居然吓得绕着殿柱逃避，口中还大声喊道："儿臣做不得，做不得。"太皇太后哪能允许他这般，于是命几名大臣夹扶着赵扩，强行替他换上了黄袍。赵扩挣扎了半天，知道仅靠自己一人的力量，是改变不了这一事实的。无奈之下，他只好在太皇太后的监督下，登上了皇位。

当时朝野上下，有不少大臣在私下里议论赵扩。有的大臣说，赵扩"不慧"，也就是说他智商不高。从他继位前后的表现来看，他的确是一个愚昧无能、毫无主见的人，听凭他人摆布，他也只有默默承受。也有的大臣说，赵扩大概只是想做一个饱食终日、无所用心的亲王，而不愿做九五之尊的皇帝，为国家大事劳心费神。其实，继光宗赵惇继位之后，南宋又由赵扩这么一个皇帝统治了三十年，这个国家就像一个病人，被庸医一误再误，最终病入膏肓。

赵惇的长子是赵梃任保宁军节度使，可惜早亡；次子赵扩，他作为赵惇唯一的子嗣，自幼受到良好的教育。赵惇继位之后，他就被封为嘉王，到宫外府邸居住。赵扩搬家那天，赵惇不仅将自己在东宫时收藏的图书全部赐予他，还亲自为他挑选了黄裳、陈傅良、彭龟年等一批名人雅士，担任他的老师。那时候的嘉王虽然胆小怕事，但在学习方面还是比较勤奋的，这也算是他的一个优点吧。他继位之初，曾亲自开列了十部经史书目，又开列了一张十人的名单。之后，他还告诉彭龟年说："朕读的书太少了，打算把讲官增置到十名，每人各专讲一书。"因此，在他选定的讲官中，既有原嘉王府的黄裳等人，更有他仰慕已久的大儒朱熹，堪称极尽一时之选。

尽管赵扩如此好学，在学习方面也的确下了一番功夫，但是他似乎只注重读书的数量。对于书中的内容意义，他却是一知半解，不能够深入地去理解，更谈不上灵活运用了。所以，他虽然继位已有几个月，但他的理政能力好像并没有太大的提高。对此，朝中大臣看在眼里，急在心里，又不好多说什么。眼看着群臣的奏疏堆积如山，自己能力有限，实在不能及时批复。这时候，他的老师彭龟年也为他着了急，于是给了他这样一条建议："让负责进呈奏疏的通进司把奏疏开列一单，皇帝阅后，在单子上注明需要亲自过目的部分，其他的就可交由三省、枢密院处理，这样，处理奏章的效率就可以大大提高。"其实，对自己这位学生的天分，彭龟年早就深有了解，因此，他干脆就附上了单子的格式，方便赵扩能够照葫芦画瓢。但即便是老师手把手的教导，赵扩还是弄不明白。所以，赵扩坚持了没多久，就放弃采纳这条建议。

从那以后，凡是大臣的奏章，他一律批"可"，倒也省去了不少时间；可是这样一来，方便了他，却害苦了那些大臣们。明明两位大臣的奏章是针锋相对的，皇上却看都不看，统统批了"可"。到底以谁为是，以谁为非呢？这可让大臣们伤透了脑筋。

正常来讲，批阅奏章、临朝听政，这些都是一个皇帝想要表达自己意旨的方式。但是，赵扩却跟其他皇帝不一样，他也许是不愿意受到任何的约束，所以他选择了一条非正常的理政途径——御笔。什么是御笔呢？就是由皇帝在内宫批示，不经过三省等中央决策机构，直接下达执行。赵扩哪里知道，他的这种做法已经失去了对君权的制约，是不合制度的。因为传达御笔，必定要经过宦官和近幸之手，如果皇帝是精明强干之君，尚不致酿成大患。但是，赵扩是一个理政能力很弱的皇帝，滥用御笔只能为权臣专政制造可乘之机。他们通过勾结宦官和后宫，或对御笔的批示施加影响，或在御笔的传达过程中上下其手，让御笔成为自己利用的工具，甚至假造御笔，代行皇帝之权。

在政事方面，虽然赵扩很少发表自己的见解，但是对台谏的意见，他却是极其重视。宋代的台谏官，有纠正帝王为政疏失、弹劾百官的权力。从一定程度上来说，他们的议论代表了当时的公众舆论，历代宋帝都非常重视台谏奏议。一直以来，赵扩都十分严格遵循祖宗之法，他曾对人说："台谏者，公论自出，心尝畏之。"殊不知，台谏的公正性是建立在帝王有知人之明的前提之上的，只有正直的士大夫入选台谏，才能使台谏发挥正常、良好的作用。但是赵扩却恰恰缺乏辨别人才的能力，他一味认定，台谏之议代表公论不可不听，至于台谏官到底是君子还是小人，他一直是不闻不问的态度。结果，原本受到士大夫尊敬和向往的台谏职位上，充斥着败类，他们打击异己、讨好权臣，是权臣用以控制赵扩的又一有效工具。

赵扩身体也不是很好。当时，赵扩走到哪里，逛到哪里，身边都有两个小太监扛着两扇小屏作前导，一屏上写着"少饮酒，怕吐"，另一屏上写着"少食生冷，怕肚痛"。可见，他的体质羸弱。因为身体的原因，也大大影响了赵扩处理政务。为了养好身体，他整日深居内宫，下情难以上达。当时那种状况，朝中大臣若是想要蒙蔽他，真是一件再容易不过的事情了。当然，赵扩为人尚不失仁厚，对民间疾苦颇为关心和同情，百姓还算拥戴他，并没有故意为难他。所以，他执政期间，时局还算稳定。

据说，在赵扩还没继位之前，他曾护送赵构的灵柩去山阴下葬。路途中，他看到农民们在田间艰难稼穑的场景，于是对身边的人感慨说："平常在深宫之内，怎能知道劳动的艰苦！"所以，在他刚刚继位之后，赵扩几乎每年都颁布蠲免各种赋税的诏书。在个人的日常生活上，赵扩也是力行节俭。从他平时的穿戴上就可以看出，他从不过分讲究穿着，在饮食器皿方面，他追求的是实用而不奢华，使用的酒器也都是以锡代银。

有一年元宵之夜，宫中所有人都沉浸在一片热闹的气氛中，可是赵扩却独自端坐在清冷的烛光下，一边酌酒，一边赏月。他身边的一名宦官看见了，就问：“上元之夜，官家为什么不大摆宴席庆祝一下？”赵扩立即回答道：“你知道什么，外间百姓没有饭吃，朕怎么能有心思饮酒呢？”如此看来，赵扩虽然执政能力没那么强，但他还是一个有德行的君王，时时刻刻都在替百姓着想。

赵扩在位期间，有人是这样评价他的：“无声色之奉，无游畋之娱，无耽乐饮酒之过，不事奢靡，不殖货利，不行暴虐，凡前代帝王失德之事，陛下皆无之。”其中，虽然有臣下对皇帝的溢美成分，但相比那些贪图享乐、不顾百姓死活的君主，宁宗赵扩当得起这一评价。唯一可惜的是，他虽然有德但却无才。他在位的这三十年间，几乎被权臣和后宫控制；他虽然是一国之君，也不过是坐在龙椅上的一具傀儡罢了。

朱熹，理学的集大成者

朱熹，祖籍是江南东路徽州府婺源县（今江西省婺源）。建炎四年（1130 年）九月，朱熹出生于尤溪县城水南郑义斋馆舍（今南溪书院），乳名叫沈郎。绍兴五年（1135 年），朱熹五岁时，已经通读《孝经》。为了自勉，他还在书额题字：“若不如此，便不成人”。朱熹的父亲朱松，曾被儒林学者们称为“韦斋先生”，正是其理学思想，对朱熹的一生有着十分深刻的影响。

绍兴七年（1137 年），朱熹就被父亲送到建州浦城寓居。没过多久，他就成为了闽学派的代表人物，即儒学集大成者，世尊称为朱子。朱熹是程颢、程颐的三传弟子李侗的学生，曾任江西南康、福建漳州知府、浙东巡抚，做官清正有为，振举书院建设。官拜焕章阁侍制兼侍讲，为宁宗皇帝赵扩讲学。朱熹是唯一非孔子亲传弟子而享祀孔庙，位列大成殿十二哲者中。

绍兴十三年（1143 年），朱熹的父亲病逝于建瓯，临终之前，把朱熹托付给崇安（今武夷山市）五夫好友刘子羽（即朱熹的义父），又写信请五夫的刘子翚（屏山）、刘勉之（白水）、胡宪（籍溪）等三位学养深厚的朋友代为教育朱熹。刘子羽视朱熹如己出，在其舍傍筑室安置朱熹一家，名曰紫阳楼。绍兴十七年（1147 年），朱熹刚满十八岁，在建州乡试中考取贡生。绍兴十八年（1148 年）春，刘勉之将自己的女儿刘清四许配给朱熹。同年三月，朱熹入都科举，中王佐榜第五甲第九十名，准勅赐同进士出身。

绍兴二十一年（1151 年），朱熹再次入都铨试中等，授左迪功郎、泉州同安县主簿。绍兴二十三年（1153 年）夏，朱熹赴同安途中，受学于延平李侗。七月，朱熹至同安，以其“敦礼义、厚风俗、劾吏奸、恤民隐”的治县之法管理县事，排解同安、晋江两县械斗，整顿县学、倡建“教思堂”，在文庙大成殿倡建“经史阁”，主张减免经总制钱。

绍兴二十七年（1157 年），朱熹任满罢归。第二年，朱熹意识到“妄佛求仙之世风，凋敝民气，耗散国力，有碍国家中兴”，打算重新踏上求师之路，决心拜李侗为师，因得承袭二程“洛学”的正统，为朱熹以后的学说奠定了基础。绍兴三十二年（1162 年），朱熹应诏上封事，力陈反和主战、反佛崇儒的主张，详陈讲学明理、定计恢复、任贤修政的意见。

隆兴元年（1163 年）十月，朱熹应诏入对垂拱殿，向孝宗赵昚面奏三札：一札论正心诚意、格物致知之学，反对老、佛异端之学；二札论外攘夷狄之复仇大义，反对和议；三札论内修政事之道，反对宠信佞臣。但当时汤思退为相，主张和议。朱熹的抗金主张没有被采纳。十一月，朝廷任朱熹为国子监武学博士。朱熹辞职不就，请祠归崇安。

乾道三年（1167 年）八月，朱熹在林择之、范念德的陪同下前往潭州（今长沙）访问湖湘学派代表张栻。乾道四年（1168 年），崇安发生了严重的水灾，朱熹力劝豪民发藏粟赈饥。此外，他还向官府请贷粮食六百斛散发于民，使民不致挨饿。乾道五年（1169 年）九月，朱熹的母亲去世，朱熹建寒泉精舍为母守墓，开始了长达六年之久的寒泉著述时期。

乾道七年（1171 年）五月，为了从根本上解决百姓的灾年生计问题，朱熹在五夫创建了“社仓”。他的这种做法，不仅减轻了贫民困难、缓和了社会矛盾，同时也减轻了朝廷的施政压力，后为许多地方所仿效。同年十一月，朱熹回尤溪，与知县、好友石子重讲论学问于县学。在石子重的陪同下，游览其父朱松任尤溪县尉时燕居之所“韦斋”旧址，手书“韦斋旧治”四字刻石揭榜。

乾道九年（1173 年），朱熹作《重修尤溪庙学记》，亲书“明伦堂”制匾悬挂于尤溪县学宫正堂。从此，天下学宫匾皆模此刻制悬挂。淳熙二年（1175 年）正月，吕祖谦从浙江东阳来访朱熹，在寒泉精舍相聚一个半月，编次《近思录》成，史称“寒泉之会”。五月，朱熹送吕祖谦至信州鹅湖寺（今鹅湖书院），陆九龄、陆九渊及刘清之皆来会，史称“鹅湖之会”。鹅湖之会的直接动因是吕祖谦想利用这个机会调和朱、陆学说之间的矛盾。在学术上，朱熹认为心与理是两个不同的概念，理是本体，心是认识的主体。二陆主张心与理是一回事，坚持以心来统贯主体与客体。朱熹与陆氏兄弟论辩、讲学达十日之久。

淳熙五年（1178 年），孝宗赵昚任命朱熹为知南康军兼管内劝农事。淳熙六年（1179 年）三月，当年适逢大旱，灾害严重，朱熹到任后便立即着手兴修水利、抗灾救荒，使灾民得以生活。十月，朱熹行视陂塘时，在樵夫的指点下找到白鹿洞书院的废址。经朱熹的竭力倡导，到淳熙七年（1180年）三月，白鹿洞书院很快修复。朱熹在南康军任上，为白鹿洞书院殚精竭虑、不遗余力：他曾自兼洞主，延请名师，充实图书，还请皇帝勅额，赐御书，并亲自订立学规，即著名的《白鹿洞书院教规》。

淳熙八年（1181年）二月，陆九渊来南康访朱熹，相与讲学白鹿洞书院。八月，时浙东大饥。因朱熹在南康救荒有方，宰相王淮荐朱熹赈灾，提举浙东常平茶盐公事。为解救灾民，朱熹迅速采取了几项有力措施。朱熹因在浙东劾奏前知台州唐仲友不法，为唐之姻亲王淮所嫉，浙东任职仅九个月即离任回家。朱熹曾先后六次上状奏劾唐仲友不法，直指王淮与唐仲友上下串通勾结的事实。迫于压力，王淮免去唐仲友江西提刑新任，在弹劾唐仲友的过程中，朱熹表现出崇高的操守和气节。

淳熙九年（1182年），朱熹五十二岁时，将《大学章句》《中庸章句》《论语集注》《孟子集注》四书合刊，经学史上的"四书"之名才第一次出现。之后，朱熹仍呕心沥血修改《四书集注》，临终前一天朱熹还在修改《大学章句》。朱熹将《四书》定为封建士子修身的准则，《四书》构成了朱熹的一个完整的理学思想体系。元朝迄至明清，《四书集注》遂长期为历代封建王朝所垂青，作为治国之本，也作为人们思想行为的规范，成为封建科举的标准教科书。

淳熙十五年（1188年）十一月，朱熹上《戊申封事》，主张"正心""任选大臣""振举朝纲"等事。绍熙元年（1190年），六十一岁的朱熹到漳州赴任。朱熹在漳州的全部施政变革，主要体现在正经界、蠲（免）横赋、敦风俗、播儒教和劾奸吏等方面，而正经界则是他全部变革的灵魂。时值当地土地兼并之风盛行，官僚地主倚势吞并农民耕地，而税额没有随地划归地主，至使"田税不均"，失地农民受到更为沉重的剥削，导致阶级矛盾激化。为此，朱熹提出行"经界"，即核实田亩，随地亩纳税。这一建议势必减轻农民负担，但却损害了大地主的利益，所以遭到后者的强烈反对，“经界”终于未能推行。

绍熙二年（1191 年）正月，朱熹长子朱塾卒。听闻这个噩耗后，朱熹无奈以治子丧请祠。五月，朱熹迁居建阳。次年，承父志建“竹林精舍”，后更名为“沧洲精舍”，即淳祐四年（1244 年）诏赐的“考亭书院”。绍熙五年（1194 年），湖南瑶民蒲来矢起义，震动了朝野，湖南地方局势骤然紧张起来。朱熹临危受命，除知潭州、荆湖南路安抚，赐紫章服。具有道学家傲骨、强烈忧国忧民心态的朱熹，不敢推辞朝命，欣然拜命前往赴任。五月，朱熹至潭州。朱熹到任后，立即兴学校，广教化，督吏治，敦民风。朱熹改建、扩建了位于湖南长沙岳麓山下的岳麓书院，空余时间亲自到此讲课，使岳麓书院成为南宋全国四大书院之一。

绍熙五年（1194 年）八月，朱熹除焕章阁待制兼侍讲。九月，朱熹于行宫便殿奏事。十一月，朱熹还居建阳考亭。庆元二年（1196 年）十二月，“党禁”正式发生。监察御史沈继祖以捕风捉影、移花接木、颠倒捏造手法奏劾朱熹“十大罪状”，朝廷权贵对理学掀起了一场史所罕见的残酷清算，效法北宋元祐党籍的故伎，开列了一份五十九人的伪逆党籍，名列党籍者都受到了不同程度的处罚。朱熹被斥之为“伪学魁首”，位列黑名单之中的第五位，有人竟提出“斩朱熹以绝伪学”。朱熹以伪学罪首落职罢祠，朱子门人流放的流放，坐牢的坐牢，遭到严重打击。

庆元五年（1199 年），朱熹已被各种疾病所困扰，党禁中的朱熹终于预感到死亡的逼近，使他有大限临头的不祥预感，更加抓紧著述。庆元六年（1200 年）入春以后，朱熹足疾大发，病情恶化。朱熹生命垂危，左眼已瞎，右眼也几乎完全失明，但他却以更旺盛的精力加紧整理残篇，唯一的愿望就是要将自己生平的所有著作全部完稿，使道统后继有人。

同年三月初九，七十一岁的朱熹在血雨腥风的“庆元党禁”运动中去世。

草草收场的开禧北伐

赵扩继位后，立即重用了使其登上皇位的皇族宗室赵汝愚和外戚韩侂胄两位大臣。他先是任命赵汝愚为宰相，随后又任命韩侂胄为枢密院都承旨，并册立韩夫人（即恭淑皇后韩氏，相州（今河南安阳）人，六世祖是北宋名臣忠献王韩琦）为皇后，韩侂胄由此得势。然而，由于外戚韩侂胄与赵汝愚向来不对付，韩侂胄图谋排斥赵汝愚，并先后起用京镗、何澹、刘三傑、刘德秀等人。为此，著名理学家朱熹约吏部侍郎彭龟年一同弹劾韩侂胄，韩侂胄告诉赵扩说：“朱熹迂阔不可用。”由于赵扩信任韩侂胄，没过多久，朱熹就被罢官。彭龟年心有不甘，继续弹劾韩侂胄“进退大臣，更易言官”“窃弄威福，不去必为后患”。但是，赵扩却总是一拖再拖，不肯对此事做出回复。

庆元元年（1195 年）二月，赵汝愚因遭韩侂胄构陷而罢相，贬为宁远军节度副使。就连那些反对赵汝愚罢官的人，也都陆续被窜逐。在韩侂胄集团的精心策划下，赵扩还下令禁止道学，定理学为伪学，罢斥朱熹等理学家，对当时的许多知名人士进行清洗，禁止朱熹等人担任官职，参加科举，史称“庆元党禁”。宁宗时期，在与金朝的关系上，又逐渐趋于紧张状态。赵扩因为不满金朝蛮横要求按旧时的礼仪行事，对自己受屈辱的地位感到不满。因此，他也支持韩侂胄对金朝采取强硬的措施。

嘉泰四年（1204 年）四月，赵扩采纳了韩侂胄等人的建议，崇岳飞贬秦桧，将岳珂为岳飞所作的辩白文书宣付史馆，追封岳飞为鄂王。不久之后，赵扩改元开禧，他取的是太祖“开宝”年号和真宗“天禧”的头尾两字，表示了南宋的恢复之志。两年后，也就是开禧二年（1206 年），赵扩又下令削去秦桧死后所封的申王爵位和“忠献”谥号，改谥“谬丑”，下诏追究秦桧误国之罪：“一日纵敌，遂贻数世之忧；百年为墟，谁任诸人之责?”此举被认为是平反岳飞案件最彻底的一次。这些措施，有力地打击了主和派，使主战派得到了鼓舞，很得民心。同年五月，赵扩下诏北伐金朝，史称“开禧北伐”。

有人认为，“开禧北伐”是韩侂胄为捞取政治资本而采取的一次军事上的冒险行动。由于实行党禁，逼走赵汝愚，在政治方面，韩侂胄大失人心。当时金朝的情况不太妙，金章宗完颜璟（麻达葛）沉湎酒色，朝政荒疏，内讧迭起，北边部族又屡犯金朝边境，在连年征战中士兵疲敝，国库日空。于是，韩侂胄认为有机可乘，就把恢复故疆、报仇雪耻作为建立功业的途径，作为争取人心、提高威望的一种手段。为了得到更多人的支持，韩侂胄还重新启用了辛弃疾等一批主张对金用兵的大臣。

其实在开战之前，一些有识之士在分析形势之后，便提出此时进行战争对宋朝不利，认为这场战争几无胜算。叶适不仅拒绝起草宣战诏书，还上书赵扩，认为轻率北伐“至险至危”。叶适是谁呢？他曾是永嘉学派集大成者。武学生华岳也上书，认为此时南宋“将帅庸愚，军民怨恨，马政不讲，骑士不熟，豪杰不出，英雄不收，馈粮不丰，形势不固，山砦不修，堡垒不设”，认定这次北伐将“师出无功，不战自败”。结果没过多久，华岳就被削去学籍，遭到监禁。反对的声音立即被韩侂胄镇压了下去。

韩侂胄请直学院士李壁起草了伐金诏书，以鼓舞士气：“天道好还，中国有必伸之理，人心效顺，匹夫无不报之仇。……兵出有名，师直为壮，言乎远，言乎近，熟无忠义之心？为人子，为人臣，当念祖宗之愤。”就这样，宋朝军队不宣而战，首先对金朝军队发起了攻击。

开战初期，宋军收复了一些地方，如泗州等地。但由于金朝事先得到了风声，觉察到南宋“将谋北侵”，已有了准备，在遭到进攻后立即进行了反击。由于韩侂胄用人不当，中路军统帅之一皇甫斌率军攻打唐州时被金军击溃，接着在攻打蔡州时又大败于溱水，韩侂胄急忙把他撤了。北伐主战场两淮统帅邓友龙等也因兵败而被撤职。又过了没多久，金军就在东、中、西三个战场上，对宋军发起了进攻，宋朝军队由进攻转为防守。在金军的大举进攻之下，真州（今江苏仪征）、扬州相继被金军占领，西路军事重镇和尚原与蜀川的门户大散关也被金军所占。韩侂胄想通过吴曦在四川战场挽回败局，但陕西河东招讨使吴曦却早已在四川暗通金兵，叛变称王。

接着，又是兵败之后的谈判。而对南宋来说，战败以后的和谈是气短的。作为胜利者，金朝自然提出了苛刻的条件。除了提出割地赔款之外，还要求将发动这场战争的主谋韩侂胄缚送金国。打了败仗以后，就要有人到金军去谈判，这份差事朝廷中谁也不愿去，选来选去，最后选中了萧山县丞方信孺作为南宋派出的谈判代表。方信孺不仅能言善辩，而且在金人面前威武不屈，金人将他投入监狱，断绝饮食，并以杀头相威胁，要求他答应金朝提出的割地赔款、缚送首谋等五个条件。方信孺不怕威胁，说缚送首谋，向来无此办法。金朝将领威胁说：“你不想活着回去吗?”方信孺说：“我奉命出国门时，已将生死置之度外。”最后金人也没有办法，只得将方信孺放回。

又过了几个月，韩侂胄听取了从金营中谈判回来的宋使方信孺的汇报。当方信孺汇报了割两淮、增岁币等金人提出的四项条件以后，变得欲言又止。韩侂胄问：“还有什么?”方信孺说：“我不敢说。”在韩侂胄的再三逼问之下，方信孺只得如实相告：“是要太师的人头。”韩侂胄听后大怒。多割一点地，多赔一点钱，韩侂胄还可以退，可最后一条是没有退路的。后来，韩侂胄便迁怒于方信孺，夺去方信孺三级官阶，将其贬到临江军居住。

谈判的条件不能接受，只得硬着头皮再打仗。韩侂胄撤了两淮宣抚使张岩的职务，任命赵淳为两淮置制使，负责镇守江、淮。在这种形势下，朝廷中的主和派又形成了势力，礼部侍郎史弥远和杨桂枝是主要的代表。杨桂枝因当年韩侂胄在赵扩选皇后的问题上不倾向于她而怀恨在心，同时她也认为北伐过于轻率。他们通过皇子向赵扩进言：“韩侂胄再启兵端，将危社稷。”杨桂枝也在旁边劝说赵扩，但赵扩很犹豫，一时难以定夺。杨桂枝担心如果赵扩走漏风声，让大权在握的韩侂胄知道，后果将十分严重，就与史弥远、参知政事钱象祖等人密谋，设法除掉韩侂胄。

开禧伐金失败后，于嘉定元年（1208 年）由史弥远主持，与金朝议和，签订了屈辱的“嘉定和议”。和议内容是：上国书称金主为伯父，岁币银绢各三十万，又以三百万缗钱赎回淮、陕两地。嘉定和议后，双方大致维持和平六七年。这三次议和都是以屈辱买平安，三个“和议”不仅仅是把民脂民膏进贡给别人，而且是既丧失国格又丧失人格。

韩侂胄之死

韩侂胄，祖籍相州安阳，是南宋中期权臣、外戚。曾祖父韩琦是北宋名臣，先后经历了仁宗、英宗、神宗三朝，官至宰相。他的父亲韩诚娶了宪圣慈烈皇后（赵构的吴皇后）的妹妹，官至宝宁军承宣使。韩侂胄因父荫入仕，先后担任阁门祗候、宣赞舍人、带御器械等。后来，韩侂胄又迎娶了吴皇后的侄女为妻，而韩侂胄的侄孙女又是宁宗赵扩的皇后，一家几代均为皇亲国戚。淳熙末，以汝州防御使知阁门事。

绍熙五年（1194年），太上皇赵昚去世，主政的光宗赵惇却以有病未愈为由拒绝服丧，这种不孝的行为引得朝野上下一片骚动。时任知枢密院事的赵汝愚联合韩侂胄请求太皇太后吴氏主持大局，并下诏让嘉王赵扩即位。最后，太皇太后没办法，只能勉强垂帘，当即宣布了光宗的诏令，让嘉王即位，即宁宗。有“定策”之功的韩侂胄自以为可以被重用，没想到赵汝愚却说：“吾宗臣也，汝外戚也，何可以言功?”赵汝愚独居相位，却只给韩侂胄以宜州观察使兼枢密院都承旨。从此，他们两人便产生了嫌隙。

赵扩继位后，赵汝愚作为右相掌握了朝廷大权，他推荐当时的道学家朱熹为侍讲，为赵扩讲解和灌输道学理论，并借机干预政务。赵、朱二人相互勾结，阴谋将韩侂胄排挤出朝。然而，赵扩对道学不感兴趣，认为“朱熹所言，多不可用”。于是，在韩侂胄的支持下，免去了朱熹的侍讲之职，不久赵汝愚也被罢相，韩侂胄则加开府仪同三司，权位重于宰相；他的支持者京镗被任为右相，从而获得朝廷的主导地位。自此之后，韩侂胄把持朝政直至身死，长达十四年之久。

在赵扩的支持下，韩侂胄把赵汝愚和朱熹为代表的理学称为“伪学”，并予以严厉的打击。庆元元年（1195年），右正言刘德秀上书，说：“依正以行邪，假义以干利，口道先王语，而行如市人所不为。孝宗锐意恢复，首务核实，凡虚伪之徒言行相违者，未尝不深知其奸。臣愿陛下以孝宗为法，考核真伪，以辨邪正。”请赵扩效法孝宗赵昚抗金，识辨道学。

庆元二年（1196年）八月，太常少卿胡纮上书，说：“比年以来，伪学猖獗，图为不轨，摇动上皇（光宗），诋毁圣德。”十二月，监察御史沈继祖弹劾朱熹言行不一，说：“朱熹引诱两个尼姑做妾，出去做官都要带着。朱熹在长沙，藏匿朝廷赦书不执行，很多人被判徒刑。在出任漳州知州的时候，请行经界，引起骚乱。在出任浙东提举的时候，多次向朝廷讨要赈灾的粮款，但是却都分给了门徒而不分给百姓。更甚者，霸占了别人的产业来盖房子，还要把这家人治罪。廉洁、宽恕、修身、齐家、治民等等其实都是朱熹平日用来欺骗世人的话。”于是，赵扩下诏禁止道学，并再次贬斥朱熹及其门徒。两年后，订伪学逆党籍，赵汝愚、朱熹、留正等五十九人被列为伪学逆党。这次抑道活动持续了四年之久，史称“庆元党禁”。这场活动为韩侂胄日后的悲剧性命运埋下了伏笔。

作为主战派，韩侂胄的抗金情结由来已久，为了给北伐造势，他上任不久就实施了“崇岳贬秦”的措施。绍兴十一年（1141 年），岳飞被秦桧迫害致死。孝宗临朝，为岳飞平反昭雪，追复原官，并加谥武穆，但并未清算秦桧的罪行。嘉泰四年（1204 年），韩侂胄主政，南宋朝廷追封岳飞为鄂王，从政治上予其高度褒奖。开禧二年（1206 年），在韩侂胄的主持下，朝廷正式作出决定，削去秦桧的王爵，并把谥号改为谬丑。在贬秦的制词中有说：“一日纵敌，遂贻数世之忧。百年为墟，谁任诸人之责？”一时传诵，大快人心。韩侂胄对秦桧的贬抑，实际上也是对投降、妥协势力的一个沉重的打击。崇岳贬秦，为北上抗战做足了舆论准备。

与此同时，主战派在韩侂胄的支持下，也得到了提拔重用，例如闲居在家的辛弃疾被任命为知绍兴府兼浙东安抚使。赵扩不堪在金人面前的屈辱地位而赞同北伐，任命韩侂胄为平章军国事，总揽军政大权，四川宣抚副使吴曦兼陕西、河东路招抚使，郭倪兼山东、京、洛招抚使，赵淳、皇甫斌兼京西北路招抚使、副使，进行战前的军事部署。在开禧二年（1206 年）五月，朝廷正式下诏北伐。

伐金诏下，群情振奋，上下沸腾。辛弃疾作词《六州歌头·西湖万顷》赞颂韩侂胄：“君不见，韩献子，晋将军，赵孤存。千载传忠献，两定策，纪元勋。孙又子，方谈笑，整乾坤。”而被称为“小李白”的陆游听说韩侂胄执政，也寄予了很大的希望：“吾侪虽益老，忠义传子孙，征辽诏倘下，从我属櫜鞬。”后来，朝廷果然下诏北伐，八十二岁的陆游非常激动，表示还要上战场为国尽忠：“中原蝗旱胡运衰，王师北伐方传诏。一闻战鼓意气生，犹能为国平燕赵。”辛弃疾、陆游的壮丽诗篇，曲折地反映了广大人民群众意气风发、斗志昂扬的振奋情景。

然而，南宋王朝已经沉湎于半壁江山多年。所以，“开禧北伐”的不利因素很快就出现了。自从张浚在符离兵败后，主和派便趁机窃取了朝廷的重要职务，使得军备松弛，军纪涣散。另外，在北伐前，赵扩和韩侂胄为了团结力量，解除了“庆元党禁”，重新任用一些在籍官员以争取他们的支持，然而，大部分人却并不是真诚合作，反而在背后拆台。更有甚者，韩侂胄部署北伐时，宋军中已出了内奸。早在赵扩下诏伐金前一月，被寄予厚望的吴曦已经在四川里通金朝，密约献出关外阶、成、和、凤四州，求金朝封他作蜀王。

北伐战争开始后，吴曦果真依照金人的指示按兵不动，使金军东下，无西顾之忧。吴曦的叛变，对北伐部署破坏极大。韩侂胄又任用丘崈为两淮宣抚使。但是，丘崈刚上任就下令放弃了已经占领的泗州，退守到了盱眙。金兵分九路进攻，战争形势发生了极大的变化，开始由宋军的北伐之势转变为金军南侵。年底的时候，金军又秘密派人去见丘崈，示意讲和，从此，丘崈多次遣使与金军谈和，擅自停战。西线吴曦叛变，东线丘崈主和，使得韩侂胄越来越被孤立了。

开禧三年（1207 年）正月，韩侂胄罢免丘崈，改命张岩督视江淮兵马，又自出家财二十万，补助军需，但战局不利，不得已派遣使臣到开封同金谈判。但是，金人却提出让宋朝割让两淮、增岁币、赔军银，还要韩侂胄的人头等无理要求。韩侂胄大怒，决意再度整兵出战。然而，这时朝中一些官员却在挖空心思搞议和，悲剧由此产生。赵扩听信了谗言，罢免了韩侂胄的职务。但是，史弥远害怕韩侂胄会东山再起，打算将他杀死以绝后患。于是，史弥远便与杨桂枝、皇子荣王（赵询）等勾结密谋。史弥远谎称密旨，命令主管殿前司公事的夏震在韩侂胄上朝时，突然袭击，将其劫至临安城南门外玉津园夹墙内害死。

韩侂胄被暗杀，军政大权由杨桂枝、史弥远操纵，进一步向金国屈膝求和。嘉定元年（1208 年），他们遵照金朝的无理要求，将韩侂胄的棺椁打开，割下头颅装在盒子里送去，屈辱地签订了“嘉定和议”。这一事件又被称为“函首议和”。朝廷将韩侂胄的头颅送到金国的这件事，也让许多大臣认为有失国体，在《四朝闻见录》中记载大臣王介为此提出抗议：“韩侂胄头不足惜，但国体足惜！”

就这样，一场轰轰烈烈的“开禧北伐”令人心寒地收场了。之后，再也无人提及恢复事宜，直至宋朝彻底灭亡。

史弥远专权

史弥远，明州鄞县人，是南宋的一位权臣。淳熙十四年（1187 年），史弥远进士及第。开禧三年（1207 年），韩侂胄北伐失败，金朝来索主谋。史弥远时任礼部侍郎兼资善堂翊善，与杨桂枝等密谋，遣权主管殿前司公事夏震于玉津园槌杀韩侂胄，后函其首送金请和。因此，史弥远被升任右丞相兼枢密使，独相宁宗赵扩时期整整十七年。

史弥远专权，是南宋中后期影响政局的一件十分重大的事件。史弥远任宰相期间，一个人独揽政权，得到宁宗赵扩、理宗赵昀的器重，封官加爵不已。史弥远等人对金朝一贯采取屈服妥协的政策，对南宋人民则狂征暴敛，致使百姓陷入水深火热之中。他不仅招权纳贿、货赂公行，还大量印造新会子，不再以金、银、铜钱兑换，以新会子兑换旧会子，并且把旧会子折价一半，最后致使会子充斥、币值跌落、物价飞涨，导致民不聊生。

在杀害韩侂胄之后，史弥远升任右丞相兼枢密使。于是，宋朝以史弥远为代表，参与和金朝的谈判。而赵扩则声称要革除韩侂胄的弊政，为大宋基业“作家活”。到嘉定元年（1208年）上半年，史弥远政变集团骨干已成鼎足之势：右丞相兼枢密使钱象祖、知枢密院事史弥远与参知政事卫泾。皇子赵询也在杨桂枝的支持下被立为太子。史弥远非常善于要弄政治手腕，将一个个政敌轻松地搞掉，自己则迅速被提升。赵扩懦弱无能，韩侂胄专权时朝政都交给了韩侂胄。韩侂胄死了以后，他又急切需要一个强有力的人来主持朝政。于是，史弥远拥有的权力越来越大，很快就超过了原来的韩侂胄，他不仅掌握了相权，还掌握着全国的军权。他的政治手腕要得更加纯熟了。

史弥远与其他朝臣的一次次交易中，使得他的政敌也一个个被扳倒。拜相仅月余，史弥远的母亲就去世了。按照惯例，史弥远必须辞去相位为母亲守孝，这样一来，就会出现钱象祖独相的局面。然而，让人意外的却是，十天后钱象祖竟被论劾出朝，而御史中丞章良能则被升任为同知枢密院事。在权利的角逐中，史弥远抓住了杨桂枝与皇太子赵询这两棵大树，在政变中取得了杨桂枝的信任，而太子更是他调教出来的，其重要性就更不用说了。史弥远在为母亲守孝的第五天，在皇太子赵询的建议下，宁宗赵扩在行在赐给史弥远一座宅邸，让他在此服丧，而史弥远则是故作姿态，依旧坚持在老家守丧。不过，朝中的所有事情，他都了如指掌罢了。

次年五月，赵扩派人去请史弥远回临安的同时，发生了忠义军统制罗日愿的政变。罗日愿由于不满史弥远专政弄权，便联络部分将兵、官员和府学生，准备在史弥远渡过钱塘江回临安的那天捕杀他，并劫持赵扩，让他任命新的宰执班子。计划原本天衣无缝，却不料有人告密，以致罗日愿等人全部被捕。这时候，雷孝友对赵扩说自己能力不够，不能胜任宰相的职务，于是，赵扩便重新启用史弥远。而史弥远也担心两年的守丧时间，政局变化难料，也因此不顾所谓的惯例，接受了赵扩的授任。复任宰相的第三天，史弥远就直指政变者为韩党，下令将罗日愿等人处死。自此，史弥远专政的时代正式开始。

史弥远起复以后，继续在平反“伪党”、起用“党人”上博取人心，取悦清议。他任用了黄度、楼钥、杨简等著名党人，还找来了真德秀、魏了翁等知名之士。以群贤点缀朝廷，这是史弥远老谋深算之处。实际上，他追逐的只是自己的绝对权力。

一方面，史弥远独揽相权，破坏既定的宰执制度。宋代宰执制度的最大特点就是分割相权，虽有宰相兼枢密使的情况，但都是应付战争局面的特例。史称开禧以后“宰臣兼使，遂为永制”，是钱象祖以右相兼枢密使，但这或出于诛韩形势的特殊需要。其后钱、史并相，俱兼枢使，不久钱象祖罢相，史弥远丁忧，但史弥远嘉定二年起复以后，前后在宁、理两朝独相达二十六年之久（秦桧独相也不过十七年），时钟并长二府，大权独揽。可以说，从史弥远开始，宰相兼使才成定制，这对南宋后期皇权一蹶不振、权臣递相专政的局面以直接的恶劣影响。在独相局面下，史弥远尽选些便于控制的人备位执政，作为摆设。从嘉定六七年起，他专政之势已成，经常“决事于房闼，操权于床笫”，破坏了宰执合堂共议的政事堂制度，最高行政权沦为其囊中之物。

另一方面，史弥远独攥官吏任命大权，培植个人势力。宋代朝官以上的任命例由宰执注拟，经皇帝同意才能正式除授。史弥远只把任命结果告诉给赵扩，从来不取旨奏禀。宋代京官和选人的除授权在吏部，号称吏部四选；唯有特殊勋劳者可由政事堂直接注拟差遣，所得差遣较吏部选为快为优，号称堂除。史弥远以堂除名义把吏部选的美差都揽了过来。这样，他就以官职差遣为诱饵，呼朋引类，结党营私。有一次相府开筵，杂剧助兴，一艺人扮士人念开场白："满朝朱紫贵，尽是读书人。"另一角色打断道，"非也，尽是四明人"，讽刺史弥远援引同乡，网罗党羽。

史弥远操纵台谏，控制言路。这是宋代权相专政不可或缺的先决条件。史弥远曾以共同执政为筹码拉拢谏议大夫傅伯成，示意他弹劾某人，不料遭到拒绝。碰此钉子后，他引用台谏必先期会见，酒肴招待，条件谈妥，然后任命，确保台谏俯首效力。尽管如此，他还不放心，在弹章谏草上大做手脚。台谏论事前，先把福封（即草稿或副本）呈送给他过目，是则听之，否则易之。还嫌麻烦，干脆从相府直接付出言章全文让台谏使用。这样，史弥远既杜绝了言路抨击他专断朝政的可能，又让台谏成为他搏击异己的鹰犬。

嘉定政治，说到底其实就是史弥远专政。之所以有人才进退、政事行否，天下人都知道这是史丞相的意思，以至朝野"皆言相不言君"。而赵扩也习惯了在权臣的鼻息下做他木雕泥菩萨似的傀儡皇帝，无所作为而"垂拱仰成"。尽管如此，还是有人对史弥远专政进行了抗争。当年上书请斩韩侂胄的武学生华岳，诛韩以后登第为武学进士，担任殿前司同正将。他目睹史弥远对外苟安乞和，对内擅权专政，曾上书赵扩，大忤史弥远。

绍定六年（1233 年）十月，史弥远病重，将他的党羽郑清之升为右丞相，结束了他独相二十六年的历史。次日，以病危致仕，授两镇节度使，封会稽郡王。数日后，史弥远去世，追封卫王，谥忠献。所赐号与秦桧谥号相同的忠献，并非完全是偶然的巧合。也许是讨论谥号的礼官们，认为史弥远本是与秦桧属同一类人物，因为这在当时是士大夫们的某种共识。

史弥远死后，人们才发现，比起韩侂胄来，史弥远的流毒更深、为害更烈。有人打比方说：韩侂胄专政，“天下之势，如人少壮而得疾，其疗之也易为功”；史弥远专政二十六年，“天下之势，如人垂老而得疾，故其疗之也难为功”。细细算来，韩侂胄与史弥远前后折腾了将近四十年，南宋后期的衰颓走势已到了不可逆转的地步。

第八章 志大才疏，有名无实的中兴之梦

宋理宗赵昀原本是一介平民，后被宰相史弥远拥立为帝。史弥远死后，理宗开始亲政，在各方面采取了一系列改革措施，人称“端平更化”。理宗后期，沉迷于享乐，国事日渐衰微。

宋度宗赵禥即位后将军国大权交给奸臣贾似道执掌，使南宋偏安江南的锦绣江山处于暗无天日之中。当时朝廷政治十分腐败，而他却依旧穷途奢侈，长期沉湎于酒色之中。南宋王朝病入膏肓，只有等着走向灭亡。

不成熟的太子，到手的皇位被弄丢

杨桂枝与太子赵询和史弥远联手，仿佛成为了政治上的伙伴，然而皇太子赵询即便掀起过什么风浪，劫无奈短命得很。赵询，初名赵与愿。六岁时，被宋宁宗赵扩收为养子，然后却在嘉定十三年（1220 年）去世，时年二十九岁，被追封谥号景献太子。景献太子赵询去世后，赵扩立赵贵和为皇子，并赐名赵竑，授任宁武军节度使，封为祁国公。嘉定十五年（1222 年）五月，加官检校少保，封为济国公。

嘉定十七年（1224 年）六月，赵竑生下儿子，诏告天地、宗庙、社稷、宫观。八月辛未日，宋宁宗赐赵竑的儿子名为赵铨，授任左千牛卫大将军。八月丁亥日，赵铨去世，赠复州防御使，追封为永宁侯，赵竑上表称谢。本来不出什么意外，赵竑就可以顺利成为南宋的接班人，因为他当时已是太子，登基称帝也只是时间问题，可他却行事高调，恣意乱言，结果遭到权臣忌恨，不仅没有登上皇位，还因聚众谋反而被逼自缢，让随之继位的赵昀捡了个天大的便宜，着实让人可惜！

事情是这样的，当时的赵竑喜欢弹琴，丞相史弥远为了讨好他，就买了一个擅长弹琴的美女，送给他，并且厚待美女的家里人，让美女监视赵竑，并把他的一举一动都告诉史弥远。美女知书达理又聪明，赵竑很喜欢她。当时，在赵竑的宫里墙壁上有一张地图，赵竑指着琼崖州说：“我日后如得志，就把史弥远安置到这里。”

赵竑还称呼史弥远为“新恩”，因为日后史弥远不是被流放到新州就流放到恩州。史弥远后来听到美女间谍说了这些，就趁七月初七进奉奇珍异玩来试探赵竑，赵竑乘着酒兴把这些东西都摔碎在地上。史弥远非常恐惧，日夜考虑怎么处置赵竑，而赵竑却不知道这些事。

史弥远当权这么多年，怎么可能被赵竑断送了大好前程，于是，为求自保，他处心积虑想要废掉赵竑的太子之位，而可怜的赵竑却丝毫未察觉，每日沉浸在自己登基后放开手脚、大展宏图的“皇帝梦”中。而对政治早已熟稔于心的老江湖史弥远很快就找到了他的代理人，因为当时的沂王（赵抦）还没有后代，史弥远就选择了同为宋氏宗室的赵昀为沂王继子，并请当时的国子学录郑清之对雪藏起来的赵昀亟力扶植，悉心教导帝王之道，只待时机成熟便替换赵竑。

1224 年宋宁宗赵扩驾崩，“弥远夜召昀入宫，后尚未知也”，也就是说当时的杨桂枝还蒙在鼓里。史弥远一方面立即派人宣召赵昀进宫，一方面找到杨桂枝的侄子杨谷、杨石，渲染了皇子赵竑对杨桂枝干政的反感，让他们去说服杨桂枝同意废皇子而立皇侄。杨桂枝虽对赵竑没有好感，但不赞成废立。杨氏兄弟七次往来于史弥远与杨桂枝之间，最后哭诉道：“内外军民皆已归心，苟不立之，祸变必生，则杨氏无唯类矣。”杨桂枝知道史弥远的手段，默然良久，说：“其人安在?”史弥远等召见赵昀入见，杨桂枝看到赵昀，拊其背说：“汝今为吾子矣!”在开禧诛韩时，史弥远不过是杨桂枝借助的搭档，而嘉定废立中，杨桂枝反而成为史弥远利用的配角。

一切安排停当，这才宣赵竑入宫，与百官立班听宣遗诏：“皇子成国公赵昀即皇帝位。尊杨桂枝为皇太后，垂帘同听政。”赵竑坚决不肯跪拜新皇帝，硬被殿帅夏震按下了头。接着以杨桂枝名义，宣布史弥远预先拟好的第三道诏书：皇子赵竑进封济阳郡王，出判宁国府。新即位的皇帝就是理宗。数日后，赵竑改封济王，赐第湖州，被监管了起来。

于是，史弥远矫诏废赵竑为济王，立赵昀为皇子，即帝位。

对于史弥远这种明目张胆地由权臣操纵帝王废立的行为，在朝野引起了很大的震动，许多人为此感到气愤和不平。尤其是济王赵竑被监管以后，引起了湖州的潘壬、潘丙兄弟联络义军首领李全，在湖州准备起义，要拥立赵竑为皇帝。但李全为人狡诈，玩了一个空袋背米的花招，他口头上答应潘壬、潘丙兄弟约好日期进兵接援，实际上却按兵不动。潘壬兄弟只得仓促起事，妆束成李全“忠义军”的模样，夜入州城找到赵竑，硬把黄袍加在赵竑身上，跪拜如仪。赵竑号泣不从，潘壬等人便以武力胁迫。最后，赵竑只得与他们相约不得伤害杨太后与赵昀，这才即位。

夜色中，起事者以李全的名义揭榜州门，声讨史弥远私自废立罪，号称将领兵二十万水陆并进。连知湖州事谢周卿也率当地官员入贺新皇帝登基。但是，赵竑也不傻，他见拥戴他的都是些渔民与巡卒，知道乌合之众其事难成，就派人向朝廷告变，并亲率州兵讨叛。待史弥远派出的大军赶到湖州时，起事者已被济王赵竑讨平。潘丙、潘甫当场被杀死，潘壬逃到楚州被捕，押回临安处斩。湖州之变（因霅川流经湖州，故也称霅川之变），尽管赵竑不是主谋，而且告变平乱有功，史弥远也决心斩草除根。

不久，史弥远派亲信余天锡（一说秦天锡）到湖州，说是奉谕给赵竑治病，暗地却胁逼赵竑自缢身死，并杀死其子，对外宣布病故。为平息朝野非议，理宗赵昀追赠济王赵竑为少师。但不久史弥远就指使爪牙上奏，赵昀收回成命，追夺其王爵，追贬为巴陵县公。

这种处理，激起了不少正直之士的愤慨，真德秀、魏了翁和胡梦昱等朝臣不顾罢官流放，接二连三为赵竑鸣冤叫屈，胡梦昱还因此被贬死。但在处理赵竑的问题上，理宗赵昀与史弥远沆瀣一气，因为否定了史弥远，也就动摇了自己继统的合法性，所以终理宗之世也没有为济王赵竑平反昭雪。赵昀与史弥远已结成了一荣俱荣，一损俱损的关系，史弥远也就获取了比宁宗朝更大的擅权资本。

从平民到皇帝的奇旅

被史弥远以矫诏的方式推上皇位的赵昀是历史上的宋理宗，赵昀的原名是赵与莒，他原本不是皇子，只是宁宗赵扩的一个远房堂侄。推算下来，他是赵匡胤之子赵德昭的九世孙，宋帝位一向不由赵德昭这一脉后人继承，至赵昀父亲赵希瓐这一代，已与皇室血缘十分疏远，而赵希瓐在出生时并没有任何封爵，只当过小官，生活与平民无异，赵昀也因此在平民家庭出生及成长。

开禧元年（1205 年）正月初五，赵昀生于县中虹桥家中。在赵昀七岁时，他的父亲赵希瓐逝世，生母全氏带着他及弟弟赵与芮返回娘家，母子三人在全氏绍兴当保长的兄长家寄居，一直到赵昀十六岁。

宁宗赵扩因八名亲生子皆幼年夭，于是命宰相史弥远找寻品行端正的宗室继承沂王（孝宗之孙）王位，而史弥远将此任务交给了其幕僚余天锡。余天锡途经绍兴遇着大雨，在全保长家中避雨，于是认识了赵昀兄弟。余天锡知道他们为赵氏宗族，也觉得兄弟二人行为得体，认为是继承沂王的合适人选，故向史弥远推荐。史弥远接两兄弟往临安亲自考量，认为兄长赵昀为继承沂王的合适人选，故于嘉定十四年（1221 年）将赵昀选入宫内。

嘉定十五年（1222 年），赵昀被立为宁宗弟沂王嗣子，赐名贵诚。嘉定十七年（1224 年）八月，宁宗赵扩病重不能处理朝政时，史弥远加快了策划宫廷政变的步伐。他先让郑清之通知赵昀做好即位的准备，然后把两府执政与专司草诏之职的翰林学士隔在宫外，另召直学士院程珌入宫，许诺事成以后引为执政，与郑清之连草矫诏二十五道。其中，与废立关系最大的有三道矫诏：第一道是改立贵诚为太子，赐名赵昀；第二道是封太子赵昀为武泰军节度使。政变成功后，史弥远指示史官修改这两道诏书的日期，造成贵诚立为太子完全是宁宗决策的假象；第三道诏书是加封赵竑为济阳郡王，出任判宁国府。

嘉定十七年（1224 年），赵昀被立为宁宗赵扩的皇子，赐名昀，同年，闰八月初三，宁宗驾崩。史弥远和杨桂枝召赵昀入宫，在宁宗灵柩前即皇位，赵昀是南宋的第五位皇帝，宋朝第十四位皇帝，是为宋理宗，并由杨桂枝垂帘一同听政。次年（1225 年）改年号为宝庆。赵昀即位后，史弥远继续专政，他只沉湎于酒色，朝政昏暗如故。

嘉定十八年（1225 年）四月，杨太后主动撤帘还政，由于赵昀是史弥远一手扶上皇位，在朝中也没有根基，尽管杨太后已还政给他，他还得看史弥远的脸色行事。直到绍定六年（1233 年）史弥远去世，赵昀在权相专政下，“渊默十年无为”，其目的显然是韬光养晦，保全皇位与性命。从这点看来，赵昀还是很有心计的。

史弥远掌权二十六年期间，他排除异己、贪污中饱、加重税金，致使南宋国势渐衰。史弥远死前将最受信任的郑清之升为右相兼枢密使，薛极为枢密使，乔行简与陈贵谊为参知政事，安排好后事才撒手死去。赵昀将 1234 年改为端平元年，沉默了十年的赵昀终于迎来了亲政。本来，他也意图有所作为，荡除弊政提拔了大批新人，出台了改革措施。

史弥远死后，赵昀唯恐引起政治地震，对史弥远曲加维护，但是对于其党羽却绝不宽贷。比如，在史弥远病危期间，赵昀连夜降旨，罢免了梁成大。同年五月，又流放了李知孝到瑞州居住，梁成大到潮州居住，莫泽南康军居住。因趋附史弥远而位居执政的袁韶、因史弥远的亲家而擢任制帅的赵善湘，也都遭到台谏的论劾而相继罢任。其他被罢黜的史党爪牙不胜枚举。赵昀还纠正了宁宗嘉定以来，权臣独相的局面，谨慎地选择宰相，使得这一时期的政治相对稳定。这一时期，赵昀任命台谏四十余人，知名的有洪咨夔、李宗勉、李韶、谢方叔、江万里、程元凤、李昴英等。

但是，史弥远在死前安排的右相兼枢密使郑清之并没有因为史弥远的推荐，而使相位有所动摇。因为郑清之是赵昀的老师，同时又参与拥立赵昀，而深受赵昀的信任。同时，郑清之并不像史弥远那样专断，很配合赵昀的改革。端平二年（1235 年）乔行简开始与郑清之并相，一年以后，赵昀因用兵失利，下罪己诏，郑清之也被罢去相位，但是尽管如此，赵昀对郑清之仍然十分眷顾。

郑清之因参与更化时间最长，对加强边防、整顿财政、荐引贤能贡献颇多而史称“历练老成”。后来的李宗勉与史嵩之在嘉熙三年并任左右相，李宗勉因任相仅仅两年就死在了任上，史称“守法度”，有“公清之相”的美誉。史嵩之其人，不是贤相，却是能臣，他第二次经理京湖防务时，荐士三十二人，董槐、吴潜后来都称贤相。史嵩之任相以后，京湖用孟珙，川蜀用余玠，在其后抗御蒙古南侵中都功绩卓著，可谓识人。但史嵩之因是史弥远之侄，后人对他也没有好感。他与乔行简、李宗勉先后并相，略有史弥远专断的余风，舆论大哗，不断有人上书以儒家伦理抨击他，太学生、武学生与临安的府学生也轮番上书。赵昀便让史嵩之守丧，除服以后，也没有再起用他。

淳祐七年（1247 年），边疆战事紧急，赵昀再次启用郑清之为宰相，但是因郑清之并无贡献，且他的儿子卖官鬻爵，令其政声大坏。1251 年淳祐十一年，郑清之去世，由谢方叔与吴潜并相，吴潜也称“贤相”，但在位仅一年；谢方叔直到宝祐三年（1255 年）才罢相，赵昀之政已由更化图治的前期转入嗜欲怠政的后期。

端平更化是韩侂胄以后，南宋后期黑暗政治中唯一的短暂亮色，对于革除史弥远专政时期的弊政，对稳定赵昀亲政后的政局与社会经济，都产生了一定的积极效果。而赵昀在更化时期重用之人皆是贤良，人才济济，使得政风为之一变，因为端平更化也被称为“小元祐”，不过端平更化的声势虽然很大，但是并没有改变南宋走向衰落的趋势，朝令夕改，治标不治本的南宋朝廷，最终更多体现的仅仅是赵昀想要有所作为的一种态度而已。

联蒙灭金，失去最后的屏障

借助军事同盟以达到消灭敌国的目的，最终反而使盟国演变为更加强大的敌人的事情，在宋朝历史上已经不是第一次了。北宋末年与金国联盟而消灭辽国，最终却使金国成为强大的敌人就是一个非常典型的案例。其实，宋朝与蒙古之间并没有实质性的交往，但是，经过犯下一连串的错误，最终使蒙古越来越强大，成为了一支新兴的主导力量。从本质上来讲，联蒙抗金，使得宋朝重蹈了联金抗辽的覆辙，让宋朝失去了最后一道屏障。

其实，早在南宋初期，宋朝就有人注意到蒙古这支力量的存在了。南宋中后期，蒙古在北方地区迅速崛起，成为继辽、西夏、金之后又一个对宋朝构成巨大威胁的少数民族政权。面对急剧变化的局势，宋朝内部就对外政策产生了争议：一些人出于仇视金朝的情绪，主张联蒙灭金，恢复中原；另一部分人则相对理性，援引当年联金灭辽的教训，强调唇亡齿寒的道理，希望以金为藩屏，不能重蹈覆辙。无休止的争论使宋朝统治者在这两种意见之间摇摆不定，既不联金抗蒙，也未联蒙灭金。然而，随着蒙古与金朝之间战事的推进，金朝败局已定的情况下，赵昀最终选择了不与金朝结盟。

不过，虽然在南宋朝廷内部灭金的声音很响，但联盟的策略一直没有占到上风。而最终致使南宋和蒙古走到一起的，还是金国错估了形势，没有想到和宋朝联合的有利因素，更没有想到去争取南宋朝廷联合抗蒙，反而在得知南宋不再进贡岁币之后，盲目南下抢占地盘，将本来有可能成为盟友的南宋推到了敌人的那一边。

嘉定四年（1211 年），金兵主力盲目出击寻找蒙古军队的主力进行决战，结果连续在野狐岭、会河堡两次会战中败北，主力野战部队损失惨重，一时之间两河地区兵力空虚，局势危如累卵。为避蒙古军锋芒，嘉定七年（1214 年）七月，金国举朝南迁，将两河、山东地区拱手让给了蒙古人。

南迁之后，金国大量增兵驻守关河，蒙古军反而对此束手无策。虽然金国暂时抵挡了蒙古的攻势，但是，仅凭河南一地产出的粮食根本无法供养如此庞大的军队，金国一下子就陷入了严重缺粮的境地。

为了解决这种困境，金国主战派便想要去南宋夺取物资。经过数次商谈，金国决定以“岁币不至”为由发动南侵，金宣宗完颜珣（吾睹补）下令大军分兵从两淮、京湖、四川三个方向对南宋发动进攻。然而，这场战争一打就是七年。结果，金国不仅没有达到夺取物资的目的，反而损失惨重。而这场战争也预示着，宋金联盟的可能性已经不存在了。

金国的盲目南侵破坏了南宋朝廷内部主和派想以金国为屏障的幻想。南侵战争开始后，南宋为了自己的生存，不得不与蒙古展开交往，希望能够借助蒙古对金国的打击来减少自己承受的军事压力。嘉定十一年（1218 年），蒙古派遣特使与南宋接触，赵扩也同样表达了愿意与蒙古进一步接触的想法。

嘉定十三年（1220 年）至嘉定十六年（1223 年），在这段期间，南宋朝廷多次派遣官员出使蒙古，受到了蒙古的热情接待不说，还见到了成吉思汗（元太祖）。随着两国关系的不断升温，南宋的战略决策也逐渐明晰起来。到了 1224 年，新即位的金哀宗完颜守绪（宁甲速）下令停止攻宋，希望能与南宋联合一起，但是由于金国内部大臣的极力阻挠，而南宋方面也不太热心此事，最后还是没有达成联盟。

宝元三年（1227 年），蒙古军队突然进攻南宋川陕地区，但是由于四川制置使郑损做出了弃守关外五州的错误决策，致使自吴玠时代以来，南宋经营百余年的“三关五州”防御体系彻底瓦解。这就是著名的“丁亥之变”。此后，南宋对蒙古愈加冷落，朝内再无和蒙之议，甚至还与金国开展了一定程度的合作。由于没有南宋的支持，蒙古对金国的作战依然没有取得进展，陷入了“入关不能，渡河不可”的尴尬境地，无计可施的蒙古人只好另想他法。成吉思汗病逝时，曾留下遗言：“若假道于宋，宋金世仇，必能许我。”但成吉思汗想法太过简单，未能成功。

绍定三年（1230 年），蒙古的攻势严重受挫，“假道灭金”再一次被提上日程。绍定四年（1231 年），蒙古军攻克凤翔后，窝阔台（元太宗，成吉思汗第三子）召集蒙古诸王大臣商议灭金。最终通过如下决议：拖雷（成吉思汗四子）率右路军自凤翔过宝鸡，渡渭水，迂回四川后沿汉水之下，进入河南，从背后攻击金军；而窝阔台率中路军自白坡渡黄河；斡晨那颜率西路军由济南西下。

由于需要借道南宋，所以，蒙古再次派出李邦瑞使宋，虽然这次南宋接纳了李邦瑞，但其借路的请求却遭到南宋的拒绝。在蒙古军进攻凤州后，利州路安抚使兼知兴元府郭正孙根据当时蒙古军的动向推断出其必将从东道进入宋境，但是，桂如渊却认为蒙古军“必自西入宋境”。

绍定四年（1231 年）四月，蒙古军果然从东道入境，一时之间宋军来不及重新部署，只能眼睁睁看着蒙古军入境。更为恶劣的是，桂如渊此时忘记了自己的责任，不仅没有组织有效抵抗，反而逃到合州躲了起来。随着局势的恶化，无力挽回的宋军不得不主动为“借路”的蒙古军提供粮草和向导，使蒙古军顺利地通过了四川。通过四川后，蒙古军又趁势沿汉水直下京西南路顺利进入到金国境内。

尽管蒙古军已经疲惫不堪，而等待他们的又是以逸待劳的十五万金兵，但是蒙古军还是靠极寒天气在三峰山之战中大败金兵。自此，金国赖以生存的关河边防已经荡然无存了，再加上精锐部队遭受如此巨大的打击，已经离亡国不远了。这个时候，金国已经失去了作为屏障的价值，因此，联蒙灭金就成了当时的主流观点。在绍定五年（1232 年）十一月，蒙古军再次进攻金国的时候，南宋也出兵相助一起围攻开封，最后开封城破，金哀宗完颜守绪被迫逃往蔡州。十二月，完颜守绪得知宋蒙达成了联合协议，派使者前来争取南宋的支持，竭力陈述唇齿相依的道理，说："大元灭国四十，以及西夏，夏亡及于我，我亡必及于宋。唇亡齿寒，自然之理。若与我连和，所以为我者，亦为彼也。"意思是支援金朝实际上也是帮助宋朝自己保家卫国。但是，此时的南宋不会再给金国任何机会。

绍定六年（1233 年），宋军出兵攻占邓州等地，于马蹬山大破金军武仙所部，又攻克唐州，切断了完颜守绪逃跑的退路。十月，史嵩之命京湖兵马钤辖孟珙统兵二万，与蒙古军联合围攻蔡州。端平元年（1234 年）正月，蔡州城被攻破，那个时候完颜守绪为了不当亡国之君，仓促举行禅位仪式，将帝位传给了金国的将领完颜承麟（金昭宗），可惜完颜承麟在位不足一个时辰便被杀死了，成为历史上在位时间最短的皇帝，而完颜守绪也自缢而死，金国灭亡。在当时的情势下，胸怀中兴之志的赵昀以及朝野上下，都表现得报仇心切，虽然在这种情况下，南宋做出联蒙灭金的决策也无可厚非，但同时也失去了保护自己的最后屏障。

"端平入洛"，引狼入室

金国灭亡后，宋蒙双方开战是迟早的事，俨然成了联金抗辽的翻版。端平元年，即 1234 年，金国最后的都城蔡州被攻陷，金国灭亡。按照联盟前的约定，在灭掉金国以后，宋蒙双方的军队应该各自撤回。虽然蒙古答应灭金以后，将河南归还给宋朝，但双方并没有就河南的归属达成书面协议，只是口头约定。所以，河南就成了无人占领的地区。

第八章
志大才疏，有名无实的中兴之梦

血气方刚的赵昀胸怀中兴之志，在灭金后的三四月间，连续派遣官员前去洛阳祭扫北宋诸位皇帝的陵墓，同时也派人暗中进行侦察。而这时的郑清之也一改原来的主和姿态，极力赞成出兵中原，收复失地。在赵昀亲政之后，革除了弊政，提拔了大批新人，赵范和赵葵兄弟就是其中的代表。他们极力主张趁蒙古军撤兵之际，出兵北伐，“抚定中原、坚守黄河、占据潼关、收复三京”。这条建议有着充分的历史依据，因为金国就是靠着潼关黄河防线与蒙古作战了二十多年，迫使蒙古人不得不借道南宋以转攻金后方。

虽然收复中原能够带来极大的声望和荣誉，但是朝中的大多数官员还是反对出师北伐的。参知政事乔行简当时带病在家，听说此事后立即抱病上书道：“今边面辽阔，出师非止一途，陛下之将，足当一面者几人？勇而斗者几人？智而善谋者几人？陛下之兵，能战者几万？分道而趣京、洛者几万？留屯而守淮、襄者几万？”知官告院张煜也认为“蒙古非金仇可比，当选将、练兵、储财、积粟，自固吾圉”。刚返朝的名士真德秀则说：“移江、淮甲兵以守无用之空城，运江、淮金谷以治不耕之废壤，富庶之效未期，根本之弊立见。”在这样一片反对声中，刚刚摆脱史弥远控制而得以“赫然独断”的赵昀，面对此种“大好时机”，屡屡发出“中原好机会”的感叹。收复故土、建立盖世功业的念头最终促使他作出了出兵中原的决定。

赵昀罢免了反对出师的吴渊、吴潜和京湖制置使史嵩之。五月，他又任命赵葵为主帅，全子才为先锋，赵范节制江淮军马以为策应，正式下诏出兵河南。然而，只派了六万军队北伐，试图以这六万人去收复中原。要知道，原先即使是主战派制定的作战计划，仍然表示要在收复潼关和黄河以南后，至少要用十五万百战精锐之师来专职防御，才能守住黄河防线。赵昀固执地仅仅派遣淮西军，一场并不成熟的军事行动就此展开。

六月十二，宋军进军河南。全子才收复南京归德府，随后向开封进发。开封守将为崔立，原本为金国的元帅级人物，受命坚守开封，但开封蒙古军都尉李伯渊、李琦、李贱奴长期遭受主将崔立的侮辱，此时三人杀掉崔立，以开封城投降蒙古。七月初五，全子才率宋军进入汴京城。然而他们看到的，已不是《清明上河图》中那座繁华的都市了，曾经超过百万的人口只剩守军六百余人、居民一千多家。到处都是一片残垣断壁，破败的尸体和森森的白骨更是随处可见，城中没有丝毫的生气。但毕竟他们还是实现了梦寐以求的理想，圆了“靖康之难”以来无数志士仁人的梦。

收复开封的消息传到朝廷，整个南宋朝廷几乎沸腾了。赵昀立刻给官员升官，统帅赵范进封东京留守，前线总指挥赵葵进封南京留守，全子才进封西京留守。赵昀的意图非常明显，他要坐镇后方的赵范快点去汴京，要赵葵和全子才快点把西京洛阳收复了。

其实，蒙古将塔察儿听闻报宋军北进，便率所部蒙古兵退到黄河以北，故意示弱给宋军，以引诱宋军深入。过河之前，蒙古人把黄河南岸的河堤掘开，致使两淮大片的土地变成水泽沼泽，不仅严重地干扰了宋军的行军，就连后勤补给线也被严重破坏，这为后面的兵败埋下了伏笔。

全子才虽于七月初五占领汴京，却一直无法展开军事行动。蒙古人对中原的破坏力远远超过了他的想象，而两淮的运粮队陷入黄河泥潭，寸步难移。赵葵到了汴京后，便指责全子才没有继续西进攻取洛阳。求功心切的赵葵一面派人去催军粮，一面把汴京的军粮先集中给部分兵力，让这部分兵力分到五天的粮食，而后让其先直扑洛阳。而其他留在汴京的部队，等军粮运到汴京后，再出发前往洛阳。于是，宋军前往洛阳的军队，便变成了分批投入，给了蒙古军各个击破的机会。

七月二十八日，宋军第一梯队一万三千人全部进入洛阳城；同日，把五天军粮分成八天吃。后宋军粮尽，宋军陷入了进退两难的境地。七月二十九日，宋将杨义率领的第二梯队一万五千人，经过五六天的长途行军后，抵达洛阳城郊的龙门镇，进入了蒙古军的伏击圈，与蒙古军展开激战，最后宋军大败，只有主将杨义和一部分兵将逃到了洛阳城中。龙门之战，是一场典型的蒙古骑兵伏击战，宋军第二梯队遭到了毁灭性打击，洛阳城里的第一梯队遭到孤立。

龙门之战后，蒙古趁机逼近。宋军无援无粮，而洛阳城大人少，守城也是不可能的。于是监军徐敏子决定趁着蒙古军主力未到，突围回师于八月初一渡过洛河，背水列阵。蒙古军率先发起攻势，多次冲击宋军阵营。宋军作战顽强，屡次击退蒙古军，双方胜负相当。尽管宋军在正面战斗中不落下风，但固守无望，徐敏子只好率宋军再次突围。蒙古军以骑射手在后面追杀。宋军的绝大多数人战死，最后只有徐敏子带三百步兵，幸运地逃回了光州。

宋军在洛阳溃败的消息传到汴京后，赵葵和全子才知大事不好，认为只有撤军才最脱险。不料，士兵们撤退过程中极无纪律，致使后军溃散，全部辎重遗弃在了中原。宋军此次共出动六万人，结果是丧失近半、寸土未得。这让赵昀极为恼怒。他首先处理了主战官员与将领；其次，赵昀下达罪己诏。他骂自己“朕以寡德”，承认“兵民之死战斗，户口之困流离，室庐靡村，胳胔相望，是皆明不能烛，德有未孚，上无以格天心，下无以定民志”。“托予小子不替上帝名，欲图绍复之功，岂期轻动于师干，反以激成于边祸，至延强敌，荐食神州。”“斩桑伐枣破屋流离之状，朕既不得见；慈父幼子寡妇哭泣之声，朕亦不得闻。”表示要“下诏以陈轮台之悔，益申儆于边防。”最后，赵昀的对外态度发生了大转变。端平入洛的失败给了他很沉重的打击，先前一度高涨的热情，取而代之的是消极保守，并且贯穿在他之后的朝政中。

端平入洛，不但使南宋损失惨重，而且标志着宋蒙的联盟已经公开破裂。更重要的是，“端平入洛”使蒙古找到了进攻南宋的借口，蒙古由此开始了攻宋战争。就在同年年底，蒙古使者王檝来到临安，谴责宋廷“败盟”；次年，窝阔台发动了全面侵宋战争。可以说，端平入洛是持续半个世纪的宋蒙战争的导火索。

昏庸嗜欲，宦官内外勾结

端平入洛后，蒙古的崛起和向南发展，对南宋构成了严重的威胁，南宋王朝面临着严重的形势。南宋国策的失误致使蒙古国全面侵宋的开始，赵昀联合蒙古灭金，自取灭亡，北伐失败寸土未收，反倒丢失了大批士兵的性命和辎重。发完罪己诏的赵昀，此时受到了严重的打击，致使之前一度高涨的斗志完全消失，取而代之的却是怠于政事，沉迷于声色犬马之中。

蒙古军队开始南下侵宋时，宋朝廷的大权已经掌控在颇被赵昀信任的谢方叔等人手里。这些人结党营私，致使贪贿之风盛行，他们还陷害忠良，干尽坏事。蒙古军撤退后，尤其是端平入洛后，朝廷和后宫也出现了一批窃威弄权之徒，朝政大坏。阎妃是赵昀晚年最宠爱的妃子，淳祐九年（1240 年）九月，赵昀封阎氏为贵妃。赵昀对阎妃赏赐无度，动用国库为其修功德寺，比自家祖宗的功德寺还要富丽堂皇，时人称之为“赛灵隐寺”。阎妃在赵昀的宠爱下，骄横专恣，干权乱政。淳祐十一年（1251 年），左丞相兼枢密使谢方叔将抗击蒙古南侵中战功卓著的余玠迫害致死。

鉴于唐代严重的宦祸，宋代对此防范很严，“宦官不得干政”已成为宋代的一项祖宗家法。但赵昀后期，追求享乐，昏庸嗜欲，宦官弄权也随之而起。董宋臣是赵昀的贴身内侍，善逢迎，很得赵昀的欢心。赵昀晚年好女色，三宫六院已满足不了他的私欲，董宋臣引临安名妓唐安安入宫淫乐。起居郎牟子才上书劝诫赵昀：“此举坏了陛下三十年自修之操！”赵昀却让人转告牟子才不得告知他人，以免有损皇帝的形象。

董宋臣在赵昀的宠信下，勾结宰相丁大全，恃宠弄权，不可一世，人们把他称为“董阎罗”。宋人记载当时宦官专权的情况，“一时声焰，真足动摇山岳，回天而驻日也”。

丁大全是南宋奸臣，赵昀朝中后期的宰相，著名奸臣，外号“丁青皮”。赵昀执政后期，朝廷又相继落入丁大全、贾似道等奸相之手，国势急速衰败。丁大全本人寡廉鲜耻，贪财好色，他为儿子聘妇，见儿媳长相标致，竟夺为己妻，为世人所不耻。当时的宰相董槐为人刚正不阿，丁大全希望巴结董槐以取高位，被董槐拒绝，丁大全于是日夜谋划报复董槐。宝祐四年（1256），赵昀下诏罢免董槐，而丁大全此时也正好上奏弹劾董槐，于是他没等罢免诏书下达，就在半夜率士兵百人持刀包围董槐家，恐吓董槐要把他送交大理寺审讯，随后将董槐胁迫至临安城外，弃之而去。

丁大全驱逐宰相的举动使得朝野上下一片哗然，太学生陈宗等六人上书揭露丁大全之奸，时人誉之为“六君子”。丁大全反过来指使台谏官翁应弼、吴衍弹劾六人，最后将六人开除学籍，流放边州，同时禁止三学（太学、宗学、武学）学生妄议国政，消弭来自朝廷内外不同的声音，并借机扼杀反对其擅权的力量。弹劾董槐之后，丁大全又晋升为右谏议大夫、端明殿学士、签书枢密院事，进封公。

在外廷与丁大全勾结的是马天骥。马天骥，衢州人。马天骥绞尽脑汁送了一份别出心裁的大礼，得到赵昀的欢心，与丁大全同时被任命为执政。阎、马、丁、董四人内外勾结、专擅弄权引起很多正直人士的不满，有人在朝堂门上写下“阎马丁当，国势将亡”八个大字，意在警告赵昀如果再信用奸佞，国家前途堪忧。赵昀意识到自己在用人方面的失误，也采取一些措施加以补救。宝祐五年（1257 年）六月，马天骥任执政刚刚八个月就被罢免。

赵昀不仅贪恋美色，重用宦官，还大兴土木，劳民伤财。理宗时，官府的赋税名目繁多，科税极重，有时竟提前征收，甚至提前六七年征税，使百姓痛苦不堪。皇室贵族、官员大量兼并土地，强夺民田，有的官宦之家霸占的田产竟高达千亩。赵昀的残暴统治，激起农民群众的强烈反抗，起义斗争此起彼伏。农民起义沉重地打击了南宋的统治，使南宋王朝走向灭亡之路，就在此时，南宋朝中出现了奸臣贾似道，赵昀把朝中大权交给贾似道掌握。贾似道，台州人，其姐姐为赵昀贵妃，赵昀对他格外器重，任他为右相兼枢密使，并派他负责对蒙古军事。但贾似道才疏学浅，不懂军事，因而干尽卖国误国害民之事。

开庆元年（1259 年），蒙古大汗蒙哥（元宪宗，成吉思汗之孙，拖雷长子）进攻合州（今重庆合川区），遭到宋朝知州王坚的顽强抵抗，使蒙哥久攻不克，中箭身亡。但是创建奇功的知州王坚不仅没有得到重用，反而因怕他功大压相而遭到排斥，不久在忧愤中死去。蒙古入侵，丁大全由于隐瞒军情，被罢免了宰相职务。在众人的论劾之下，赵昀将其流放海岛，途中被押送官毕迁挤落水中淹死。

同时，蒙古军队在忽必烈的率领下，围攻鄂州。赵昀命贾似道以右丞相领兵救援，出兵汉阳。贾似道置国家利益于不顾，擅自派使者求和，向忽必烈要求称臣纳款。恰在这时，蒙哥战死的消息传来，忽必烈急于回去争夺汗位，便答应了贾似道的要求，以南宋称臣，割让长江以北之地，纳岁币银二十万两、绢二十万匹的条件议和，忽必烈不战取胜。贾似道回去之后，对赵昀和朝廷隐瞒了割地赔款求和的真相，上奏赵昀邀功请赏，谎报他取得了胜利。昏庸的赵昀加封他辅佐国君的少师、卫国公。

蒙古退兵，南宋的朝廷并没有停止灭亡的脚步，阎贵妃于景定元年（1260 年）病逝。但宦官董宋臣还活着，虽然赵昀于景定元年将他流放到安吉州编管，但对他始终眷遇有加，董宋臣比赵昀早死几个月，赵昀特赠其为节度使，以示优宠。

景定五年（1264 年）十月，赵昀病重，他下诏遍求名医进宫，诏曰，有能为他治好病的，赐给良田、金银财帛，授以高官厚禄，但无人来征。不久赵昀病故，贾似道拥立太子赵禥继位，是为宋度宗。纵观南宋一代，昏庸无能的皇帝颇多，尤其是南宋王朝后期的几代帝王。但南宋走向灭亡之路是从赵昀开始的，由于他的腐败无能，昏庸不辨忠奸，任用奸相佞臣，排斥打击忠臣良将，生活上荒淫奢侈，致使南宋统治日益腐败，朝纲不济，终于被蒙古所灭。

先天不足的皇帝

度宗赵禥，是南宋第六位皇帝，宋朝第十五位皇帝，太祖十一世孙，理宗赵昀之侄，荣王赵与芮之子，初名孟启，又名孜、长源。理宗赵昀无子，收其为养子，先后封为建安王、永嘉王、忠王；景定元年（1260年），被立为太子。理宗于景定五年（1264年）十月病死，他于同日继位，第二年改年号为“咸淳”。

赵昀曾经有两个儿子，即永王赵缉和昭王赵绎，但都夭折了。此后，后宫再没有为赵昀生下皇子。吏部侍郎兼给事中洪咨夔曾建议赵昀选宗室子弟养育宫中，择其优者为皇子，但赵昀此时刚过中年，仍然希望后宫能产下一子，所以没有采纳。淳祐六年（1246年），赵昀已经年过四十，仍然没有儿子，而立储之事已经不能再无限期拖延下去，遂开始物色皇子人选。从感情和血缘关系来讲，赵昀理所当然地倾向于亲弟弟赵与芮的儿子赵禥。

赵禥于嘉熙四年（1240年）四月初九出生，小名德孙，母黄氏。黄氏名叫定喜，是赵与芮夫人李氏陪嫁而来的侍女，地位十分低下，后被赵与芮看中，二人有了夫妻之实。黄氏怀孕的时候，担心由于自己的地位影响孩子的未来，曾服药物堕胎，但没有成功。赵禥极有可能是在母腹中受药物影响，发育迟缓，手脚发软，很晚才能走路，七岁才会说话，智力也低于正常孩子。《宋史·度宗本纪》记载，所谓度宗“资识内慧，七岁始言，言必合度，赵昀奇之”，除了7岁才会说话为事实以外，其余夸赞都应该是出于史家的溢美之词，不足为信。

当时曾流传很多赵禥出生时的神话，赵与芮的母亲全氏说夜晚梦到神仙对她说：“帝命汝孙，然非汝家所有。”也就是说，上天虽然给你送来一个孙子，但却不能继承本家香火，言外之意自然是要成为别人的孩子。这显然是骗人的把戏，赵昀、赵与芮兄弟均为全氏之子，完全不存在这样的问题。赵与芮的夫人钱氏曾梦到日光照亮黄氏居住的屋子；黄氏则说有彩衣神仙抱着一条小龙放到自己怀中，随后怀孕，赵禥出生的时候，屋内有红色光芒发出。这些神话大概是赵禥被选为皇子以后编造出来的，目的是为了向世人表明赵禥继承皇位乃天命所定，这是历代以来君权神授观念的必然结果。

赵昀既然有了立赵禥为皇子的愿望，便于淳祐六年十月将他接入宫内接受教育，赐名孟启。宝祐元年（1253年）正月，又立他为皇子，赐名禥，正式确立了皇储身份；十月，又封赵禥为忠王。由于赵禥的先天缺陷，当朝大臣多反对将他立为皇储。赵昀为了说服大臣，甚至以完全虚幻的梦境来证明自己的想法是正确的，他说曾梦到神人相告“此（指赵禥）十年太平天子也”。赵昀此举表明立储之事遇到了很大的阻力，只好采取这种无奈而带有欺骗性的手段。然而，赵昀自己万万没有想到的是，自己说出的话竟然在若干年后成为现实，赵禥后来果然做了10年天子，只是天下并不太平，而是兵荒马乱，民不聊生。

赵昀曾向宰相吴潜表示要立赵禥为太子，吴潜上奏曰：“臣没有史弥远那样的才能，忠王恐怕也没有陛下那样的福分。”赵昀当初是在史弥远的扶持下篡夺了皇子赵竑的皇位，吴潜此话，一语双关，不但反对立赵禥为太子，而且触及到赵昀与史弥远阴谋篡位的痛处。这让赵昀十分尴尬，却无言以对，毕竟吴潜说的是事实。然而，立太子乃国家大事，宰相在此问题上的态度具有重要影响，赵昀不能置吴潜的意见于不顾，遂有罢免吴潜之意。

赵昀与吴潜之间的隔阂由来已久。当初宋蒙交战之际，由于军情紧急，吴潜行事往往先斩后奏，这种行为让赵昀深为不满。开庆元年（1259年），蒙军渡过长江，围攻鄂州，赵昀询问吴潜对敌之策，吴潜主张赵昀迁都以避敌锋芒，自己死守临安。赵昀竟哭着质问吴潜："你想作张邦昌吗？"言外之意，就是指责吴潜要另立朝廷，图谋篡位。蒙古军撤走以后，赵昀对群臣说："吴潜几误朕。"显然是将君臣之间的不和公诸于众。

二人之间在立储问题上的分歧，被右丞相贾似道利用。贾似道与吴潜早有矛盾。鄂州之战前，吴潜听从监察御史饶应子的建议，让贾似道移屯黄州。黄州乃是军事要冲，贾似道以为吴潜此举是要将他置于死地，因此怀恨在心。此时贾似道趁机上书，力主立忠王赵禥为太子，以迎合赵昀之意，又命侍御史沈炎罗织吴潜指挥作战不力、在立储问题上"奸谋不测"等罪名。赵昀于是罢免了吴潜，扫清了立储问题上的一大障碍。景定元年（1260）六月，赵昀下诏立忠王赵禥为太子。

赵禥即位后，孱弱无能，其荒淫甚于理宗赵昀，整天宴坐后宫，与妃嫔们饮酒作乐；封贾似道为太师，倍加宠信，将朝政统统委托给他。贾似道见赵禥比赵昀还要昏庸，就更专横跋扈，目无天子，稍不如意，就以辞官相要挟。赵禥唯恐他不辞而别，总是卑躬屈膝地跪拜，流着眼泪挽留他，特授贾似道平章军国重事，许他三日一朝，后来放宽到十日一朝；而且每次退朝，赵禥总要离座目送他走出大殿，才敢坐下；又为他在西湖葛岭建筑了绝妙精美的住宅。贾似道大肆淫乱，至使朝政昏暗。

而忽必烈夺得蒙古汗位，稳定内部之后，即派兵侵犯南宋四川地区，并沿汉江南下；于度宗咸淳四年（1268年）包围襄阳，次年又围攻樊城。贾似道隐匿不报，也不派兵增援，以至襄樊被围攻了三年，形势十分危急。后来，赵禥知道了，追问贾似道。贾似道仍然隐瞒真相，说："北兵已经退去，这是谁造的谣？"赵禥回答是一个宫女告诉他的，贾似道就将那宫女杀了。如此腐朽的统治，使宋朝到了灭亡的前夜。

咸淳九年（1273 年）正月，樊城被元军攻破；二月，襄阳守将吕文焕在粮尽援绝的情况下献城投降。消息传来，贾似道假装率军出征，胆小无能的赵禥偏要死死拖住贾似道，不让他出征。作为一个皇帝，他始终受制于权臣贾似道，被贾似道玩弄于股掌之间。

似道误国，襄樊失守

贾似道，字师宪，号悦生、秋壑，浙江天台屯桥松溪人；贾涉之子，生母胡氏是贾涉的小妾；赵昀时重要的权臣。端平元年（1234 年）以父荫为嘉兴司仓、籍田令。嘉熙二年（1238 年）登进士，为理宗赵昀所看重。淳祐初以宝章阁直学士为沿江制置副使，任江州知州，兼江南西路安抚使，再调京湖制置使，兼江陵知府，加宝文阁学士、京湖安抚制置大使。宝祐二年（1254 年），加同知枢密院事，临海郡开国公。理宗以“师臣”相称，百官都称其为“周公”。

理宗绍定五年（1233 年），蒙古向南宋政府提倡“联蒙灭金”的条文，与蒙古结成盟友。后来于端平元年（1234 年），宋蒙联军成功灭金，但蒙古却违背之前定下来的条文，把宋应得的土地削减；宋出兵强行索要土地，但无济于事，惨败而归，更被蒙古以“违约”名义入侵。自此之后，蒙宋双方不断发生战争。

蒙哥即位后，派他弟弟忽必烈和大将兀良合台进军云南，控制了西南地区。宝祐六年（1258 年），蒙哥分兵三路，进攻南宋：他自己亲率主力进攻合州，忽必烈攻打鄂州，另一路由兀良合台率领，从云南向北攻打潭州，准备三路会师后，直取临安。蒙哥的军队进攻合州时，合州宋将王坚和全城军民奋起反抗，坚守合州东面的钓鱼城。蒙古军把钓鱼城围了五个月还没有攻下来，蒙哥还在攻城的时候被炮石打中，受了重伤，回到大营不久就死了。

忽必烈正向鄂州进兵，还没过江，得到蒙哥的死讯，有人劝他赶快回到北方去争夺汗位。但是，忽必烈不想空手而回，于是就派几百人的敢死队当先锋，强渡长江。宋兵没有防备，溃败下来，蒙古兵就大举渡江，把鄂州围住。危机再次降临了这个风雨飘摇的南宋朝廷。赵昀当即下令各路宋军前往鄂州救援，又任命贾似道为右丞相兼枢密使，到汉阳督战。

然而，这个新丞相原本就是个不学无术的浪荡子，靠着他的姐姐是理宗的宠妃才得了官位。他当上官后，什么事都不干，经常带着一批歌女在西湖上喝酒作乐。现在，赵昀要他去汉阳督战，虽然他自知没什么本事，但也还是硬着头皮去了。有一次，他听说前面有一队蒙古兵，吓得直打哆嗦。后来，蒙古兵抢了一些财物走了，贾似道才拍拍胸口，喘了口气。眼看忽必烈的攻势越来越猛，贾似道就瞒着朝廷，偷偷地派亲信到蒙古军那里求和，表示只要退兵，宋朝就愿意纳贡称臣。而这时候，忽必烈也得到消息称蒙古一些贵族正在准备拥立他的弟弟阿里不哥做大汗。忽必烈急着想回去争夺汗位，就答应了贾似道的请求，订下了秘密协定；贾似道答应把江北土地割给蒙古，并且每年向蒙古进贡银、绢各二十万。忽必烈得了贾似道的许愿，就急忙撤兵回北方去了。

私下议和后，贾似道与其他将领会师，趁着蒙古军退兵之际进行攻杀，杀伤了蒙古军一百七十多人。这在蒙古军那里是微不足道的，但是，贾似道却大书特书地夸耀自己的战功。贾似道回到临安，把私自订立和约的事隐瞒了下来，然后向皇帝禀奏已经把长江一带的敌人全部肃清了。赵昀听后非常高兴，当即敕封贾似道为卫国公与少师，更大力赞扬贾似道，令朝中的文武百官恭迎贾似道“凯旋”。之后赵昀罢免了宰相丁大全，从而使贾似道得以专权。贾似道得势后，立即作威作福，向赵昀谗谮在军营中对他“无礼”的曹士雄与向士璧，称其曾在军中贪污及盗取官钱，结果两人被流放。另一位将领高达曾在军中讽刺贾似道，于是贾似道在赵昀面前说高达的不是，希望可以除去高达；幸而赵昀还有点理智，没有杀死高达。

忽必烈回到北方后，马上得到了多数贵族的支持，顺利地继承了大汗之位。他这时候想起来在鄂州与贾似道定下的协议，于是就派使者郝经到南宋去，要求履行和约议定的条件。郝经到了真州，先派副使带信给贾似道。贾似道一听郝经要到临安来，怕他的骗局露馅，赶快派人到真州把郝经扣了起来；忽必烈听到这个消息，气得要命。但是，这个时候，蒙古内部发生了内讧，忽必烈的弟弟阿里不哥开始跟忽必烈争夺汗位，致使忽必烈无暇顾及南宋这边的事。

贾似道靠欺骗过日子，居然做了十几年的宰相。赵昀死后，太子赵禥即位，就是宋度宗。他封贾似道为太师，拜魏国公。贾似道为了测试自己在朝中的地位，便在赵禥面前说自己年事已高，需返乡受福；赵禥为了不失去这个“军事奇才”，便下旨准许贾似道可六日才上朝一次，也不用如百官般行礼，到后来更是十天上朝一次。贾似道已证明了自己在朝中的地位几乎与皇帝相似。

景定五年（1264 年），忽必烈击败了阿里不哥，彻底结束了蒙古持续四年的内乱。同时，忽必烈开始改变先前蒙古大汗的做法，不再对占领后的南宋城池进行屠城式杀戮，改为用各种手段招降南宋将领。同期，忽必烈灭宋战争的进攻重点改为襄樊，实现了由川蜀战场向荆襄战场的转变。南宋襄樊地处南阳盆地南端，襄阳和樊城南北夹汉水互为依存，“跨连荆豫，控扼南北”，地势十分险要，自古以来为兵家必争之地，也是南宋抵抗蒙古军队的边陲重镇。

自从淳祐十一年（1251 年）高达收复襄阳后，南宋朝廷对襄阳的战略性便开始重视。赵昀调拨了大量人力物力，经过十几年的大力经营，襄阳重新成为城高池深、兵精粮足的重镇，成为南宋长江中上游的门户和屏障。当时，襄阳守将吕文德在与蒙古军几十年的战斗中，不仅积累经验，也培养了一批家族武装。但是吕文德上献媚于贾似道，下打击异己；正因为这样才导致了不少将领为了自保，纷纷投降忽必烈。特别是孟珙的爱将刘整由于看到其他将领受到打击杀害就向忽必烈投降了。他所率领的水师十分精悍，于是蒙古终于得到了梦寐以求的水师。而后，为表忠心，刘整又向忽必烈提出了先取襄阳，再攻临安的亡宋战略，被忽必烈采纳。

咸淳三年（1267 年）十一月，京湖安抚制置使吕文德犯了一个严重的错误，就是他竟然允许蒙古军在樊城外置榷场；于是蒙军很快进筑起堡垒，一下就断绝了襄樊的粮道。等到吕文德明白过来，知道自己误事，又气又急，一病不起。咸淳四年（1268 年），忽必烈派阿术为主将、刘整为副将率领蒙古军队和降蒙的南宋水师攻打襄樊。在得知襄樊被围后，宋王朝急忙下令四川和两淮的援军增援襄樊；同时京湖安抚制置副使、襄阳知府吕文焕，也几次主动出击，力图打破蒙军的包围，但是都没有成功。

咸淳五年（1269 年），两淮都统张世杰，率马步舟师最先赶到襄樊，与蒙古军在襄阳东南的汉江上进行了一场大战。然而，张世杰不敌蒙古军，被迫退回。随后赶到的四川安抚制置使夏贵，则利用春季汉水暴涨，以战船将粮衣等物资送入襄阳城内。同年六月，荆鄂都统唐永坚，自襄阳城杀出，结果兵败被俘投降。七月，夏贵率五万军队、三千艘战船，再度增援襄阳，却遭沿江蒙古军的堡垒猛烈阻击，增援未果。十二月，吕文德病故。京湖战场宋军失去了临边四十年最具威望的军事指挥官，给襄阳保卫战带来了重大的消极影响。

蒙古军采用“围点打援”的战术，死死困守襄阳三年。到了咸淳九年（1273 年）的时候，襄阳城里已经面临着巨大的困境，特别是樊城失陷后，襄阳再无所恃，城中也早已粮柴短缺，士气低落。在这个时候，元朝派人劝降，吕文焕在同年二月举城投降，襄阳战役正式结束。

说贾似道误国，是因为在蒙古军攻打襄阳的时候，为了不让赵禥知道消息，贾似道分别杀死了透漏消息的宫女和革职了上奏章向赵禥告急的一些官员。随后，襄阳在蒙古兵围攻下，越来越危急，贾似道却每天躲在他的葛岭别墅里。有一次，有个亲信官员去找他，他正趴在地上跟他的几个侍女斗蟋蟀。那个官员拍拍贾似道的肩膀说："这难道也是国家大事?"然而，当时贾似道正玩得起劲儿，没把襄阳之困当回事。当襄阳终于被攻破的时候，南宋朝廷大为震动，而这时候，贾似道知道已经瞒不住了，于是就把责任推到了襄阳守将身上。

赵禥离世后，元军攻占了鄂州，南宋太学生提议贾似道亲征出战。在群众压力下，贾似道不得不上阵，但他胆小如鼠贪生怕死，根本不思抗击，只是一味求和。他给元丞相伯颜送上礼品，请求割地赔款，但伯颜责他不守信义，拒绝议和。忽必烈看到南宋朝廷如此腐败，便决定一鼓作气消灭南宋。他派左丞相伯颜率领元兵二十万，分两路进军。伯颜攻下鄂州，沿江东下，直取临安。命令元军在长江两岸发起进攻，宋军全线崩溃。

襄阳之战是决定南宋命运的关键一战，南宋参加最后一次襄阳战役的主要是吕氏军事集团的部队；虽然他们浴血奋战的功绩不容抹杀，但由于指挥失误迭出，以及南宋王朝的腐败自毁长城，最终导致了这一关键战役的失败。襄樊之战之后，南宋没有几年便迅速地败亡了。

第九章 帝国倾覆，宋室覆灭终成灰

经过理宗、度宗两朝的腐败统治，南宋已是日落西山，气息奄奄。

宋末帝赵昺，是宋朝最后一位皇帝。他在位时以崖山为据点，起用张世杰抗元，陆秀夫整顿内政。但是回天无力，南宋最终还是在崖山海战中被元军打败，全军覆灭，陆秀夫背着赵昺跳海而死。南宋最后一位皇帝死去，宋王朝灭亡。

垂帘听政的丑皇后

谢道清，浙江临海人，其祖父谢深甫，官拜右丞相，以“为相稳健”著称，封鲁国公、信王；其父谢渠伯官至朝奉大夫，追封卫王。她是理宗赵昀的皇后，赵禥时尊为皇太后，恭帝时更尊称太皇太后，并垂帘听政，主持朝政。她是南宋知名的女政治家，在历史上是一位不可多得的出色女子。

据说，当时贾涉的女儿特别漂亮，同谢道清一同候选。入宫后，赵昀一眼就看中了贾氏，但杨太后说：“谢女端重有福，宜正中宫。”赵昀没有法子，只好策立谢道清为后。

开始时，谢道清被封为通义郡夫人，宝庆三年（1227 年）九月，进封贵妃。绍定三年（1230 年）十二月，由杨太后做主，谢道清被赵昀册封为皇后。谢道清虽然年轻资历浅，但她在宫廷内举止端庄、知书明礼、好学不倦，为宫内上下所尊敬，尤其深得赵昀之母杨太后的喜爱。

赵昀在位长达四十年之久，是一位毫无作为的皇帝。谢道清虽然是皇后，但还是竞争不过贾贵妃，赵昀专宠贾贵妃一人；贾贵妃死后，阎贵妃又因为美貌而受宠幸。谢道清从来不计较赵昀专宠谁，赵昀虽然不爱她，却对她很敬重，礼遇有加。谢道清作为皇后，平时颇留意国事，明析时政，尽力佐助皇帝。当时，南宋朝廷有一段较长时期的稳定，谢道清实在是功不可没。

开庆元年（1259 年），元军大举进犯南宋，包围鄂州（今湖北武昌），大有顺长东下，消灭南宋之势。南宋朝廷一片惶恐，宦官董宋臣向赵昀建议从临安迁都到四明（今浙江宁波），以避元军锋芒。谢道清坚决反对迁都，对赵昀说："如果迁都，军心，民心必然动摇，后果不堪设想。"赵昀这才没有迁都。

景定五年（1264 年），赵昀病逝，十六岁的赵禥即位，改元咸淳，尊谢道清为皇太后。当时宰相贾似道专政。贾似道声色犬马，使得朝政昏暗。襄阳受到元军围攻了两年，形势危急，他却隐匿不报，也不派兵增援。时年五十四岁的谢道清，一面忍受理宗皇帝去世的伤痛，一面挑起了协助新君初政的重任。在内忧外患的危难时刻，她十分艰辛地扶助赵禥熬过了十一个春秋，使风雨飘摇中的半壁江山得以残存。

咸淳三年（1267 年），谢道清被尊为寿和圣福皇太后，进封三代，即其父谢渠伯为魏王，祖父谢深甫、曾祖谢景之，都封鲁王。咸淳十年（1274 年）七月，宋度宗病逝，与理宗皇帝安葬于绍兴富盛攒宫。赵禥年仅四岁的儿子恭宗赵显即位，谢道清被尊为太皇太后，众大臣奏请谢道清垂帘听政。时年六十五岁的谢道清虽推辞再三，最后还是应允众大臣的奏请，毅然挑起扶幼理政的重担。

当时蒙古军已经占据襄阳，又于十二月攻占鄂州，正沿长东下，谢道清命贾似道率军十三万迎敌。次年二月，贾似道几乎未加抵抗，和几个属下一起抛弃其统领的十三万精兵，乘小船逃走（丁家洲之战），南宋主力尽丧，蒙古军乘势长驱东下。德祐元年（1275 年）初，二十万元兵破鄂州，沿长江东侵，谢道清命丞相贾似道领兵御敌。贾似道畏惧元兵，无心作战，竟去巴结元军头领伯颜，送去黄柑、荔枝等礼物，但伯颜不买账。宋兵在鲁港被元军击败，贾似道躲避到扬州。

南宋王朝国力衰微，诸事棘手。谢道清处变不惊，沉着冷静地应对连年战乱和巨大的军费支出，诏令"汰冗员，节费用，蓄国力"，以其所能致力于变革朝政、蓄养国力的各项主张。当时，"内除奸，外御侮”，是谢道清面临的最大难题。

贾似道兵败误国，朝野一片震恐，要求杀之以谢天下。在强大的压力下，谢道清于德祐元年（1275 年）三月罢了贾似道的相权，与此同时，尽改以往贾似道不恤百姓之弊端，清除贾似道的同党，平反被贾似道诬陷的冤案。但此举无法平众怒，朝廷内外都坚决要求处死贾似道；谢道清无奈，只得把他贬到偏远的广东一带。在途中，贾似道被监送人郑虎臣所杀。

贾似道死后，南宋已经没有精锐军队可用，京都的那些醉生梦死的官僚们纷纷逃离，连招呼都不打，左丞相留梦炎也弃官循逃，令主持朝政的谢道清心寒不已。忍无可忍，她愤而起草一份诏书，张贴于朝堂，诏书曰：“我大宋建国三百余年，对士大夫向来优礼有加，眼下我与新君多难，大小朝臣无一人一语号召救国，以平日所读圣贤之书，所许谓何！于此作此举措，生何面目对人，死何以见先帝。”

德祐元年（1275 年）六月，发生了日食，当时人们认为这是凶兆，谢道清只好削“圣福”（即节约皇室开支）以应天变。丞相年老多病，不能理事，陈宜中、留梦炎等人庸懦无能，每天只在朝堂互相指责。当将军张世杰兵败于焦山后，陈宜中弃官逃跑，谢道清累召不来。由于无人可用，谢道清只好写信给陈宜中的母亲，让她劝陈宜中以国事为重；十月，陈宜中才回来。谢道清又亲自写信召夏贵等发兵勤王，信中说：“即使我母子不足念，难道不报先帝之德吗？”夏贵等也罕有来勤王的。

谢道清虽有心回天，力挽狂澜，但南宋王朝到了度宗、恭宗时期，已是强弩之末。面临残局，谢道清御侮之志依然不移，她几番亲书急诏，调集各路军马奋力抗敌。一批英雄豪杰，奋起与元军苦战：赣州知州文天祥招募数万义兵赶来护卫临安；台州杜浒招募义兵四千奔赴临安，江南大地涌动着抗击入侵的风云。但是，与锐气旺盛的元军抗衡，宋军明显寡不敌众，加上南宋上下人心浮动，主和派势力抬头，对于谢道清的抗敌诏令，响应者逐渐减少。

当月，元兵攻破常州，临安门户独松关也危在旦夕，京城为之震动。谢道清遣陆秀夫等请求议和，元军不同意。陈宜中带头同大臣一起建议迁都，谢道清不同意，陈宜中痛哭固请，不得已而从之。第二天当启行时，由于陈宜中在仓促中没有安排好，宫车已经驾好，天都晚了，陈宜中还不来，谢道清在怒气中下令不迁都了。德祐二年（1276 年）正月，谢道清命令陈宜中出任议和特使，到元军中谈判，可以用臣礼，陈宜中很为难。谢道清哭着说："只要能保存社稷，还计较什么臣不臣的称呼。"不多久，元兵前出到皋亭山，陈宜中又逃跑了，文武百官也都纷纷逃走。面对强敌将临，谢道清提升文天祥为左丞相，派他与元军统帅伯颜谈判。在谈判中，文天祥严词斥责元军的入侵，元军头领恼羞成怒，将文天祥扣押。急难中，谢道清让陆秀夫等旧臣携幼主出逃南方，企望赵氏一脉得以延续。

二月，元军进驻钱塘，南宋全然失去了抵抗能力。恭帝和谢道清都当了俘虏，忽必烈为了瓦解南宋残余势力的斗志，对谢道清和恭帝都很优待，封恭帝为瀛国公。八月，谢道清来到元朝的京师，忽必烈封她为寿春郡夫人。七年后，即元至元二十年（1283 年），南宋亡国太后谢道清病死于异国他乡，后归葬于家乡，墓葬邻近其父亲的墓地。

崖山海战

崖山海战，又称崖门战役、崖门之役、崖山之战、宋元崖门海战等，是祥兴二年（1279 年）宋朝军队与蒙古军队在崖山（今广东新会南崖门镇）进行的大规模海战，也是古代中国少见的大海战。这场战役直接关系到南宋的存亡，因此也是宋元之间的决战。战争的最后结果是元军以少胜多，宋军全军覆灭。南宋灭国时，陆秀夫背着少帝赵昺，投海自尽，许多忠臣追随其后，十万军民跳海殉国，场面蔚为悲壮。

此次战役之后，赵宋皇朝陨落，同时也意味着南宋残余势力的彻底灭亡，元朝最终统一整个中国。崖山位于今中国广东省江门市新会区南约五十公里的崖门镇，银洲湖水由此出海，也是潮汐涨退的出入口。东有崖山，西有汤瓶山，两山之脉向南延伸入海，如门束住水口，就像一半开掩的门，故又名崖门。

元朝军队在襄樊之战大破宋军以后，直逼南宋首都临安（今浙江杭州），德祐二年（1276 年）宋朝朝廷求和不成，于是太皇太后谢道清、太后全氏（全皇后）带着五岁的小皇帝宋恭帝赵显投降。宋度宗赵禥的杨淑妃由国舅杨亮节陪同，在谢道清密命殿前禁军护卫下，带着自己的儿子即广王赵昰以及俞修容的儿子卫王赵昺出逃，在婺州（现浙江金华）与大臣陆秀夫，再到温州后与张世杰、陈宜中、文天祥等会合。接着进封赵昰为天下兵马大元帅，赵昺为副元帅。元军统帅伯颜继续对二王（即广王赵昰和卫王赵昺）穷追不舍，于是二王只好逃到福州。不久，刚满七岁的赵昰登基做皇帝，是为宋端宗，改元“景炎”，尊生母、宋度宗的杨淑妃为杨太后，加封弟弟赵昺为卫王，张世杰为大将，陆秀夫为签书枢密院事，陈宜中为丞相，文天祥为少保、信国公并组织抗元工作。

崖山海战图陷，端宗赵昰的南宋流亡小朝廷直奔泉州。张世杰要求借船，却遭到泉州市舶司、阿拉伯裔商人蒲寿庚的拒绝，随即早有异心的蒲寿庚投降元朝。张世杰抢夺船只出海，南宋流亡朝廷只好去广东。赵昰准备逃到雷州，不料遇到台风，帝舟倾覆，赵昰差点溺死，因此得了惊悸之病。

左丞相陈宜中建议带赵昰到占城（今越南南部），并亲自跟随前往占城，但后来赵昰、赵昺数次召他回来都不返；最后逃到暹罗（今泰国），死在那里（陈根本没去越南，而是到海陵岛躲了起来，宋亡后变成某支田姓的祖宗)。赵昰因落水染病，不久死去，由弟弟七岁的卫王赵昺登基，年号祥兴。赵昺登基以后，左丞相陆秀夫和太傅（太子的老师）张世杰护卫着赵昺逃到崖山，在当地成立据点，准备继续抗元。不久，在现时广东和江西二省交界处抗元的文天祥得不到流亡朝廷的支援，被张弘范部将王惟义在海丰县的五坡岭生擒，在陆地的抗元势力覆灭。南宋流亡朝廷逃到海上，一场事关南宋流亡朝廷生死存亡的海战已是一触即发。

祥兴二年（1279 年），元世祖忽必烈派汉人投降大将张弘范进攻赵昺朝廷。后来在不久以前攻占广州的西夏后裔李恒也带领援军加入张弘范军。此时宋军兵力号称二十多万，实际其中十数万为文官、宫女、太监和跟随朝廷逃难的普通百姓，各类船只两千余艘。元军张弘范和李恒有兵力两万（其中蒙古军一千人），战船数百艘。这时宋军中有建议认为应该先占领海湾出口，保护向西方的撤退路线。张世杰为防止士兵逃亡，否决建议，并下令尽焚陆地上的宫殿、房屋、据点；又下令将千多艘宋军船只以“连环船”的办法用大绳索一字形连贯在海湾内，并且安排赵昺的“龙舟”放在军队中间。元军以小船载茅草和膏脂等易燃物品，乘风纵火冲向宋船。但宋船皆涂泥，并在每条船上横放一根长木，以抵御元军的火攻。元朝水师火攻不成，以水师封锁海湾，又以陆军断绝宋军汲水及砍柴的道路；宋军吃干粮十余日，饮海水之士兵呕泄。张世杰率苏刘义和方兴日大战元军，张弘范擒张世杰外甥韩某，以其向张世杰三次招降不果。

祥兴二年（1279 年）二月初六，张弘范预备猛攻，元军中有人建议先用火炮，张弘范认为火炮打乱宋军的一字阵形，令其容易撤退。第二日，张弘范将其军分成四部，宋军的东、南、北三面皆驻一军；张弘范自领一军与宋军相去里余，并以奏乐为总攻讯号。首先北军乘潮进攻宋军北边失败，李恒等顺潮而退。元军假装奏乐，宋军听后以为元军正在宴会，防备松懈了。

正午时段，张弘范的水师于是正面进攻，接着用布遮蔽预先建成并埋下伏兵的船楼，以鸣金为进攻讯号。各伏兵负盾俯伏，在矢雨下驶近宋船。两边船舰接近，元军鸣金撤布交战，一时间连破七艘宋船。宋师大败，元军一路打到宋军中央。这时张世杰早见大势已去，抽调精兵，和苏刘义带领余部十余只船舰斩断大索突围而去。

赵昺的船在军队中间，四十四岁的陆秀夫见无法突围，便背着八岁的赵昺投海，随行十多万军民亦相继跳海壮烈殉国。不久，张世杰在大风雨中不幸溺卒于平章山下（约今广东省阳江市西南的海陵岛对开海面）。

宋末“三杰”

文天祥，初名云孙，字宋瑞，一字履善。自号文山、浮休道人。江西吉州庐陵人，宋末政治家、文学家，爱国诗人，抗元名臣，与陆秀夫、张世杰并称为“宋末三杰”。宝祐四年（1256 年）状元及第，官至右丞相，封信国公。于五坡岭兵败被俘，宁死不降。元至元十九年（1282 年）十二月初九，在柴市从容就义。

宋开庆初年（1259 年），元朝的军队侵伐宋朝，宦官董宋臣对皇上说要迁都，没有人敢议论说这是错的。文天祥当时入朝被任命为宁海军节度判官，他上书“请求斩杀董宋臣，以统一人心”，因不被采纳，就自己请求免职回乡；后来逐渐升官至刑部侍郎。董宋臣又升为都知，文天祥再次上书列举他的罪行，也没有回音。因此出外任瑞州知州，改迁江南西路提刑，升任尚书左司郎官，多次遭台官议论罢职。

宋咸淳十年（1274 年），文天祥被委任为赣州知州。宋德祐元年（1275 年），长江上游告急，诏令天下勤王。文天祥派陈继周召集抗元的士兵，各英雄豪杰群起响应，聚集兵众万人，并以江南西路提刑安抚使的名义率军入卫京师。八月，文天祥率兵到临安，担任平江府知府。十月，文天祥到平江，元兵已从金陵出发进入常州。文天祥派遣他的将帅朱华、尹玉、麻士龙与张全援助常州，行到虞桥，麻士龙战死；朱华率领广南军队，战于五牧，被打败；尹玉率领残兵五百人夜间发起战斗，到第二天早晨都战死了；张全不发一箭，逃跑退却了。元兵攻入常州，占领了独松关。陈宜中、留梦炎召令文天祥，弃守平江，退守余杭。

宋德祐二年（1276 年）正月，文天祥担任临安知府。不久之后，宋朝投降。朝廷继续任命文天祥为枢密使，后又担任右丞相兼枢密使，作为使臣到元军中讲和谈判，与元朝丞相伯颜在皋亭山针锋相对争论。伯颜发怒拘捕了他，同左丞相吴坚、右丞相贾余庆、知枢密院事谢堂、签枢密院事家铉翁、同签枢密院事刘祒，向北至镇江。文天祥与他的侍客杜浒等十二人，于夜间逃入真州。

同年七月，文天祥以同都督职出任江南西路，准备上任，召集士兵进入汀州。十月，派遣参谋赵时赏，咨议赵孟溁率领一支军队攻取宁都，参赞吴浚率一支军队攻取雩都，刘洙、萧明哲、陈子敬从江西起兵来与他会合。邹沨以招谕副使在宁都召聚兵众，元兵攻打他们；邹沨兵败，一同起事率兵的人刘钦、鞠华叔、颜师立、颜起岩都死了。武冈教授罗开礼，起兵收复了永丰县，不久兵败被俘，死于狱中。

宋景炎二年（1277 年）正月，元兵攻入汀州，文天祥于是迁移漳州，请求入卫朝廷。赵时赏、赵孟溁也率兵归来，唯独吴浚的士兵没有到。不久，吴浚降元来游说文天祥。文天祥派人缚起吴浚，把他吊死。四月，进入梅州，都统王福、钱汉英专横跋扈，被处斩了；五月，迁出江南西路，进入会昌；六月，进入兴国县；七月，遣参谋张汴、监军赵时赏、赵孟溁等率大军进逼赣城，邹沨率领赣州各县的军队攻取永丰，他的副官黎贵达率领吉州各县的士兵攻取泰和。吉州八县收复了一半，仅剩赣州没有攻下。临洪各郡，都送钱劳军。潭州赵璠、张虎、张唐、熊桂、刘斗元、吴希奭、陈子全、王梦应在邵州、永州等地起兵，克复数县，抚州何时等人起兵响应文天祥。分宁、武宁、建昌三县豪杰，都派人到军中接受调遣参战。

元军江南西路宣慰使李恒派遣士兵入援赣州，而他则率兵在兴国进攻文天祥的据点。文天祥没有预料到李恒的兵突然攻至兴国，于是率兵撤退，靠近永丰的邹㵯。邹㵯的军队已在他的前面溃败，李恒于是穷追文天祥至方石岭。巩信坚守拒战，身中数箭，毙命。到达空坑，士兵都被打败溃散，文天祥的妻妾子女都被抓住。赵时赏坐在轿子中，后面的元兵问他是谁，赵时赏说“我姓文”，众兵以为是文天祥，活捉了他返回军营，文天祥因此得以逃脱。

文天祥召集残兵奔赴循州，驻扎于南岭。黎贵达暗中阴谋投降，被抓住杀了。宋景炎三年（1278 年）三月，文天祥进驻丽江浦；八月，加封文天祥少保、信国公；十一月，进驻潮阳县。潮州盗贼陈懿、刘兴多次叛附无常，为潮阳人一大祸害；文天祥赶走了陈懿，抓住刘兴，并杀了他。十二月，赶赴南岭，邹㵯、刘子俊又从江西起兵而来，再次攻伐陈懿的党羽，陈懿于是暗中勾结张弘范，帮助引导元军逼攻潮阳。文天祥正在五坡岭吃饭，张弘范的军队突然出现，众士兵随从措手不及，其他将领士兵全被活捉处死。文天祥匆忙逃走，却被元军千户王惟义抓住。

元兵把文天祥送到张弘范大营，张弘范假意殷勤，给文天祥松了绑，把他留在营里，接着，就下命令集中水军进攻抗元将领张世杰拥立宋皇室残余退守的崖山。张弘范知道张世杰平日很敬佩文天祥，就要文天祥写信给张世杰招降。文天祥说：“吾不能捍父母，乃教人叛父母，可乎？”

张弘范不听，一再强迫文天祥写信，文天祥于是将自己前些日子所写的《过零丁洋》一诗抄录给张弘范。当张弘范读到“人生自古谁无死，留取丹心照汗青”两句时，就不再强逼文天祥了，派人押送文天祥到京师。元至元十九年（1282 年），文天祥被处死。

再来说陆秀夫，他是楚州盐城长建里（今江苏省建湖县建阳镇）

人，南宋左丞相。景定元年（1260 年），考上了进士。李庭芝镇守淮南时，听说了陆秀夫，就将他招到自己的幕府中。陆秀夫才思清丽、矜持庄重、性格沉静，不苟求被别人知道，很少与人交往。等到考察他的事务时发现，他都治理得很好，李庭芝于是更加器重他，曾三次提升，直到主管机宜文字。

宋咸淳十年（1274 年），李庭芝任淮东制置使，提升陆秀夫为参议官。宋德祐元年（1275 年），边防紧急，幕僚大多逃走，只有陆秀夫等人没有离开。李庭芝向朝廷举荐陆秀夫，因此他被任为司农寺丞，屡次升迁，直到任为宗正少卿兼代理起居舍人。

宋德祐二年（1276 年）正月，以礼部侍郎身份到前线讲和，还没有到达，敌人反悔。陆秀夫派人召回了陈宜中、张世杰等，于是大家共同拥立益王赵昰于福州。陈宜中因为陆秀夫长期在军队里，熟知军务，每当有事都征求陆秀夫的意见然后办理，陆秀夫也全心全意为他参谋，言无不尽；不久因议事与陈宜中产生矛盾，陈宜中指使谏官上奏弹劾陆秀夫并罢免了他。张世杰责备陈宜中："此为何时还能弹劾?"陈宜中非常惶恐不安，急忙召回了陆秀夫。

当时君臣流亡海滨，大小政事都疏于治理，杨太后垂帘听政，与臣下说话还自称为奴。每当群臣朝会时，陆秀夫仍端持着手板，俨然像过去上朝一样，有时在行程途中，凄然泪下，用朝衣拭泪，衣服都湿透，左右的人为他所感染无不悲痛欲绝。因井澳大风，益王赵昰惊惧而死，群臣都想借此离开；陆秀夫说服众人，共同拥立卫王赵昺。当时以陆秀夫为左丞相，与张世杰共同秉政。其时张世杰领兵驻守崖山，陆秀夫则既要筹措军旅，又要调集工役。虽然在颠沛流离之中，事务繁多，时间匆忙，但他每天都还是要写《大学章句》以劝讲别人。

祥兴二年（1279 年）二月的一天晚上，风雨昏雾四塞，咫尺之间不能相辨，张世杰派小船到赵昺那里，想要奉赵昺到他的船上，策划乘机突围，但陆秀夫害怕被人出卖，或被俘辱，固执着不肯带赵昺上船。之后崖山被攻破，陆秀夫护卫赵昺一起逃走，而张世杰、苏刘义则各自逃生，陆秀夫考虑到难以逃脱，于是将自己的妻子儿女赶下海去，自己背着赵昺赴海而死，当时他年仅四十四岁。

最后来说张世杰，他是涿州范阳人，宋末抗元名将。少时随从张柔戍守杞州，有犯法的行为，于是奔逃到宋州，隶籍淮兵。阮思聪见到他认为他是奇才，告诉了吕文德，吕文德征召他为小校，多次立功升到黄州武定诸军都统制。攻打安东州，战斗猛烈，与高达援救鄂州有功，迁调官职十阶。不久随从贾似道进入黄州，战于鬃草坪，夺回了敌人所俘获的东西，加官环卫官，历任知高邮军、安东州。

宋咸淳四年（1268 年），张世杰率领五千人驻守鄂州，抵挡元军。张世杰用铁索封锁两城，夹以火炮、弓弩，其显要之地都散布木桩，设置攻打器具。元军攻破新城，长驱而下，张世杰奋力战斗，使元军不能前进，元军派人招降他，张世杰不从。元丞相伯颜明着攻打严山隘，暗中从唐港以水军冲锋陷阵进入汉水，东攻鄂州。

宋德祐二年（1276 年）正月，元军迫近临安，张世杰请转移皇帝、皇后、太后三宫进入海上，而与文天祥合兵背城一战，丞相陈宜中正派人向元军请和，张世杰不同意，报告请太皇太后谢道清阻止。没有多久，和议也终止。元兵到达皋亭山，张世杰于是领兵进入定海。五月，与陈宜中尊奉赵昰为君主，改元景炎，张世杰被任命为签书枢密院事。王世强引导元军攻打南宋，于是张世杰侍奉赵昰进入海上，而自己率领陈吊眼、许夫人等畲族军队攻蒲寿庚，但最终还是没有攻克。十月，元军主帅唆都率领军队来支援泉州，宋军于是撤兵退去。元军招讨刘深攻打浅湾，张世杰战败，把赵昰移居井澳；刘深又来攻打井澳，张世杰击退了刘深，因而迁到硇州。

景炎三年（1278 年）四月，南宋端宗赵昰死，卫王赵昺被立为皇帝，改元祥兴，拜张世杰为少傅、枢密副使。五月，元朝派琼州安抚张应科攻雷州，三战都不顺利；六月，再次决战于雷州城下，张应科战死。

张世杰认为硇州已不能久居，将赵昺转移到新会的崖山。八月，张世杰被封为越国公，朝廷散发琼州的粮食供给军队。十月，南宋派凌震、王道夫袭击广州，凌震战败。

祥兴二年（1279 年），元军主帅张弘范等人的军队到达崖山，占据海口，打柴、汲水的道路全被堵死，张世杰率领苏刘义、方兴每天大战。张弘范劝降不成，便于二月二十日攻打崖山，张世杰战败，退而保赵昺所乘坐的船。张世杰还想侍奉杨太后寻求赵氏的后代而立位，再图后举，但杨太后在听闻宋帝赵昺的死讯后亦赴海自杀。张世杰将其葬在海边后，溺卒于平章山下。

南宋虽然覆没，但输得是这样的悲壮，这样有节烈之气，勇士们面对敌军入侵和压迫，拼死抵抗，为争取国家的生存、自尊、自卫而英勇献身，义无反顾。张世杰、陆秀夫与文天祥就是这样的勇士和领袖，他们的事迹被后人传唱，被后人称为“宋末三杰”。

“宋末三帝”何去何从

恭宗赵显、端宗赵昰、末帝（怀宗）赵昺三位皇帝都是南宋末年即位的幼主，史称“宋末三帝”。恭宗赵显是南宋第七位皇帝，赵禥次子。他是全皇后所生，是端宗赵昰的弟弟，怀宗赵昺的哥哥，即位前曾被封为嘉国公、左卫上将军等，赵显死后上尊号孝恭懿圣皇帝，元人上谥号恭皇帝，韩林儿上谥号法宗章文敬武睿孝皇帝。

咸淳十年（1274 年），赵禥因酒色过度而死，四岁的宋恭帝在奸臣贾似道的扶持下登基做皇帝，年号德祐。由祖母谢道清、母亲全太后垂帘听政，但军国大权依然在贾似道之手。当时元朝大军已得中国北半部，在取得南下最重要通道襄樊城的控制权之后，正渡过长江向南宋首都临安进发。谢道清一面在全国通令“勤王”，一面向元军乞和。势如破竹的元军击破各地的防线，相继降服了长江中游诸州。德祐元年（1275年），贾似道率领的三万大军在芜湖与元军对战大败，不久，谢道清和宋恭帝赵显在全国人民的压力下不得不杀死贾似道，不过为时晚矣，宋朝已寿终临寝，灭亡的形势已经不可避免了。同年年中，元军已经占领了江东大半的领土。

景炎元年（1276年）一月，元丞相伯颜率领的元军兵临临安。南宋朝廷求和不成，只好向元军投降。同年，谢道清抱着五岁的小皇帝赵显出城向元军投降。

端宗赵昰是宋朝第十七位皇帝，南宋第八位皇帝，在位两年，卒年九岁，庙号端宗，谥号裕文昭武愍孝皇帝或孝恭仁裕慈圣睿文英武勤政皇帝。他是度宗赵禥的庶长子，恭帝的长兄，曾被封为建国公、吉王、益王等。

德祐二年（1275年）正月十八，元军攻克临安时，五岁的恭帝赵显和谢道清相继被俘。赵昰在母亲杨淑妃和弟弟赵昺、国舅杨亮节、谢道清的侄儿杨镇、赵氏皇族人员秀王赵与檡等的陪同下，由谢道清秘密派殿前禁军护卫，出逃婺州（今浙江金华）。在婺州得陆秀夫带一部分人臣和朝廷机构来投，但立足不稳，又出逃到温州，由陆秀夫找到已逃跑到此的陈宜中，汇合带兵到此的张世杰等，一起保护赵昰等一大班人登船入海到达福州，定行都于福州濂浦平山福地，改年号景炎，行宫为平山阁。

景炎三年（1278年）三月，为躲避元将刘深的追赶，赵昰上船避入广州湾对开海面，不幸又突然遇上台风，将年幼体弱的赵昰卷入海浪中。虽被救起，但赵昰因此染病；因元军追兵逼近，又不得不浮海逃往硇洲。不到十岁的小皇帝屡受颠簸，又惊病交加，不到一个月后在硇洲去世，葬于永福陵（今香港大屿山）。赵昰死后，朝臣陆秀夫等人拥赵昺为皇帝，是为怀宗；同年四月，在冈州即皇帝位，改元祥兴。

祥兴二年（1279 年）三月，宋元在崖山开展决战，宋军被元军击败，元军随后包围崖山，左丞相陆秀夫知道君臣都难以脱身了，就连忙跨上自己的座船，仗剑驱使自己的妻子投海自尽。然后，换上朝服，回到大船礼拜皇帝赵昺，哭着说：“陛下，国事至今一败涂地，陛下理应为国殉身。德祐皇帝（恭帝）当年被掳北上，已经使国家遭受了极大的耻辱，今日陛下万万不能再重蹈覆辙！”于是在广东崖山背着赵昺跳海而死，赵昺时年八岁，是为宋朝最后一位帝王，南宋在崖山的十万军民也相继投海殉国。

张世杰率领水军余部突围而出来到海陵山脚下。不久，有人带来了陆秀夫背负皇帝赵昺共同殉国的噩耗。张世杰悲痛不已，此时，飓风再来，部下劝他上岸暂避。张世杰俯视着在风浪中飘摇的宋军残船，拒绝暂避，绝望地回答：“无济于事，还是与诸君共甘苦吧。”又说道：“我为赵氏，也算竭力，一君身亡，复立一君，如今又亡。我在崖山没有殉身，是望元军退后，再立新君，然而国事发展到如此地步，难道这是天意?”说完坠身入海，尽忠殉国，南宋宣告灭亡。